新形态一体化教材

田园游憩
——乡村旅游开发与经营管理

张　骏　尹立杰
常直杨　张德仪　编著

高等教育出版社·北京

内容提要

本书关注乡村旅游的开发与经营管理，介绍了目前乡村旅游发展的趋势和特点，着眼于国内外乡村旅游建设经验的总结和目前发展困惑的解析，落脚于乡村旅游人才的培养，助推乡村旅游的发展。

本书以乡村旅游建设前的准备、资源与环境分析、规划与开发、形象塑造、投资与管理、旅游产品开发、市场营销、从业人员管理与培训等乡村旅游建设与管理服务的全过程为主线，以具体的任务为基本单元。同时设计了"乡村旅游发展新思考""乡村旅游开发与经营管理经典案例"两个项目对乡村旅游智慧化发展、全域化开发、扶贫工作开展、创新创业实施以及国内外成功案例等进行解读，涵盖面广、实操性强。

本书通过教师讲授、案例分享等形式，拍摄制作了高质量的微课视频，并以二维码形式附在相应内容中，以供学习者使用。

本书可作为高等职业院校、职业本科院校和应用型本科院校旅游管理、休闲服务与管理、休闲农业等专业的教材，也可作为乡村旅游从业人员的业务参考书。

图书在版编目（CIP）数据

田园游憩：乡村旅游开发与经营管理 / 张骏等编著
. -- 北京：高等教育出版社，2019.4（2025.5 重印）
ISBN 978-7-04-050182-7

Ⅰ. ①田… Ⅱ. ①张… Ⅲ. ①乡村旅游–旅游业发展–高等职业教育–教材②乡村旅游–旅游业–经营管理–高等职业教育–教材 Ⅳ. ①F590.75

中国版本图书馆CIP数据核字（2018）第168483号

Tianyuan Youqi : Xiangcun Lüyou Kaifa Yu Jingying Guanli

| 策划编辑 | 张 卫 | 责任编辑 | 张 卫 | 封面设计 | 张雨微 | 版式设计 | 王艳红 |
| 插图绘制 | 于 博 | 责任校对 | 高 歌 | 责任印制 | 刘思涵 | | |

出版发行	高等教育出版社	网 址	http://www.hep.edu.cn
社 址	北京市西城区德外大街4号		http://www.hep.com.cn
邮政编码	100120	网上订购	http://www.hepmall.com.cn
印 刷	运河（唐山）印务有限公司		http://www.hepmall.com
开 本	787mm×1092mm　1/16		http://www.hepmall.cn
印 张	20.75		
字 数	640千字	版 次	2019年4月第1版
购书热线	010-58581118	印 次	2025年5月第4次印刷
咨询电话	400-810-0598	定 价	42.30元

本书如有缺页、倒页、脱页等质量问题，请到所购图书销售部门联系调换

序

　　"美丽乡村""大众旅游"正在兴起，让许多有风情、有活力的特色小镇找到了一把富民增收的金钥匙——发展乡村旅游。尤其是江浙一带，生态优良，气候宜人，资源丰富，区位优势明显，周边游客消费力强劲，逐渐涌现出了一批旅游发展的排头兵。其中，宜兴市湖㳇镇就是这样一座"世外桃源"。

　　湖㳇是宜南山区的旅游乡镇，境内有竹海、溶洞、茶园3个国家4A级景区，是宜兴旅游资源最为富集的小镇。这里青山为伴，绿水环绕，森林覆盖率达82%，负氧离子充沛，是一处天然的氧吧。万亩竹海波涛翻滚，张公福地别有洞天，阳羡湖风光旖旎，健身公园茶海成洲，酒店民宿别具一格。如今，旅游业已成为湖㳇镇的支柱产业。全镇目前有规模酒店3家，主题酒店7家，精品民宿100多家，床位数超过了4 000张，有近一半的当地居民从事酒店、民宿、农家乐等旅游服务业，传统的种植业已延伸为农副产品加工链，农业园区也与旅游生态采摘有机接轨，旅游富民效应显著，社会和谐氛围浓厚。

　　曾经的湖㳇是工业重镇，2006年阳羡生态旅游区管委会成立，从此正式踏上了一条转型升级的绿色发展之路。2013年起，湖㳇大力发展乡村休闲度假旅游，提出"深氧界·3H（Health，Heart，Home）生活"的旅游新概念，不断细化和升华旅游生活内涵，推进区域内一二三产业的融合发展。在促进全镇转型绿色发展过程中，不断完善小镇的基础设施，打造了生态观光旅游主干线，配套建有游客服务中心、生态停车场、旅游厕所，免费WiFi全覆盖，并按照绿化、美化、亮化、净化、常态化的标准做好全域环境管理，度假设施日趋完善，度假品质不断提升，旅游发展如火如荼。湖㳇乡村旅游发展的历程为本书的编写提供了丰富的素材和案例，以期为我国乡村旅游的发展贡献"湖㳇经验"，讲好"湖㳇故事"，助力我国的旅游教育事业。

　　湖㳇在产业转型发展之路上，将继续在摸索中前行，在转型中跨越，本书也是湖㳇与院校携手促进乡村旅游人才培养的很好尝试。乡村旅游发展任重而道远，我们始终在路上，坚守初心，不负使命。

江苏省宜兴阳羡生态旅游度假区
江苏省宜兴市湖㳇镇人民政府

前　言

　　党的二十大报告明确指出，要"坚持以文塑旅、以旅彰文，推进文化和旅游深度融合发展"。旅游不仅是人们日常生活的必要组成部分，可以让"人民生活更加幸福美好"，而且是"讲好中国故事，传播好中国声音，展现可信、可爱、可敬的中国形象"的重要方式。近年来，乡村旅游的发展如火如荼，已经成为旅游产业重要的组成部分，在促进乡村振兴、传承传统文化、促进农业提质增效、带动农民就业增收、推动城乡一体化发展等方面发挥了重要作用。各地乡村旅游建设在蓬勃发展的过程中既有收获，也有困惑。如何抓住机遇，迎接挑战，打造旅游者心目中理想的目的地，正是本书所思考的问题。

　　本书的撰写，关注乡村旅游的开发与经营管理，重视乡村旅游发展的趋势和特点，通过对国内外乡村旅游建设经验和当前乡村旅游发展困惑的解析，最终落脚于乡村旅游人才的培养，助推乡村旅游的发展。具体而言，本书具有以下特点。

　　第一，校政企合作，海峡两岸联手编撰。本书的编写不仅得到了宜兴市湖㳇镇政府、宜兴阳羡生态旅游度假区的大力支持，同时也实现了作者团队的高水平组建。团队中既有南京旅游职业学院的专业教师，也邀请到了中国台湾文旅行业专家学者的参与。诸多旅游企业如无锡市竹海公园、张公洞景区、阳羡茶文化生态园、竹海国际会议中心、宜兴开元精舍酒店以及中国台湾地区的飞牛牧场等也对本书的编写和视频的拍摄给予了热情的协助和积极的配合，为本书的质量提供了保障。

　　第二，任务引领为主线，融入创新创业思维。本书的编写，打破了以知识体系和理论框架为逻辑的架构方法，着眼于乡村旅游管理者、经营者、从业者的实际运用，以乡村旅游建设前的准备、乡村旅游资源与环境分析、乡村旅游规划与开发、乡村旅游形象塑造、乡村旅游投资与管理、乡村旅游产品开发、乡村旅游市场营销、乡村旅游从业人员管理与培训等乡村旅游建设与管理服务的全过程为主线，以具体的任务为基本单元，进行分析和解读。本书的最后还节选了几个典型的乡村旅游规划案例以飨读者。乡村旅游目的地是创新创业的"主阵地"之一，本书的编写融入了创新创业的理念，介绍了从民宿到庄园等不同类型乡村旅游企业创设的方法和路径，以及经营管理中创造性思维的实际运用，有利于激发学习者的创业热情，实现创业梦。

　　第三，着眼于社会需求，反映新思路新理念。乡村旅游新的业态、新的产品类型不断涌现，无论是旅游者的诉求还是"乡村振兴""旅游扶贫""智慧旅游"等社会寄予乡村旅游的期望，都要求乡村旅游实现新的发展。本书契合社会需求，不但在全书中融入相关内容，而且还专门编写了"乡村旅游发展新思考"的内容，从乡村旅游智慧化发展、全域化开发、扶贫工作的开展、创新创业的实施等维度开展具体分析。

第四，教材资源信息化，有效提升学习效果。本书充分体现信息化时代教与学的特点，努力建设"立体书籍"。以乡村旅游点的实地访谈、教师讲授、案例分享等形式，拍摄制作高质量微视频，并以二维码形式附在相应内容中，学习者使用手机扫码，即可看到相关内容。其中，南京旅游职业学院的卢凤萍、李俊楼老师承担了大量的微视频设计、拍摄任务。

本书编撰得到了江苏省文化和旅游厅、宜兴市湖㳇镇政府、南京旅游职业学院、高雄餐旅大学、江苏省城镇与乡村规划设计院等领导和同仁的帮助和指导，谨表示衷心的感谢！此外，在本书的编撰过程中还查阅、参考了大量相关资料（参考文献附于书后），谨向相关作者表示诚挚的敬意！

每个人都有自己的"田园梦"，生态、健康、单纯、宁静的生活正是乡村旅游的魅力所在。希望这本书能够展示近年来乡村旅游发展的一个侧影，为乡村旅游的从业者和对乡村旅游发展感兴趣的读者带去一些帮助。我们从乡土中来，也必将回到乡土中去，希望我们都能在"田园游憩"的过程中实现"诗意栖居"！

张　骏

2023年6月

目　录

二维码资源目录

模块一
厉兵秣马——乡村旅游建设前的准备

模块概述

  乡村旅游是旅游业的重要组成部分，乡村旅游满足了人们诗意栖居、回归家园的渴望。我国乡村旅游历经30余年发展，取得了很大成绩，然而也存在诸多问题。本模块主要叙述乡村旅游建设前的准备工作，结合相关案例，涵盖三方面的内容：一是介绍国内外乡村旅游发展历程；二是厘清乡村旅游概念及当前我国乡村旅游发展的模式；三是对乡村旅游开发与运营前的准备工作做系统的分析和介绍。

学习目标

1. 了解国内外乡村旅游发展历程及发展特点。
2. 厘清乡村旅游发展概念，熟悉我国乡村旅游发展模式。
3. 熟悉并掌握乡村旅游开发与运营前的准备工作。

系列微课前言

乡村旅游概述

案例导读

湖㳇镇乡村旅游的发展历程

　　江苏省宜兴市的湖㳇镇地处苏浙皖三省交界，区内自然禀赋优越，生态环境优美，文脉久远厚重，经济富裕繁荣，拥有宜兴竹海风景区、张公洞风景区、陶祖圣境风景区、灵谷洞风景区、玉女潭风景区5个国家风景名胜区，其中宜兴竹海、张公洞、陶祖圣境为国家4A级景区，是太湖风景名胜区的重要组成部分。先后荣获"全国造林绿化百佳镇""全国环境优美镇""全国特色景观旅游名镇""国家卫生镇""国际休闲养生基地""江苏省自驾游基地"等一系列荣誉称号。

　　生态资源是湖㳇镇最大的发展优势。由于地处山区，受外界干扰较小，湖㳇镇的原生态资源保存完好。然而由于受工业发展，尤其是一些高污染、高能耗产业的影响，湖㳇镇的生态环境一度遭到破坏，境内烟尘滚滚，山体满目疮痍。为改变这一局面，湖㳇镇倾注全力，耗资上亿元实施了环境整治和生态修复工程。经过治理，目前全区森林覆盖率超82%；经相关部门检测，湖㳇镇空气质量超过国际一级标准；水源地保护方面，作为太湖第一源头的竹海水源水质超国家一级标准。湖㳇镇再一次呈现出青山绿水、鸟语花香的独特生态风景。

　　[思考] 1. 湖㳇镇经济发展依赖的产业经历了怎样的变化？
　　　　　 2. 湖㳇镇依靠哪些资源带动了该地区乡村旅游的发展？

项目一　了解乡村旅游的发展历程

学习目标

1. 了解国外乡村旅游发展历程。
2. 了解国内乡村旅游发展背景及历程。

1.1.1　国外乡村旅游发展历程

　　乡村是人类聚居地的最初形态，是人类聚居文明的发祥地。"乡村旅游"始于19世纪中期欧洲发达国家贵族庄园的旅游活动，但大规模的开展则是在20世纪80年代后。纵观国际乡村旅游的发展历程，大致可以分为三个阶段。

一、萌芽——兴起阶段

乡村旅游最早起源于19世纪中叶的西方国家。1855年，一位名叫欧贝尔的法国参议员带领一群贵族来到巴黎郊外的农村度假。他们品尝野味，乘坐独木舟，学习制作鹅肝酱馅饼，伐木植树，清理灌木丛，疏通池塘淤泥，欣赏游鱼飞鸟，学习养蜂，与当地村民同吃同住。通过这些活动，他们重新认识了大自然的价值，增进了与乡村居民的友谊，加强了对乡村的了解。此后，乡村旅游逐渐兴盛起来。意大利1865年成立了"农业与旅游全国协会"，它专门介绍城市居民到农村去体会乡情野趣，这一组织的成立标志着乡村旅游的诞生。虽然乡村旅游产生的具体年代还有待讨论，但就其活动内容和性质来看，西方乡村旅游源于贵族生活方式在大众群体中的蔓延。

在传统的农业社会，由于生产力低下，农村人口为了生存整日忙于生产劳动，缺少休闲时间，也没有普遍的休闲需求，仅有的一些乡村休闲活动大多局限在乡村内部，特别是在教堂、酒馆、市场等传统场所和圣日、农产品收获等特殊时节。同时，以家庭为基础的休闲行为与宗教、出生、婚丧等社会事件相联系。对于大多数人来说，只有小部分人拥有极为不同的休闲方式，其中打猎和钓鱼是早期的乡村休闲方式，进而伴随散步、骑马和各种草地游戏等旅游活动的兴起。

工业革命以后，迁往城市的贵族仍然保留着原有的乡村庄园，在闲暇时间，他们呼朋唤友返回庄园进行骑马、狩猎、垂钓、野餐、划船、漫步等活动。庄园不仅仅是他们贵族身份的象征，也是他们避开城市喧闹，体验另类生活的场所，在庄园度假也是贵族生活的一部分。这一点可以从众多以工业革命为背景的文学名著中看出端倪。例如《简·爱》《傲慢与偏见》《呼啸山庄》《红与黑》等作品，都有贵族返回乡村度假的情节，这些描写表明了工业革命后社会的变革和乡村旅游在欧洲上流社会的兴起。

二、观光——发展阶段

第二次世界大战结束后，贵族的生活方式扩散到了民间，原先小部分人拥有的休闲娱乐方式成为大众追逐的时尚，从而形成了西方式的乡村旅游传统。当时的旅游大国西班牙积极发展乡村旅游，进行整体规划，提供徒步旅行、漂流、登山、骑马、参加农事活动等多种休闲项目，并举办各种形式的务农学校、自然学习班等。在西班牙的带动下，德国、美国、日本、荷兰、澳大利亚等国都大力倡导和发展乡村旅游。该阶段，世界各国的乡村旅游不再是观赏田园景色，取而代之的是具有观光功能的农业园。园内的活动以观光为主，结合食、住、购、娱等多种方式进行经营，并相应的产生了专职的从业人员。图1-1为欧洲乡村一景。

图1-1 欧洲乡村一景

三、度假——提高阶段

这一阶段的乡村旅游主要有三种形式。

1. 休闲度假型

旅游者居住在农民家里，吃的是农民自产自制的新鲜食物，观赏乡村的田园景色，享受大自然的宁静，还可以学习农家制作面包、奶酪、果酱，酿酒等手艺，通过感受农家的生活，使自己的身心得到调整和放松。

2. 参与劳作型

旅游者缴纳一定的费用或者不收取任何费用，以类似短工的身份到农场或者牧场参加劳动。这种乡村旅游形式又被称为务农旅游。日本的务农旅游是其中的代表，每年春秋的时候组织旅游者与农民一起插秧和收割，体验农民生活。在这种旅游活动中，旅游者能够学到很多新知识，锻炼身体，结交新的朋友，深受年轻人喜爱。

3. 其他类型

自20世纪七八十年代以来，在全球范围内持续掀起"绿色运动"，促使乡村旅游与生态旅游紧密结合，产生了乡村生态旅游。在这方面，波兰和匈牙利的模式为世界各国树立了榜样，指明了农村地域环境中旅游业可持续发展的方向。在波兰，参与旅游接待的农户都是生态农业专业户，一切旅游活动都在特定的生态农业区中进行。匈牙利将民族文化与乡村旅游紧密结合，使游客在乡村野店、山歌牧笛中感受匈牙利浓郁的传统文化。波兰和匈牙利的模式预示着未来乡村旅游的发展方向。乡村旅游只有与生态旅游、文化旅游相结合，营造良好的生态环境，挖掘民族文化中丰富的宝藏，才能健康、持续地发展下去。

> 关键词点击：乡村

1.1.2　国内乡村旅游发展历程

我国的乡村旅游有非常悠久的历史，有史可查的可以追溯到春秋战国时期，如《管子·小问》记载"桓公放春三月观于野"，就记录了齐桓公到郊野农村娱乐身心、享受明媚春光的情况。《管子·小问》也是我国春游一词的最早出处。春游活动已具有乡村旅游的某些特性。自唐朝起，城郊游乐已较为多见。百姓开展时令节日游戏、踏青；仕宦游览城郊山水名胜已是唐朝社会普遍的游乐风气。人们在春节、元宵、寒食、清明等节日，踏春游春，领略桃红柳绿、草长莺飞、万物欣欣向荣的春光，举办荡秋千、拔河等游乐活动。中秋、重阳等节也是郊游的大好时光。郊游郊居是文人的时尚，高雅的文化旅游活动，如金陵文人"春游牛首秋栖霞"在唐朝时就已盛行。而且，据史载，当时人们外出踏青已较多地使用牛车、马车等交通工具，旅馆已是常见的住宿设施。

现代意义上的乡村旅游在我国出现较晚，一种说法是在20世纪50年代，为外事接待的需要，在山东省石家庄村率先开展了乡村旅游活动；另一说法是在20世纪80年代后期，改革开放较早的深圳首先举办了荔枝节，其主要目的是为了招商引资，随后又开办了采摘园，取得了较好的效益。于是各地纷纷效仿，开发了各具特色的观光旅游项目。现代乡村旅游是在国内外市场需求的促动下，在发达国家的影响下，在我国特殊的旅游扶贫政策的指导下应运而生的，起步较晚，但发展非常迅速。基于中国乡村发展的历史、现状和趋势，着眼于社会的发展，根据旅游产品生命周期理论，现代中国乡村旅游产品的发展概括为三个时期，即起步期、成长期和蓬勃发展期。

一、起步期（1995年以前）

新中国成立后，我国旅游业经历了一段时间较长的探索阶段。20世纪80年代改革开放后，入境游成为旅游业重点发展的领域，国内游中的乡村旅游相对滞后，但在一些名山大川周边乡村的生态游和文化游有了初步的发展。

中国农村从二十世纪七八十年代开始，经历了一场深刻的变革，在短短的十余年间，农村的经济、体制、文化、生活等方面都发生了重大变化。十一届三中全会及农村实行家庭联产承包责任制以后，农村大量潜在的剩余劳动力逐渐显性化，他们迫切地需要寻找新的出路和就业机会。这一时期，乡镇企业的发展解决了一批劳动力就业问题，同时促进了乡村经济的发展；也有很大一部分农民前往城市寻找就业机会，第三产业在农村发展还相对缓慢。随着改革开放的不断推进，城市进入了稳定快速发展的阶段，城市经济的迅速发展，人们物质生活水平的逐渐提高，为乡村旅游发展打下了良好基础。

二、成长期（1995—2003年）

1995年开始，我国假日制度的改革为国内旅游业的发展注入极大活力，乡村旅游在这一阶段也获得了快速发展。在国内周末旅游、短途旅游不断增温的市场背景下，很多地方的农民开始积极涉足乡村旅游领域。城市居民也在旺盛的旅游需求引导下开始将注意力转向了乡村。据统计，1997年我国乡村旅游者有1亿人次以上，乡村旅游逐渐成为国内旅游的重要组成部分。图1-2为江西婺源乡村一景。

图1-2　江西婺源乡村一景

随着我国社会经济的发展，城市化水平不断提高，农村和农业经济也进入了一个全新的发展阶段。农民生活逐渐宽裕，农村村容更加整洁，乡风民俗更加文明。而城市在快速发展的过程中，虽然社会经济得到快速发展，但同时城市功能布局混乱、环境质量和城市景观质量下降等各种问题也逐渐显现。这些环境问题不断困扰着城市居民且日益严重，使得人们对美好自然环境的诉求不断增强，对乡村的宁静生活日益向往。这一时期的乡村旅游得到了快速发展。

三、蓬勃发展期（2004年至今）

2004年后，全国首批农业旅游示范点的评比，极大地推动了乡村旅游的发展；此外，国家旅游局将2006年定为"乡村旅游年"，国家"十一五"规划将社会主义新农村建设列为重要内容，都标志着乡村旅游进入了蓬勃发展期。截至2014年年底，我国共有农家乐200万家，乡村旅游重点村10.6万个，全年接待乡村旅游游客近12亿人次，乡村旅游每人次平均消费266元，旅游收入达到3 200亿元，3 300万农民直接受惠。在这一时期，围绕北京、杭州、

图1-3 徐州潘安湖国家湿地公园整治前

图1-4 徐州潘安湖国家湿地公园整治后

成都、上海、西安等大中城市，已形成了众多城郊乡村旅游集聚区。

随着社会主义新农村建设的推进，通过走"以城带乡、以乡促城、城乡互动、优势互补、共同发展"的城乡一体化道路，加快了乡村旅游业的发展。在大都市发达的工业文明的辐射下，城郊乡村已进入现代农业文明阶段。现代农村聚落景观、现代科技农业景观、各种观光农园，以及改良了的自然环境都构成了城郊乡村的农业观光特色。乡村旅游逐渐成为实现城乡经济、社会、文化和生活和谐发展，城乡共享现代文明的重要途径。图1-3和图1-4为徐州潘安湖国家湿地公园整治前后的对比。

 **同步案例**

莫干山裸心谷

近年来，在浙江省德清县莫干山麓，由部分外籍人士创办的低碳旅游新业态——"洋家乐"正渐成风尚。

裸心谷位于浙江省莫干山，项目占地400亩，建筑用地20亩，坐落于私人山谷之中，四周环绕着大型水库、竹林、茶林以及小村庄。该项目设有121间客房，分布于独栋树顶别墅及夯土小屋之中。裸心谷已成为获得LEED白金级可持续发展证书的度假村。在裸心谷，有各种亲近自然的活动——徒步、山地自行车、骑马、射箭、露天泳池、露天剧场等，而城市中司空见惯的娱乐活动一概没有。

江苏盐城"七彩阜宁"国家农业公园

"水、花、稻、蔬"四大主题区，构筑江苏盐城"七彩阜宁"国家农业公园农旅互融的新农产业体系。

"欢乐水乡"农业旅游中心区：园区的先导启动区，承担综合服务接待、农业科技示范、农耕文化展示、田园休闲度假、农业休闲体验等多种功能，全面打造江淮水乡农业博览园、从传统到未来的田园生活体验区、四季型的农业休闲旅游基地。

"四季花海"主题花卉产业区：四季型的精品花卉观赏区、盐城首家药用花卉全产业链示范基地。通过引入中国台湾等地花卉企业进行整体打造，并形成涵盖鲜花生产、花卉食品生产、干花制作、花卉工艺品制作、花卉休闲旅游等多种业态的花卉全产业链。

"稻香田园"有机稻米产业区：传统水稻产业升级，精致包装、高端专供，乡村营建，旅游配套。从品种选择、技术引入、产业模式等方面提升稻米产业结构层次；注册专属品牌，统一采用精致小包装，并开辟专业营销渠道；结合高端稻米产业的发展，改造营港社区。

"紫蔬农场"精品蔬菜产业区：引入农业企业，与紫色蔬菜科研机构合作，打造集紫色蔬菜的生产、育苗、加工、配送以及休闲采摘、食疗养生等多种功能于一体的主题农业产业片区，推行"药食同补"理念，打造养生农业发展示范区。

项目二　解读乡村旅游概念及发展模式

学习目标

1. 掌握乡村旅游的概念体系。
2. 了解乡村旅游的不同发展模式。

1.2.1　乡村旅游的概念

国内外很多研究学者对乡村旅游的概念及特点进行了广泛而深入的探讨。总体而言，乡村旅游是立足于农村，利用乡村自然和人文景观、农耕文化、农家生活、民俗民风等旅游资源，通过科学规划和开发设计，为游客提供观光、休闲、度假、教育、娱乐、健身等多项需求的旅游经营活动。

从系统论角度来看，乡村旅游概念体系的内在结构由主体、客体、媒体、乡村旅游形象4个子系统组成。其中乡村旅游本质的核心诉求是乡村意象，它是引发乡村旅游的原动力，乡村意象由桃源意象发展而来，表征着如桃花源一样的美好境界。旅游者是乡村意象的体验主体，乡村是乡村意象的客体显现，旅游业借助乡村资源为游客提供乡村意象产品，有学者根据问卷调查、深入访谈、专家咨询访谈和参与观察获得的有关资料，整理出乡村旅游活动及其开发经营中主体、客体、媒体、乡村形象各子系统的结构要素，并构建各模块的主要研究维度。每个模块的研究维度又是开放性的，即随着实践和研究的深入，研究的维度还可以相应增减和修正。乡村旅游的概念体系如图1-5所示。

一、乡村意象的历史生成与环境因变

乡村意象作为乡村旅游形象的核心元素，历经不同时代人们的解读与积淀、建构与重塑、认知与接受，打上了历史生成与环境因变的烙印。中国乡村意象的建构载体源于诗歌，在田园意象营造史上具有深远影响的诗篇是《桃花源记》。它为我们描绘了明净纯洁、宁静淡泊的世外桃源，也营构了后世历代文人、学士、官员的精神故乡。这一意象正契合了现代人追寻生命意义、回归生命根基、觅求心灵皈依的文化诉求。在今天的乡村旅游中，更多的人是寻着乡村意象而至，是奔着精神故乡而来。桃源意境可以说是乡村旅游的原型。从远古的乡村欣赏到今天的乡村旅游，人们对乡村意象的认知经历了乡村—桃源意象—乡村意象的过程。当然这一过程非常复杂，也关乎乡村旅游需求机制的哲学、心理学与文学阐释，尚需

作进一步研究。

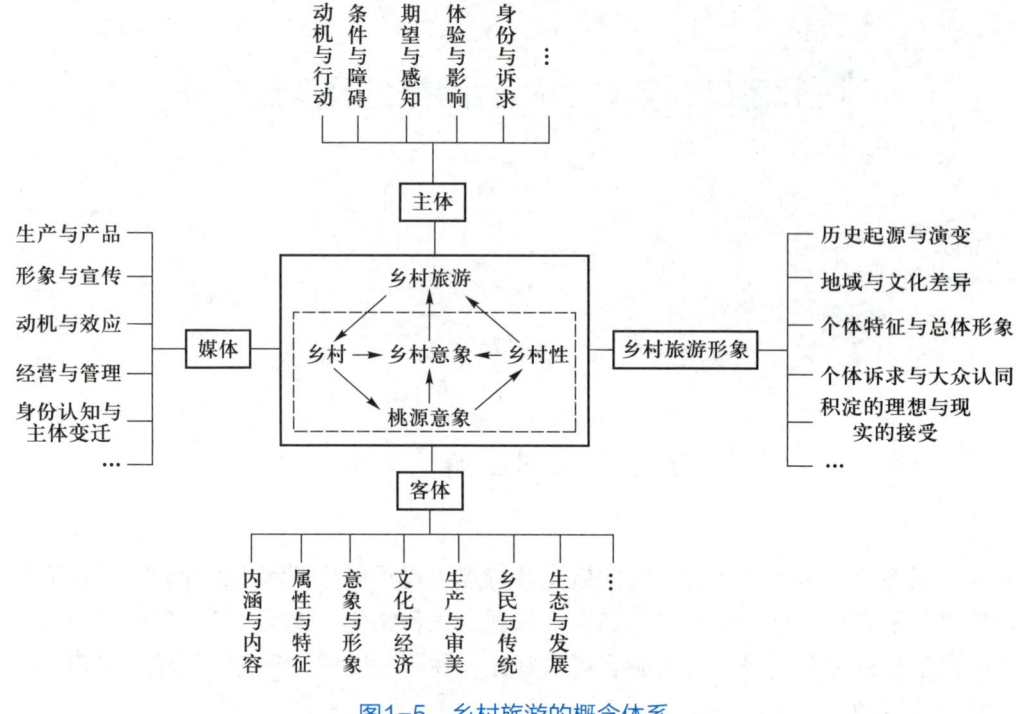

图1-5　乡村旅游的概念体系

二、乡村旅游主体系统

根据目前的观察分析，乡村旅游者即旅游主体系统的研究维度主要有动机与行为、条件与障碍、期望与感知、体验与影响、身份与诉求等。动机是引发游客前往游览的原动力，行为是游客在动机的驱动下在乡村旅游活动中所表现出的过程与特征。条件与障碍是指目前环境条件下游客实现乡村旅游所要具备的主客观条件与制约性障碍。期望与感知是指乡村旅游者游览前对乡村旅游产品的期望与在游览中感知到的乡村旅游产品的现实情况及相应评价。体验与影响是指乡村旅游者的旅游体验本身的过程与体验对旅游者心理、文化、价值观等方面的影响。身份与诉求是指乡村旅游者的身份特征与其乡村旅游诉求之间的关系及旅游感知调适影响。

三、乡村旅游客体系统

乡村旅游资源即旅游客体系统的研究维度主要有内涵与内容、属性与特征、意象与形象、文化与经济、审美与休闲、乡民与传统、生态与发展等。内涵主要指乡村的界定、形成乡村性的结构要素。内容指旅游资源的具体表现，如乡村自然生态景观、乡村聚落景观、农业劳作景观（如图1-6）、乡村农耕文化及民俗文化景观、乡村民居建筑景观等。属性与特征指乡村性资源的属性与表现出来的特征。意象与形象是指乡村资源构成要素的各种符号意象与他们共同构成的乡村旅游形象。文化与经济、休闲与审美指乡村旅游资源相关方面的特点与潜质及其功能开拓。乡民与传统是乡村性保持的核心文化性因素，没有乡民就没有乡村传统，也就无所谓乡村，因而也谈不上乡村旅游，对这一对要素的研究也是关乎乡村旅游能否实现可持续发展的关键。生态与发展是指乡村旅游资源的生态（包括自然、文化、社会生态）与发展的潜质、方向和前景。

图1-6　北京房山秋收活动

四、乡村旅游媒体系统

乡村旅游媒体系统主要研究维度有乡村旅游的生产与产品、形象与宣传、动机与效应、经营与管理、身份认知与主体变迁等。生产与产品是指乡村旅游业生产旅游产品的基础条件、生产理念、生产要求、生产流程、生产特点，及其产品与生产意图的关系。形象与宣传是指乡村旅游企业对其产品的形象选择、品牌塑造、形象定位与宣传策略、技术、途径与效果。动机与效应指乡村旅游经营的经济、文化、社会动机选择与其经营结果产生的相应效应关系。经营与管理是指乡村旅游经营与管理的理念、模式选择、运行机制、经营与管理效果等。身份认知与主体变迁指乡村旅游经营者本身对自己在经营中的身份认知和态度调整与不同主体对乡村及旅游发展的影响，以及乡村旅游经营主体随社会发展、环境政策、资源条件、地域区位、国家调控等方面影响因素的变化而发生的变迁。

五、乡村旅游形象系统

乡村旅游形象系统主要研究维度有乡村旅游的历史起源与演变、地域与文化差异、个体特征与总体形象、个人诉求与大众认同、积淀的理想与现实的接受等。历史起源与演变主要研究乡村旅游形象的起源及其在历史过程中的建构和演变、乡村旅游新概念的提出，以及今天乡村旅游形象的符号要素构成、内涵和作为媒体形象与原生意象的关系等。地域与文化差异指乡村旅游形象在不同地域、不同文化背景等情况下的差异及建构理念和策略的不同。个体特征与整体形象指乡村旅游形象个体产品的结构要素以及由此形成的个体形象属性、特征的差异，还有在个体特征差异基础上形成的个体产品集合的总体形象特征与品牌效应。个人诉求与大众认同是指基于不同类型或特征的乡村旅游者对乡村形象诉求的差异，在现代大众旅游的背景下，由游客期望形象与媒体传播形象、产品供给形象、游客感知形象比较调适后最终形成大众认可接受的乡村旅游形象，以及个人诉求与大众认同形象的关系及其对乡村旅游形象建构的启示。积淀的理想与现实的接受是从心理层面认识人们对乡村形象寄予的理想，对现实乡村形象的无奈或接受的心理反应、文化认知影响、新的诉求的产生等一系列结果，以深入研究乡村旅游的社会文化、价值信仰、心理建构影响及其在这些方面功能的开拓。

> 关键词点击：乡村旅游

1.2.2　乡村旅游发展模式

目前我国的乡村旅游方兴未艾，其开发模式也有多种。不少研究者尝试对乡村旅游的开发模式进行总结归纳，因研究角度的不同，对乡村旅游开发模式的划分也有区别。

一、从资源利用角度划分

由于不同的乡村旅游开发地的旅游资源状况不同，从而造成了在开发模式上的区别，从这个角度出发可以将乡村旅游模式归纳为以下几种类型。

1. 民俗风情型发展模式

适用民俗风情型发展模式的乡村，应具有独特而完整的民俗文化，由文化衍生的各种传统民俗活动也很丰富，而且得到了较好的保护和传承。民俗风情型发展模式，就是以农村民俗风情为载体而开展旅游活动的发展模式，以当地民间的日常生活方式及文化来吸引外来旅游者。

民俗风情的内容，包括地方特有的风俗和风物，如岁时、节日、婚姻、生育、寿诞、民间医药、丧葬、交际、礼仪、服饰、饮食、居住、器用、交通、生产、职业、民间工艺、宗教、社会、娱乐、信仰、祭祀、巫卜、禁忌等。以这些风俗风物作为旅游项目的基本内容，进行整合包装，保留原乡原味，杜绝舞台化、戏曲化，推出品位较高、游客参与性强的旅游活动项目。这种模式，既展示了乡村不同发展阶段的整体民俗风情特色，也满足了游客认知和体验的愿望。图1-7为世界上第一个被列为世界文化遗产的小村庄——霍洛克村。

2. 农场庄园型发展模式

农场庄园型发展模式，主要分为两种类型。一种是以农业资源为依托，开发形成教育农园、市民农园、租赁农园等多种形态，凭此开展旅游活动。这种模式承载了农旅结合的农事参与、教育等功能。另一种是产业庄园，集生产、研发、销售、交流、教育和旅游为一体的现代化农庄，比较成熟的有葡萄酒庄园、香料庄园、草莓庄园和西瓜庄园等。这种产业庄园既是旅游目的地，又是现代农业产业化生产基地。

图1-7　霍洛克民俗村一景

以农业资源为依托的乡村旅游，适用于具有特色农业生产活动的地区，并且要求当地的经济发展达到一定的高度。因为农场庄园强调生产性、科学性、知识性、艺术性和商业性的融合，寓农业生产于休闲旅游之中，提供田园之乐，比较受都市旅游者的欢迎。

3. 景区依托型发展模式

景区依托型发展模式，适用于有良好的自然风景旅游资源的地区，或位于旅游风景区周围、与风景区之间有较为便捷的交通联结的地区，主要是在地势较为平坦、道路较为通达的风景区周边进行开发，利用农业资源和自然风景资源互补的组合优势开发乡村旅游产品。这种模式以景区游客为主要的目标市场，乡村旅游开发中较多地保存着乡村的原生状态，如江西井冈山的公社食堂、湖北随州观光农业区等。也有部分风景区内的村庄，利用风景区资源优势发展乡村旅游（如图1-8），游客在欣赏风景区内的自然风景之余，也一并欣赏了乡村景色。

4. 度假休闲型发展模式

度假休闲型发展模式，即农家乐型发展模式，是指地处城镇周边的乡村，利用离城市近、交通便利的条件，以乡村生态景观、乡村文化和农民的生产生活为基础，以农户家庭为接待单位，开展旅游活动。这种发展模式具有投资少、风险小、经营活、见效快的特点。由农民利用自家院落所依傍的田园风光和旅游景点，以低廉的价格吸引游客前往，游客在农家田园寻求乐趣，体验与城市生活迥异的乡村意味。

度假休闲型发展模式使用范围较广，一般位于大中城市周边的乡村，只要有足够的城市居民短途休假需求市场，都可以尝试开发休闲度假型的乡村旅游，但要注意培育自身的特色，防止与周边其他乡村旅游景点产品雷同。

图1-8　华东第一竹海——宜兴竹海

5. 特色产业带动型发展模式

特色产业带动型的乡村旅游，需要当地具有生产某种特色产品的历史传统和自然条件，有相应的产业，且市场需求旺盛，通过产业集群形成一定规模。特色产业带动型发展模式，在村镇的范围内，依托所在地区独特的优势，围绕一个特色产品或产业链，实行专业化生产，一村一业特色鲜明。如图1-9为无锡泥人文化创意博览园的特色产品。特色产业带动型的乡村旅游通常会和农场庄园型、度假休闲型的乡村旅游相交叉。

6. 现代农村展示型发展模式

现代农村展示型发展模式的使用面相对窄一点，这种模式的乡村旅游必须以新农村形象为旅游吸引物，只能在率先步入小康阶段的社会主义新农村开展。通常是经济发达、交通便利、知名度较大的乡村，以新为特点，在住宅、街巷、道路和生态环境、产业设施以及各种配套设施等方面，都发生了全新的改变，成为乡村城市化、城乡一体化的典范。这些乡村可以开辟乡镇工业游、农业游、红色游、社会主义新农村游等多条特色旅游线路，但需注意在发展乡村旅游的同时要处理好与其他产业的关系，通过推进乡村旅游来带动其他产业的发展。

7. 旅游小城镇型发展模式

旅游小城镇型发展模式，是指把旅游开发与农村乡镇建设有机地结合起来，把旅游资源丰富的乡镇建设成为旅游小城镇。一般来说，有旅游开发价值的小城镇，多数具有突出的地方特色和悠久的历史文化，体量适中，易于集散，有一定的居住条件和基础设施，具有独特的旅游资

图1-9　无锡泥人文化创意博览园特色产品

源，因而具有较大的发展潜力。

二、开发合作模式

开发合作模式是乡村旅游市场运作的一个重要部分，从这个角度进行乡村旅游开发模式的划分更具有借鉴意义。主要有以下几种。

1. "农户+农户"模式

这是乡村旅游初级阶段的经营模式。在乡村旅游发展初期，农民对企业介入乡村旅游开发有一定的顾虑，大多数农户不愿把资金或土地交给旅游公司来经营，而更信任"示范户"。当"示范户"率先在农村开展乡村旅游经营并取得成功后，农户们便会在"示范户"的带动下，纷纷加入旅游接待的行列，并从"示范户"那里学习经验和技术，在短暂的磨合后，形成"农户+农户"的乡村旅游开发模式。

2. "公司+农户"模式

这种方式吸纳社区农民参与到乡村旅游的开发中，充分利用社区农户闲置的资产、富余的劳动力、丰富的农事活动，来增加农户的收入，通过丰富的旅游活动向游客展示真实的乡村文化。开发公司征用村民的土地，对其进行投资开发，统一规划、包装，公司和农户互利互惠，共同发展。同时，通过引进旅游公司的管理，规范农户的接待服务，确保乡村旅游的健康发展。

3. "政府+公司+农村旅游协会+旅行社"模式

这种模式下的乡村旅游开发参与者更多，各方面的协调配合也更完善，因而能实现乡村旅游健康稳定的发展。该模式下各主体的功能如下。

（1）政府。作为行政管理机构负责规划和基础设施建设，优化发展环境。

（2）旅游公司。获得政府授权，负责经营管理和商业运作，并收取门票；招募当地村民到公司就业；组织节庆活动和表演。

（3）农民旅游协会。由村民自发成立，代表村民参与旅游事务的管理、监督、负责组织村民参与地方戏表演及公司组织的各项节庆活动，导游讲解，制作工艺品，提供住宿餐饮服务以及维护和修缮传统民居等。

（4）旅行社。开拓市场，组织客源。这种模式可以实现多方共赢，但是在实际操作中，因为涉及的利益主体比较多，也会出现协调困难，阻力因素比较大的情况。

4. 个体农庄模式

这种模式是以"旅游个体户"的形式为特点的一种相对独立的乡村旅游模式。它将现代管理、科技、资金等引入土地开发中，可以大大增加产出，促使土地升值，使庄园主和农民共享利益。个体经营者通过对自己经营的农牧场进行改造并进行旅游项目建设，使之成为一个完整意义的旅游景区（点），能完成旅游接待和服务过程中的全部工作。

5. 股份合作制模式

股份合作制首先明确乡村旅游资源的产权主体，主要包括国家产权、乡村集体产权、农户个人产权等产权主体，把旅游资源、技术、劳动力等量化为股本，以实物资产、资金、技术、劳动力等多种形式入股，国家、集体和农户个体各持一定股权，收益按股分红与按劳分红相结合，进行股份合作经营。这种方式产权关系明确，广泛吸收各方面的资金、物力、技术等生产要素，每个人既是企业的劳动者，又是企业的所有者，形成与企业风险共担、利益均沾的机制，调动了社区居民参与的积极性，保证了旅游经营的顺利开展。

关键词点击：乡村旅游发展模式

同步案例

农业资源景区——北京蟹岛度假村

北京蟹岛度假村，总占地3 300亩，集种植、养殖、旅游、度假、休闲、生态农业观光为一体。以产销"绿色食品"为最大特色，以餐饮、娱乐、健身为载体，以让客人享受清新自然、远离污染的高品质生活为经营宗旨，是北京市朝阳区推动农业产业化结构调整的重点示范单位，也是中国环境科学学会指定的北京绿色生态园基地。度假村环境优雅、空气清新、设备齐全，"前店后园"的布局别具一格，整个园区分四大块：种植园区、养殖园区、科技园区和旅游度假园区，最大限度方便游客的旅游观光。图1-10为北京蟹岛度假村一景。

图1-10　北京蟹岛度假村

项目三　乡村旅游开发与运营前的工作

学习目标

1. 了解乡村旅游开发的主要内容。
2. 熟练运用SWOT分析方法分析乡村旅游开发。

1.3.1　乡村旅游开发影响因素分析

旅游开发是一项综合性的系统工程，它不仅是对旅游资源或景物的开发，而且是以旅游景物建设为中心而进行的各种有关设施建设、自然和人文环境的保护及培育等一系列综合性的社会活动。具体来说，旅游开发的内容应主要包括以下几个方面。①景点或风景区的规划和建设；②提高旅游地的可进入性；③建设和完善旅游配套设施；④旅游资源和景观的保护与维修；⑤完善旅游服务体系；⑥培育优越的人文环境；⑦积极宣传促销，进行客源市场开拓；⑧人员培训。

在进行乡村旅游的开发之前，有必要对影响开发成败的各个条件进行分析。从内容上看，主要包括资源、市场、区位、社会经济等要素。

一、资源条件分析

资源条件对旅游开发处于起始阶段的地区影响较大，随着旅游开发程度的加深，资源对旅游区开发的影响逐渐减弱。旅游资源质量直接影响旅游区的功能布局以及开发阶段（近期、中期和远期）。高质量、具有特色的旅游资源往往被重点优先开发，可以成为区域旅游的中心；低质量、常见的旅游资源一般开发程度低，只作为满足当地居民游憩休闲活动需要的场所。

同时，影响开发的不仅仅是那些单体资源的品质、类型和特征，而且各个单体资源之间的分布与组合状况也直接影响旅游的空间布局、功能分区及开发的时间序列。对于乡村旅游地来说，"乡村性""本土味""民族特色"是高质量旅游资源的重要特点。

二、市场条件分析

旅游业源于游客对旅游的需求，终止于这种需求的满足。一般说来，旅游区开发过程是一个根据供需关系不断调整的过程。所以旅游开发应在充分调查并掌握市场供求状况的前提下进行以市场为导向的开发模式。从供给方来讲，旅游资源地域分布往往不平衡，资源地域分布的不均衡必然造成旅游供需的不均衡。一方面，某些旅游地资源丰富，但区位条件不佳，远离客源地，供给过剩，需求不足；另一方面，某些旅游地资源贫乏，游览点稀少，但旅游需求旺盛。

目前我国大多乡村旅游地由于先天不足，开发较晚，知名度低，难于参与到国际旅游市场的竞争中，因而其主要目标市场应是国内旅游者，但竞争压力也比较大。然而现在的旅游市场很多需求是创造和引导出来的，所以乡村旅游地的开发在资源条件并不丰富且周围景区竞争压力比较大的情况下，更应以市场需求为导向，有效分析细分市场中游客的不同特点，从而满足部分市场中游客的个性化潜在需求。为此，可考虑开发一些别具特色的乡村旅游项目。

三、区位条件分析

1. 旅游地与客源地间的区位关系

旅游地与客源地间的区位关系，主要是指客源地在旅游地周围的分布和相互距离。距离包括空间距离、时间距离和经济距离。这3种距离会对旅游者的出行行为产生所谓"距离摩擦力"，进而影响旅游地的客源流规模，最终影响旅游地的开发。具体分析如下。

（1）空间距离。指客源地与旅游区之间的绝对距离。它影响两地之间的时间距离和经济距离。

（2）时间距离。即旅游者从出发地到旅游区途中所耗费的时间长短。随着现代人时间观念的增强，人们希望能快速到达目的地。空间实际距离、交通工具、道路状况、交通管制水平、交通运营线路等都会对时间距离产生影响。

（3）经济距离。统计资料表明，在旅游者的花费中，尤其是在长距离旅行中，途中费用占全部旅游支出的1/5～1/3。因此，经济距离对区域旅游地开发影响重大。虽然旅游地与外部客源地间的空间绝对距离是固定的，但外部区位条件的改善，将使交通费用占总开支的比重、甚至绝对支出都可能降低而利好旅游地的开发。

2. 旅游景区与其他旅游景区的空间关系

旅游景区之间的空间关系实质上是一种空间相互作用关系，是指在一定空间范围内某个旅游景区在区域旅游客流分配中所处的地位。这种地位毫无疑问要受到其他旅游景区的影响，特别是受到邻近旅游景区的影响，而相距较远的旅游景区对之则影响较小。

旅游景区与其邻近旅游景区间的空间相互作用关系可以分为互补关系和替代关系。就两个旅游区来说，不同类型的旅游资源及产品具有互补性，如山岳与古代建筑。互补关系在吸引游客流上是彼此促进的，即一个旅游景区在对游客吸引的同时也使另一旅游景区获益，游客增加；当两者在开发的旅游产品类型或项目上相同或类似时，将产生替代作用。与互补关系相反，在替代作用的影响下，两者对旅游客流的作用是竞争性的。对区域内具有竞争关系的同类旅游地，只宜开发价值较高的旅游地，否则会导致"两败俱伤"。为了促进在区域内形成功能完备的旅游网络，要大力发展具有互补功能的旅游地。对资源相对贫乏的地区而言，尤其不能发展与邻近旅游区现有开发已较为成熟的相同旅游产品，否则将使其资源先天不足的劣势更加突出。目前我国大多乡村旅游地在一定区域内的资源同质性尤其明显，所以在开发旅游产品时，要根据自身的资源特色发展优势产品，避免区域内同类产品的替代竞争。

四、社会经济条件分析

区域社会经济发展水平为旅游业的发展提供了一定的条件，直接关系到区域旅游业的开发与发展。可从以下两方面进行分析。

1. 经济因素

从供给方来看，发达区域的经济能为旅游业的发展提供必需的交通条件、接待服务设施、通信设施、财力资源和服务管理能力。从需求方来看，经济状况决定居民的出游能力，国际经验和统计表明：人均国民生产总值达到800美元时，居民将会普遍产生国内旅游动机，目前我国大部分经济发达地区的人均国民生产总值已达到或超过这个水平，潜在客源市场庞大。城镇居民出游率高，人均消费额大，形成了规模可观的客源市场。而农村居民收入水平在临界点附近，一旦突破，势必使旅游需求急剧扩张。总体而言，目前我国强大的区域经济实力和庞大的旅游需求有力地推动了区域旅游业的发展，促使旅游开发的范围逐步扩大，广大乡村旅游地，尤其是城郊型乡村目的地无疑会受益颇多。

2. 社会因素

影响旅游区开发的社会因素很多，闲暇时间是影响旅游需求的重要因素。科技进步促进生产力发展和生产效率的提高，给人类带来更多的自由时间。20世纪以来，世界各国法定工作时间普遍缩短，公共假日不断增加，人们用于游憩休闲的时间越来越多，未来社会将是闲暇社会。1995年5月1日，我国正式启动五天工作制，国内旅游开始迅速发展。1999年实行"黄金周"放假制，当年的"十一"假期，带动了旅游消费井喷，人们第一次看到了"黄金周"的"黄金"效应，为此，"假日经济"的概念一时之间成为流行的话题。带薪假期和双休日制度的实行，有力地推动了区域旅游业的发展。从这些现象中可以看到，居民出游的闲暇时间瓶颈一旦被打破，旅游的需求一下子得到了释放，极大地促进了我国旅游业的发展，尤其是推动了短途近郊旅游及一批新兴旅游区的崛起，其中不乏一些乡村旅游目的地，比如一些著名景区和城市周边的"农家乐"。

另一方面，国家的政策、当地政府对旅游的态度等因素也对乡村旅游的开发产生影响。原国家旅游局把2006年的旅游主题定为"中国乡村游"，各地政府也非常重视乡村旅游的发展。很多地方政府为了鼓励和确保乡村旅游的健康发展，已在乡村旅游经营者市场准入、税费减免、规范市场秩序、改造基础设施等方面建立配套的政策。同时一些非政府组织比如乡村旅游协会、农家乐协会也对乡村旅游的开发起到了促进和规范的作用。

1.3.2　乡村旅游开发SWOT分析

SWOT分析法又称为态势分析法，它是由旧金山大学的管理学教授于20世纪80年代初提出来的，SWOT四个英文字母分别代表：优势（Strength）、劣势（Weakness）、机会（Qpportunity）、威胁（Threat）。所谓SWOT分析，就是将与研究对象密切相关的各种优势、劣势、机会和威胁等，通过调查列举出来，并依照矩阵形式排列，然后用系统分析的方法，把各种因素相互匹配起来加以分析，从中得出一系列相应的结论，而结论通常带有一定的决策性。运用这种方法，可以对研究对象所处的情景进行全面、系统、准确的研究，从而根据研究结果制定相应的发展战略、计划以及对策等。SWOT分析法常常被用于制定企业发展战略和分析竞争对手情况，在战略分析中，它是最常用的方法之一。

从整体上看，SWOT可以分为两部分。第一部分为SW，主要用来分析内部条件；第二部分为OT，主要用来分析外部条件。对于旅游区的SWOT分析，一般遵循以下步骤。

一、客观分析旅游区的优势和劣势

旅游区的优势和劣势分析包括所有权优劣、内在化优劣和区位优劣。所有权优劣包括旅游区的生产要素禀赋，如各种旅游吸引物、资金、技术、旅游从业人员、产品服务等的水平。内在化优劣指旅游区的组织结构、管理水平和市场体制等的发展水平。区位优劣指旅游区的特殊禀赋，如是否接近某个大客源地，是否拥有某项垄断性旅游资源等。

二、认真确认机遇与威胁

机遇与威胁多产生于内部结构与外部环境的变化中，外部环境主要包括经济、社会、政治和文化、技术水平等，如新的有利或不利政策的实施、人才获得或流失、新市场的开辟或主要客源被掠等。在机遇方面主要跟国家的宏观政策有关。比如我国实施双休日导致了城市周边地区郊游业务的大发展，再比如我国旅游市场由观光休闲型向参与体验型转变，这些都会对旅游区产生或多或少的机遇。在威胁方面，旅游区要特别关注新产品，尤其是替代性产品开发后产生的威胁。如改革开放以来，国内外游客绝大多数游览北京的长城会选择八达岭长城，而居庸关长城修复开业之后，八达岭长城的参观人数锐减，其旅游收入也受到严重影响。这个例子对乡村旅游的开发具有很大的启发性，因为目前乡村旅游产品单一，基本停留在食宿类型的"农家乐"或观光采摘类型的观光农业，可复制性强，易开发，垄断性弱，竞争力也弱，所以乡村旅游的外部威胁是比较严峻的。

三、建立和修改乡村旅游区的发展战略

全面了解了本乡村旅游区的SWOT之后，找到了优势和弱点，第一步就是自身的纵向比

较，分析旅游区多年来成败的因素是哪些，第二步是与对手进行横向比较，找出明显优于对手的优势及比对手更弱的弱点。由此可制定旅游区的战略方案，基本思路是：发挥优势，克服弱点，利用机会，化解威胁；考虑过去，立足当前，着眼未来。运用系统分析法，构建或修改一套旅游区未来发展的可选择战略，以便在以后的竞争中处于不败之地。

[知识拓展]

一、乡村旅游升级五大模式（表1-1）

表1-1　乡村旅游升级模式

序号	模式名称	核心理念
模式一	规范化的乡村酒店模式	一个乡村就是一座"乡村酒店"。以现代酒店的经营管理理念，推动乡村旅游服务的规范化与标准化，提供有品质的农家食宿接待服务，是传统农家乐的直接升级版
模式二	个性化的文化民宿模式	一个乡村就是一个乡土文化博物馆。在村落文脉与古民居群落整体保护的基础上，通过传统文化的艺术化、创意化和体验化，打造有故事的乡村民宿群落和精致的乡村文化休闲体系，创造传统与时尚碰撞的精致乡村生活方式
模式三	高端化的度假乡居模式	一个乡村就是一个野奢度假综合体。通过乡村闲置农宅的统一收租，并进行整体改造与度假化利用，将村落打造为高品质的乡村旅游度假区，并塑造特色乡村度假品牌
模式四	创意化的休闲聚落模式	一个乡村就是一个有趣的乡土游乐场。整合村落内的河流、田园、果林、山地，创意打造多元化的乡村休闲游乐空间，并通过策划好玩、丰富的乡村活动形成村落持续的旅游吸引力
模式五	产业化的主题庄园模式	一个乡村就是一座主题庄园。依托现代农业和涉农企业品牌打造高品质田园综合体，开发复合农业产业与乡村旅游两大基本功能，既是企业品牌展示与技术研发基地，也是高品质的田园休闲度假区

二、乡村旅游发展趋势及特点

1986年，中国第一家农家乐大院——"徐家大院"在成都诞生，标志着中国乡村旅游序幕的开启。经过三十多年的发展，乡村旅游从最初"住农家房、吃农家饭、干农家活"的简单形态，逐渐向多元化、休闲化、综合化转变，而乡村旅游的活跃区域也从大都市的近郊逐渐向远郊以及中小城市郊区扩展。当下，在休闲度假时代来临的外部因素和美丽乡村建设的内在因素双轮驱动下，中国乡村旅游发展迎来全面转型升级的绝佳机遇。乡村旅游出现了以下特点。

1. 乡村旅游的全域化、特色化、精品化

许多地方从宏观的层面对乡村旅游进行全局规划。从全村、全镇、全县的范围来做乡村旅游。在发展乡村旅游的过程中，为避免同质化竞争、发挥差异化优势，各个村镇实行诸如"一村一品""一户一业态"的差异化发展策略，深挖潜力，精心设计，打造精品，使乡村旅游呈现出特色化、精品化的特点。

2. 新产品、新业态、新模式层出不穷

四川成都是乡村旅游发展的先行者，"五朵金花"是其代表。现在乡村旅游发展很快，走在前列的有江苏省、山东省、浙江省、北京市等。江苏省出现了一系列的乡村旅游新业态；山东省扶持力度很大，每一个县都做乡村旅游规划，省政府给予每个县乡村旅游规划资金支持，另外，市县级政府还要追加经费支持；浙江省面对较多的境内外高消费客源，开发出了像裸心谷这样的高端乡村旅游产品；北京市郊区，近年来乡村旅游发展也很快，出现了很多新业态，如特色农业园、民俗村、农业新村、古村落等，迎来了蓬勃发展的势头。

3. 从乡村旅游到乡村生活的新理念

一部分游客到乡村已不再是单纯的旅游，而是被乡村的环境所吸引，在当地较长时间地生活和居住。部分退休的年长人士，不愿意长期住在城市，一年中往往有数月栖居于乡间。

他们认为乡村的生态环境好，能更好地亲近自然和享受有机生态食品。例如，河南有的农场已针对这种需求进行规划，以吸引更多的城市居民来体验乡村生活。从乡村旅游发展到乡村生活，这方面国外做得较好的国家之一是日本。日本的退休人士和一些在城市工作的人士，他们一年中有较长一段时间居住在乡村。总体而言，从乡村旅游到乡村生活，这是一大发展新趋势。

[案例分享]
案例1

阳羡生态旅游度假区优势分析

江苏宜兴阳羡生态旅游度假区以充沛的负氧离子而闻名，是名副其实的天然大氧吧。深氧旅游资源不仅赋存量高，且覆盖面积广，涉及度假区面积88.2km²。随着人们对健康生活的愈加关注，依托深氧旅游资源所发展的"深氧界"旅游品牌在国内具有绝对竞争力，受到游客的青睐。负氧离子浓度与人体健康的关系如表1–2所示。

表1-2　负氧离子浓度与人体健康的关系

单位：个/cm³

环境场所	森林瀑布	高山海边	乡村田野	公园	旷野郊区
负氧离子浓度	10 000～20 000	5 000～10 000	1 000～5 000	400～1 000	100～1 000
对人类健康的影响	人体具有自然痊愈力	杀菌、减少疾病传染	增强人体免疫力、抗菌力	增强人体免疫力、抗菌力	增强人体免疫力、抗菌力
环境场所	城市公园	街道绿化地带	楼宇办公室	城市酒店	工业开发区
负氧离子浓度	400～600	200～400	100	40～50	—
对人类健康关系度	改善身体健康状况	改善身体健康状况	诱发生理障碍、头痛失眠等	诱发生理障碍、头痛失眠等	易发各种疾病

通过对比长三角地区知名旅游度假区，分析它们的旅游资源特色、产品类型、景区等级，发现阳羡生态旅游度假区在区域范围内具有绝对的资源优势和品牌优势，长三角区域内尚没有一家旅游度假区提出"深氧界"旅游度假的概念。长三角地区知名旅游度假区旅游发展对比如表1-3所示。

表1-3　长三角地区知名旅游度假区旅游发展对比

旅游度假区	度假区等级	度假区简介	发展方向
天目湖旅游度假区	国家级	素有"江南明珠"之称，拥有天目湖山水园、南山竹海、御水温泉等核心景区，是集休闲度假、森林公园、农业历史文化、环境保护和湖上娱乐为一体的旅游度假胜地	集森林观光、生态体验、温泉养生、生态养生等旅游功能于一体的山水旅游度假区
汤山温泉旅游度假区	国家级	中国最古老的温泉养生地之一，集人文景观和自然风光于一体，山、水、泉、林、湖错落分布	以温泉养生旅游产品为主的温泉养生度假旅游区
阳澄湖半岛旅游度假区	国家级	自然亲水的精致景观、丰富深厚的多元文化、新颖独特的旅游项目、时尚高端的商业载体	立足高端精品和旅色生态的总定位，发展新型滨水休闲养生度假胜地
无锡太湖旅游度假区	国家级	以灵山佛文化博览园、生命科学园、吴都阖闾城、马圩商住区等四大功能区域为主体的休闲旅游度假区	以佛教文化、吴越文化为主体的滨水旅游度假区

续表

旅游度假区	度假区等级	度假区简介	发展方向
常州武进太湖湾旅游度假区	省级	相继成竺山湖小镇、开元度假村、太湖湾全国龙舟竞赛基地、万泽太湖庄园、嬉戏谷和中华孝道园等项目	集主题娱乐、科技文化、风情购物、户外运动、休闲度假于一体的山水旅游度假区
南京珍珠泉旅游度假区	省级	以山、水、泉、林为特色，包括四方国际建筑艺术展、名石艺术馆、野生动物生态园、大型游乐设施等旅游项目	融食、住、游、休闲、度假为一体的旅游度假区
昆山淀山湖旅游度假区	省级	包括周庄古镇、锦溪古镇、千灯古镇、游艇俱乐部、高尔夫球场等核心旅游产品	集餐饮、住宿、会议、休闲娱乐、游艇综合服务于一体的旅游度假区

案例分析： 阳羡生态旅游度假区通过与周边省级、国家级度假区之间的对比分析，利用其资源特色，产品错位发展，提出符合其主题特色的"深氧界"旅游的概念。成为乡村旅游发展主题特色旅游的经典范式。

案例2

北京密云——一个民俗村就是一个乡村酒店

北京密云区是全国乡村旅游发展的标杆。2010年，为了改变单打独斗、散漫杂乱发展的民俗旅游，密云提出了在强调个性化发展的同时，以统一的标准来规范民俗村旅游市场的改造思路，即"一个民俗村就是一个乡村酒店"。图1-11为密云乡村一景。

首先，密云区为全区民俗户统一免费更换床上用品；其次，出台了《旅游标准化管理手册》，对民俗户的旅游厕所管理、环境卫生管理、民俗村安全管理等九大类内容进行了量化指标规定，对全区1 100多户民俗户进行了培训；再次，区里请来专业的设计公司，结合每个村庄、院落的特点，为民俗户的门头、牌匾以及内部装饰，进行统一设计和安

图1-11 密云乡村一景

装，以提升民俗户的文化内涵。此外，密云在公路上安装67组中英文对照的密云旅游道路指示牌，建立村级旅游接待中心和民俗旅游合作社，并与互联网结合，设置民俗户网络地图。

案例分析：密云乡村旅游发展为我国乡村旅游提供了一个范本，在发展过程中，应统一出台标准化管理办法，注重对农户的统一培训，以及对基础设施进行统一的建设和改造。

[创新思维]

1. 乡村旅游发展迅速，我国当前乡村旅游发展的新形势和新业态是什么？
2. 乡村旅游开发模式多样，除了书本里提及的，归纳总结其他种类开发模式。
3. SWOT分析对于乡村旅游开发前的工作有何意义？

[创新实践]

请查阅相关资料，选择你感兴趣的乡村旅游目的地，了解其发展历程、发展模式、并利用SWOT分析方法对其发展提出相关建议。

模块二
了若指掌——乡村旅游资源与环境

模块概述

  随着我国城市化进程的加快，以乡村生活、乡村民俗和田园风光为特色的乡村旅游应运而生，并不断满足城市居民新的消费需求。大力发展乡村旅游不仅能够推动农村经济发展，在保护乡村生态环境的深层价值层面上也发挥着重要作用。本模块以乡村旅游资源为出发点，从概念辨析、资源普查、分类评价、科学规划、生态环境保护五个维度展开乡村旅游资源体系的学习，为指导乡村旅游开发实践提供科学借鉴。

学习目标

1. 理解乡村旅游资源的概念和内涵并掌握乡村旅游资源的分类方法及评价体系。
2. 结合乡村旅游资源的特点，能够切实有效地开展乡村旅游资源普查及科学分析。
3. 理解乡村旅游在生态环境保护上的深层价值，合理开发乡村旅游资源。

乡村旅游资源
分析

案例导读

2015年中国十大最美村落之茶坑村

"2015中国十大最美乡村"在山东临沂正式揭晓，新会茶坑村榜上有名，也是广东省唯一入选的乡村。新会茶坑村能入榜，必定有其独特和特别之处。茶坑村之美，美在哪里？

沧海桑田书写历史之美

说到茶坑村的历史之美，不得不说的就是散落在村中的各处建筑，这里的一砖一瓦，甚至每一寸土地，都见证着茶坑村的昨日与今日，茶坑村民世世代代在此生活、劳作、学习。历史风云变幻，这个村落传承至今，依然静静守候在此，向世人展示其独特的历史之美。

凌云塔矗立凤山之巅

凌云塔，民间俗称熊子塔，据历史记载和学者考证，凌云塔建于明朝万历三十七年（1609年），距今已有400多年历史，为新会重点文物保护单位，距离梁启超故居仅两千米。凌云塔塔体为文笔式构筑，呈八角棱形，塔高七层约46米。因为层层的门洞处于不同方位，所以逐层透门望景，景景不同，有如进入万花筒中，尽览塔周四面八方的风光。

梁启超故居坐落农舍间

梁启超故居建于清光绪年间，坐落在农舍之间，是一幢古色古香的青砖土瓦平房，由一正厅、一偏厅、一饭厅、两耳房组成，占地155平方米。梁启超故居旁，就是怡堂书室，青砖墙壁，红砖地面，古朴典雅。书室左右各为一耳房，左耳房为书塾先生梁宝瑛的卧室，右耳房是1892年梁启超与新婚妻子李蕙仙的卧房，长女梁思顺也出生于此。

茶坑旧乡府见证岁月变迁

茶坑旧乡府，据说是梁启超的长子、著名建筑学家梁思成所设计。简单而精致，是一座糅合了南北建筑特色与西方建筑风格的园林式建筑，前座为中式牌楼，而后座多处则体现了类似苏联建筑的设计风格，可见设计之别致，如图2-1所示。

图2-1 茶坑旧乡府

陈皮之乡世代飘香

茶坑人，世代种植新会柑，经营新会陈皮，具有生产和销售新会陈皮的悠久历史和优良传统。陈皮产业，也使得茶坑村得以发展，茶坑人得以安居乐业。

（资料来源：中国美丽乡村网）

[思考] 1. 上述案例中提到了茶坑村哪些乡村旅游资源？
　　　 2. 乡村旅游资源在地区乡村旅游发展中发挥了什么作用？

项目一　明确乡村旅游资源分类

学习目标

1. 掌握乡村旅游资源的概念及内涵。
2. 理解乡村旅游资源的特点及分类。

2.1.1　认识乡村旅游资源

原国家旅游局2003年颁布的《旅游规划通则》中关于旅游资源的定义为：自然界和人类社会凡能对旅游者产生吸引力，可以为旅游业开发利用，并可产生经济效益、社会效益和环境效益的各种事物和因素，均可称为旅游资源。

从区位空间角度出发，旅游资源可以分为城市旅游资源、乡村旅游资源、风景旅游资源。乡村是相对于城市化地区（urbanization area）而言的，指非城市化地区，严格地讲，是指城镇（城市及建制镇）规划区以外的人类聚居地区，是人类历史演进发展至一定阶段的产物，是集经济、社会、文化、自然等诸多要素于一身的综合体。乡村旅游资源是指在乡村地域内能够为旅游业所利用的原材料，是能够吸引旅游者，并能产生经济、社会、生态等综合效益的物质和非物质的吸引物。乡村旅游资源应该同时具有吸引功能和综合效益功能，应该是生态环境保护较好的、给人以美的享受的旅游活动的客体，包括农村的自然风光、人文遗迹、民俗风情、饮食起居、农业生产、农民生活等资源。

　　关键词点击：旅游资源　乡村旅游资源

同步案例

江宁"五朵金花"获评"中国最美乡村"

2014年10月11日在南京举行的全国休闲农业经验交流会上，江宁区黄龙岘村、大塘金村分别被授牌"2014年中国最美休闲乡村奖"和"2014年中国美丽田园奖"。在此之前，江宁区横溪街道石塘村和麒麟街道锁石村被授予"全国最美村镇"典范奖和宜居奖，谷里周村被农业部评为全国"美丽乡村"创建试点村。一个区有5个村获评"国家级"奖项，这体现了江宁乡村旅游的创新路径和整体实力。

"绿水青山，就是金山银山。"江宁区区长陈发喜介绍，江宁地处大都市近郊，山水资源丰富、现代农业发达，在乡村旅游发展中注重一村一品、凸显风貌，黄龙岘村的"深山茶村"、大塘金村的薰衣草、石塘村的苏派民居，这些地方节假日常常游客爆棚。截至2014年10月12日，全区13个旅游"金花村"吸引游客868万人次，实现综合收入7.75亿元。

通过"金花村"的带动，江宁规划建设500km²的美丽乡村建设区，成功创建全国休闲农业和乡村旅游示范区，加快了城乡统筹，改变了乡村面貌。乡村旅游催生了一批在家中当"老板"的新型农民，民宅变成"民宿"，农副产品变成旅游商品，"金花村"经营户户均月收入达1.5万元。图2-2为江宁区"五朵金花"示意。

图2-2　江宁区"五朵金花"

2.1.2　乡村旅游资源特点

乡村旅游是发生在乡村地区以乡村性为依托的旅游活动。它是一种以旅游度假为宗旨，以村庄野外为空间，以人文无干扰、生态无破坏、以游居和野行为特色的村野旅游形式。随着乡村旅游的迅速发展，乡村旅游资源呈现出了以下的一些特征。

一、乡土性

我国乡村地域辽阔多样，多数地区仍保持原始自然风貌，风格各异的风土人情、乡风民俗、古朴的村庄作坊，原始的劳作形态，这些乡土特点具有城市无可比拟的贴近自然的优势，为游客回归自然，返璞归真提供了优越条件。如图2-3所示。

图2-3　旅游资源乡土性

二、生态性

乡村自然生态环境处于乡村环境系统的中心层次，也是乡村旅游吸引物的最直接表现形式。没有清新和美的田园风光、自然和谐的奇山秀水、丰富多样的动植物资源，乡村旅游就会成为无源之水、无本之木。因此，乡村旅游应充分认识到保护自然生态环境的重要性，通过制定法律法规，推行绿色生产、保护农田、保护野生动物等措施，有效地保护富有价值的乡村旅游资源。图2-4展示了乡村旅游资源的生态性。

图2-4　旅游资源生态性

三、文化性

乡村旅游以民俗风情为主要内容，由于存在地域的差异，每个民族都有不同的风俗文化，甚至各民族内部不同区域间也存在风俗文化的差异，如汉族中南方与北方的显著差异等，俗话说"十里不同风，百里不同俗。"传统民居、方言、手工艺、节日习俗等无不体现一个地方的民俗特色，每个地方都有特有的民俗文化，这些构成了乡村旅游的重要吸引物，民俗文化是乡村旅游的灵魂。

江苏南北差异明显，风情与韵味各异，各地民风民俗众多。传统的婚礼中，常将花生、枣子、栗子、石榴、桂圆等作为新房的陈设果品，有早生贵子、多子多福之意。到了正月新年，传统的灯会就开始了。少则十天，多则一月。数十万盏造型各异的花灯云集，流光溢彩，汇成灯的海洋。市民扎花灯，自娱自乐，游人徜徉其间，流连忘返……在南京高淳地区，"跳五猖"是一年中祠山庙祭中最重要的大事，远古的老街上，古老的民俗文化在这里代代相传。周庄的摇快船，经过悠悠数百年的沿袭，已成为民间良辰佳节、喜庆丰收、婚嫁迎亲时群众喜闻乐见的大型娱乐活动，具有浓郁的水乡风情。

四、地域性

在中国这片幅员辽阔的土地上，乡村旅游具有明显的地域性。按照自然界限的划分，有南北乡村之分（如图2-5）。例如，从乡村的建筑风格来看，南方的房屋多依河而建，注意通风散热，屋顶坡度较大，便于雨水流泻；北方的房屋为了防寒保温，以及有足够的光照，所以多呈现的是较为矮的房屋及平房。按照自然地形的划分，有山地平原乡村之分。例如，从乡村空间分布来看，山地的乡村聚落密度及其用地规模的空间分异特征显著，聚落总体形状较为简单；平原的乡村聚落之间距离的空间分布格局特征并不明显，聚落之间联系紧密，乡村聚落形状较为复杂，规则性不强。按照民族聚居特点的划分，又有汉族和少数民族乡村之分。例如，从乡村地域文化来看，汉族的乡村文化比较单一，没有明显的特色；少数民族的乡村文化在长期的历史发展过程中形成了各自独有的居住、饮食、服饰、节庆、歌舞、戏曲等习俗，具有浓郁的民族特色。

五、季节性

乡村旅游在时间上具有季节性。乡村农业生产活动有春、夏、秋、冬四季之分，且乡村旅游在秋冬时门庭冷落而春夏时人满为患，形成了鲜明的对比。可从以下两个角度来解释乡村旅游的季节性。第一，从自然方面上说，乡村旅游的旅游吸引物和旅行舒适程度会随自然节气的转换而发生显著改变。春天，万物复苏、春暖花开，人们可以去乡村观赏油菜花田、桃花林、樱花林；夏天，各地骄阳似火、酷暑难当，人们可以去有山水、竹林、洞穴等地的乡村尽情避暑；秋天，硕果累累、金桂飘香，人们可以去乡村采摘果实、体验秋收的快乐；冬天，北国银装素裹、千里冰封，人们可以去乡村体验滑雪、坐雪橇车。第二，从中国现有国情来说，旅游者可自由支配的时间具有相对集中性，大多数家庭会考虑在国家法定节假日期间进行乡村旅游活动。因此，各个乡村旅游景点要把握好季节和节假日的时机，大力发展本地的乡村旅游。

图2-5 明显地域差异的乡村旅游资源

六、多样性

多样化的组合方式，形成了内容丰富、类型多样的乡村景观。其多样性不仅表现在组成上，也表现在空间分布和景观类型上。乡村可能分布在山谷中，也可以分布在平原上，乡村景观也包括自然景观和人文景观，有树林湖泊，也有民居街庙。不同的乡村可能会展现出完全不同的风景，在一个乡村中也可能包含了各种旅游吸引物。

例如，华北地区有大量的文化遗址，古墓群，古建筑群，大型古典园林，大型石窟壁画，著名的古都，构筑出丰厚浓郁的旅游文化氛围。再例如，"天苍苍，野茫茫，风吹草低见牛羊"，这描绘了辽阔坦荡的内蒙古草原风光和清新无染的空气，使人眼阔心宽，宁静恬淡，尤其是内蒙古牧民以游牧为主要生产方式，住着帐篷骑着马儿，从而形成了剽悍的性格和强壮的体魄。牧民刚中有柔、活泼轻快的舞蹈，激越嘹亮、热情奔放的歌声，以及深沉、悲壮的马头琴，进一步烘托了草原乡村旅游的氛围。

七、系统性

乡村旅游的系统性体现在乡村旅游可以视为一个系统，是一个由社会、经济和自然生态三大系统复合而成的系统。这三大系统为基础层次系统，叠加在这三大基础系统之上的生态旅游系统是高层次系统。从关系上看，生态旅游系统对三大基础系统有依赖关系，即生态旅游系统要获得效益，必须依赖于三大基础系统；而且三个基础系统有相互紧密联系的关系，紧密联系意味着相互协调，在三大系统相互协调的基础之上，生态旅游才有可能获得最大的综合效益。所以说，在人对自然环境长期作用下形成的乡村旅游资源，体现了人文环境和自然环境的和谐统一，共同形成了一个复杂的系统。

 **同步案例**

山东莱芜特色乡村游

山东莱芜逯家岭村村中房舍皆为村民就地取材用石头筑成，坚固异常，有些老屋历经数百年风雨而毫发无损，石桌、石凳、石槽、土灶等古老器具依然在使用。

卧铺村与逯家岭相连。卧铺村因村庄地势高、常被云雾覆盖而得名。村北一座东西走向的山脉逶迤连绵，山势险峻，山顶齐长城遗迹蜿蜒盘旋，四周田地具有高山梯田的独特景观。除了俊秀的山外，附近村居房舍大都以石头垒砌，颇有特色。

王石门村，这里有高山之巅的淳朴民俗风情，有古老原始的深谷幽林，有高峡平湖的秀美景致。在蓝天白云、青山碧水的映衬下，整个村落如云中山寨、人间仙境，故被誉为"天上人家"。

如今的莱芜，尽管以"三辣一麻""三黑一花"、南肠等特色农产品被人们所认知，但小城所隐藏的多元化特色，仍然需要到访的游客慢慢品味。这里山清水秀，美丽的自然环境予人最健康的空气、水、食物，群山之间的山村里，常见年事颇高的垂髫与欢快健康的黄发；这里古朴悠远，石阶、石屋、石巷，一个个文化遗产诉说着沉寂数百年的历史；这里物产丰饶，山中多核桃、樱桃、板栗、山楂、蘑菇，水里多鲤鱼、鲫鱼、小虾、河蟹……古朴独特的鲁中山区建筑、淳朴的乡风民俗吸引了无数驴友、摄友前来探幽采风。

2.1.3　乡村旅游资源分类

乡村旅游资源分类在旅游资源的分类体系中具有举足轻重的地位，因为它是认识和掌握旅游资源的起始点，在此后旅游资源调查、旅游资源评价、旅游资源开发的学习和讨论中起到很大的作用。

一、根据乡村旅游资源的分类

乡村旅游资源可以分为三大类旅游资源，即自然旅游资源、社会人文旅游资源和经济旅游资源。

1. 自然旅游资源

乡村旅游目的地的发展离不开其所依托的自然旅游资源，具体包括天象气候旅游资源、地文景观旅游资源、生物旅游资源和水域旅游资源。

良好的生态环境是发展乡村旅游的基础，是乡村旅游的拉力源。乡村旅游得以发展的根本就是乡村独有的人居环境、田园风光、生活方式、民俗民风和生产活动等城市所不具备的要素。乡村旅游大都是在乡村自然生态环境优越、人文生态景观丰富的地区发展起来的。

　　乡村旅游目的地的地缘优势也相当重要，尤其是拥有优越的地理位置，因为这就意味着这个旅游目的地更有机会接近现实的或潜在的游客。这种优越的地理位置表现为该旅游目的地的交通可达性，以及与周边景区的临近程度。图2-6为重庆丰都山水自然旅游资源。

　　2. 社会人文旅游资源

　　社会人文旅游资源可以一定的物质实体为载体，如历史遗存、古迹、古建筑、陵墓、园林等，也可以是一些无形的精神文化内容，如历史事件、传说典故等。一般而言，社会人文资源的历史越是悠久，所蕴含的文化内涵越丰富，旅游价值也就越大。有些社会人文旅游资源是同人类生活融为一体的，可以创造、制作而再生、再现。有些社会人文旅游资源是动态的，更能够满足游客亲身体验、参与其中的心理需求。富有参与性的旅游活动能极大地激发游客的兴趣，而且对静态的自然或人文旅游资源是有益的补充，如举办旅游节、体育赛事等。图2-7和图2-8为我国的人文旅游资源示意。

图2-6　重庆丰都山水自然旅游资源

图2-7　南京汤山七坊人文旅游资源

图2-8　贵州民俗文化旅游资源

3. 经济旅游资源

宏观经济水平是指乡村旅游经营组织所处区域在某一时期内创造或者获得财富的综合能力，它决定了当地市场的购买力，也决定了旅游消费需求层次。在经济水平较高的地区，由于资金比较充足，可以为乡村旅游经营组织的发展提供必要的资金支持，为保护当地的旅游资源提供资金保障，而且当地的基础设施往往比较健全，当地居民也有能力去旅游，客源市场潜力较大。

二、按照乡村旅游资源的结构与组合方式划分

1. 乡村田园景观旅游资源

自然田园风光是乡村旅游资源中最主要的构成部分，包括大规模连片的农田带、多种类型的经济果林与蔬菜园区，一定面积的天然或人工水面等。如图2-9所示。

图2-9　宜兴山水田园旅游资源

图2-10　安徽皖南建筑聚落旅游资源

2. 乡村聚落景观旅游资源

聚落是人类活动的中心，它既是人们居住、生活、休息和进行社会活动的场所，也是人们进行生产劳动的场所。我国乡村聚落分为集聚型，即团状、带状和环状村落；散漫型，即点状村落；特殊型，表现为帐篷、水村、土楼和窑洞等。乡村聚落的形态、分布特点及建筑布局构成了乡村聚落景观旅游资源丰富的内涵。这些旅游资源景观具有整体性、独特性和传统性等特点，反映了村民们的居住方式，往往成为区别于其他乡村的显著标志。如图2-10

所示。

3. 乡村建筑景观旅游资源

乡村建筑包括乡村民居、乡村宗祠建筑以及其他建筑形式。不同地域的乡村民居均代表一定的地方特色，其风格迥异，给游客以不同的感受。如青藏高原的碉房，内蒙古草原的毡包，喀什乡村的"阿以旺"，云南农村的"干阑"，苗乡的寨子，黄土高原的窑洞，东北林区的板屋，客家的五凤楼、围垅及土楼等，千姿百态，具有浓郁的乡土风情。乡村宗祠建筑，如气派恢宏的祠堂，高大挺拔的文笔塔，装饰华美的寺庙等，是乡村发展的历史见证，也从侧面反映出了乡村居民的生活习俗。

4. 乡村农耕文化景观旅游资源

我国农业生产源远流长，乡村劳作形式种类繁多，有刀耕火种、水车灌溉、围湖造田、鱼鹰捕鱼、采药摘茶等，这些都充满了浓郁的乡土文化气息，体现出不同的农耕文化，对于城市居民、外国游客极具吸引力。

5. 乡村民俗文化景观旅游资源

乡风民俗反映出特定地域乡村居民的生活习惯和风土人情，是乡村民俗文化长期积淀的结果。乡村传统节日五彩纷呈，汉族有元宵节、清明节、端午节、中秋节等；藏族有浴佛节、雪顿节等；彝族有火把节等；傣族有泼水节等。还有农村的游春踏青、龙舟竞渡、赛马、射箭、荡秋千、赶歌、阿西跳月等各种民俗活动都具有较高的旅游开发价值。乡村风俗习惯，如我国各地的舞龙灯、舞狮子，陕北的大秧歌，东北的二人转，西南的芦笙盛会等都脍炙人口。还有各地民间工艺品，如潍坊年画、贵州蜡染、南通扎染、青田石刻以及各种刺绣、草编、泥人、面人等，无不因其浓郁的乡土特色而深受游客青睐。

三、根据乡村旅游地发展特征划分

根据卢云亭（2006）提出的传统和现代两类乡村旅游地类型，可以将乡村旅游资源分为传统和现代乡村旅游资源两大类型。如表2-1所示。

表2-1　传统和现代乡村旅游资源分类

传统乡村旅游资源	现代乡村旅游资源
乡村民俗类	现代新农村类
乡村传统农业类	乡村农业高新科技类
古村古镇类	乡村生态环境类
乡村风水或风土类	乡村园林旅游类
乡村土特产类	乡村康体疗养类
乡村休闲娱乐类	乡村知识教育类
乡村名胜区	—
乡村红色旅游类	—

实际上，在特定的时空范围内，传统和现代的乡村旅游资源往往相互融合，难以做出具体的区分，例如，在有些乡村旅游目的地，乡村风水类往往和生态环境类景观资源属于同一范畴，也就是说，它的资源类型既是传统的，也是现代的。

四、根据乡村旅游资源的吸引力分类

根据乡村旅游资源的吸引力分类，其吸引力的大小取决于旅游资源的质量，即旅游资源价值的高低，包括美学价值、历史价值、文化价值、科学价值和环境价值。价值越高，吸引力就越大，创造的经济效益、社会效益、环境效益就越高。具体分类如下。

1. 世界级旅游资源

主要是指被联合国教科文组织列入《世界遗产名录》的旅游资源。这些旅游资源是珍贵的、独一无二和无法替代的，因此具有垄断性。如安徽宏村、西递等皖南古村落。

2. 国家级旅游资源

是指具有重要的观赏、历史、文化和科学价值，其旅游吸引力可辐射到全国乃至国际，在国内具有较高的知名度的旅游资源。如中国传统村落，中国历史文化名镇、名村等。

3. 区域级旅游资源

区域级旅游资源具有较重要的观赏、历史、文化和科学价值，具有地方特色，在区域内有影响。如江苏最美乡村——湖汶。

4. 地方级旅游资源

地方级旅游资源数量繁多，具有一定的观赏、历史、文化和科学价值，主要吸引本地旅游者。

五、按照旅游资源的功能划分

按照乡村旅游资源的功能，可以将旅游资源划分为度假型、健身型、观赏型、疗养型、科学考察型、娱乐型、探险型等类型。

六、按照开发过程中资源循环方式划分

根据资源循环方式，旅游资源可以分为消耗性旅游资源、永续性旅游资源和再生性旅游资源。

1. 消耗性旅游资源

是指那些因为开发而迅速或缓慢改变其形态、成分、结构的资源，包括大部分自然和人文资源。

2. 永续型旅游资源

主要指人类重复创造或自然力不断塑造的资源类型，如地文景观、生物景观、旅游商品等。

3. 再生性旅游资源

主要指人工再造的类型。如主题公园、文化节庆活动、体育赛事活动等。

　　总之，我国地大物博，旅游资源丰富多样，图2-11至图2-16展示了我国各地一些有特色的旅游资源，可以试着进行类型的划分。

图2-11　浙江安吉民俗旅游资源

图2-12　湖北恩施建筑旅游资源

图2-13　浙江山水、生物旅游资源

图2-14　浙江安吉农业旅游资源

图2-15　广西柳州节庆旅游资源

图2-16　湖南美食旅游资源

项目二　开展乡村旅游资源调查与分析

学习目标

1. 能够明确乡村旅游资源调查的作用、内容及类型。
2. 理解乡村旅游资源评价方法、评价内容及评价流程。

2.2.1　乡村旅游资源调查

所谓旅游资源调查，是指运用科学的方法和手段，有目的、有系统地收集、记录、整理、分析和总结旅游资源及其相关因素的信息与资料，以确定某一区域旅游资源的存量状况，并为旅游经营、管理、规划、开发和决策提供客观科学依据的活动。

一、乡村旅游资源调查的作用

1. 摸清情况

通过对旅游资源的调查，可以了解一个地区乡村旅游资源的存量状况，摸清旅游资源的家底，对区域旅游业的发展至关重要。

2. 发现问题

通过旅游资源调查，可以认清旅游资源的空间特征、时间特征、经济特征、文化特征等，以及各种特性形成环境和成因，有利于扬长避短进行开发利用。

3. 规划未来

通过旅游资源调查，能够充实和完善旅游资源信息系统，为旅游预测、决策奠定基础。

4. 规范管理

通过旅游资源的调查研究，可以比较全面地掌握旅游资源开发、利用和保护的现状，有利于推动区域旅游资源的管理工作，借鉴其他地方的管理经验，引进先进的管理手段，从而制定切实可行的旅游资源保护措施。

二、乡村旅游资源调查的类型

乡村旅游资源调查分为普查、概查、详查三类。根据调查目的的不同，可以选择不同的资源调查方式。具体区别如下。

1. 旅游资源普查

旅游资源普查要求针对规划区内全部单体旅游资源进行全面而详细的调查和评价。所采用的调查方法和高科技手段相对齐全，一般适用于省级或地区级的旅游发展战略规划、区域旅游开发规划、旅游总体规划等。

2. 旅游资源详查

旅游资源详查要求针对规划区内全部单体旅游资源及周边环境的详细调查。调查范围较小，在普查的基础上进行调查，属于更为详尽的勘察工作。可更为全面地了解整个区域的资源情况。

3. 旅游资源概查

旅游资源概查主要针对较大区域旅游资源的调查，或是某些专项旅游资源的调查等。相对旅游资源详查的综合性和全面性，旅游资源概查要有相对针对性和个性化，只需针对规划区所涉及的资源单体进行调查。

三、乡村旅游资源调查的内容

1. 乡村旅游资源所在区域环境条件的调查

（1）自然环境调查。包括对该乡村地域的位置、范围、面积、地质地貌、水文、气象气候、动植物等自然地理要素概况和特征的调查。

（2）人文环境调查。包括对乡村区域历史沿革、生活民俗、经济发展水平、科技教育文化水平及影响和制约旅游资源开发、管理的有关方针、政策、法规等的调查。

图2-17　贵州石头寨优美的自然环境

图2-18　贵州苗寨浓郁的人文环境

（3）环境质量调查。包括对自然环境和人文环境质量及其保护状况的调查。

2. 乡村旅游资源存量的调查

（1）类型调查。按一定的分类标准，分别将乡村调查区内的旅游资源进行归类，以便更加明晰地认识旅游资源。

（2）特征调查。包括对构成乡村旅游资源的山体、沟穴、洞穴、峡谷、泉、溪、瀑、湖、气象气候以及植被覆盖状况和有特色的动植物等的特征调查（如图2-17）。也包括对各种名胜古迹、历史遗址、宗教文化、民俗民情、文学艺术等有旅游价值的要素等的调查（如图2-18）。特别是要重点调查一些唯我独有或有影响力的旅游资源及具有科学考察和教学实践等特殊功能的旅游资源。

（3）成因调查。在开展乡村资源调查时，要了解调查区内各种不同类型的旅游资源，尤其是富有当地特色的旅游资源的形成原因、发展历史、存在时限、可能的利用价值以及自然旅游资源与人文旅游资源相互依存的因果关系。

（4）规模调查。调查旅游资源的数量、分布范围和面积，包括乡村旅游区内各级风景名胜区、文物保护单位、自然保护区、森林公园等。

（5）组合状况调查。调查和分析各种旅游资源要素的组合状况以及其吸引力的强弱，比如，自然景观与人文景观的组合，自然景观内部的组合，人文景观内部的组合等。

（6）开发现状调查。指乡村旅游资源的开发现况、调查的具体内容包括开发的项目、类型、时间、旅游人次、旅游收入、消费水平以及周边地区同类旅游资源的开发比较、开发计划等。

3. 旅游资源开发条件的调查

（1）旅游要素调查。包括对行、住、食、游、购、娱六要素和邮电通讯、医疗服务、保险业务等其他接待服务设施的调查。

（2）客源市场调查。包括对旅游者数量、旅游收入、旅游动机等的调查。调查中不仅要调查现在的客流量和游客容量，而且要客观分析、准确预测旅游资源开发后可能的客流量。

（3）邻近资源及区域内资源的相互关系调查。调查分析邻近资源与区域内资源的相互联系以及所产生的积极和消极影响，调查分析区域内资源在不同层次旅游区域中的地位。

> 关键词点击：旅游资源调查

2.2.2　乡村旅游资源评价

一、乡村旅游资源单体评价

乡村旅游资源单体评价，一般根据《旅游资源分类、调查与评价》（GB/T19872–2003）中资源单体的评价方法，具体采用打分评价方法。

我国乡村旅游经过几十年的发展，已进入观光、休闲、度假、体验等多样化经营的阶段。然而，目前旅游资源单体的评价仍主要强调旅游资源的观赏价值，在此背景下，本书结合乡村旅游的休闲度假特点，并根据现有的资源单体评价标准，确定资源要素价值、资源影响力、附加值三个方面的评价项目，并在此基础上确定评价因子。具体的分析如下。

1. 资源要素价值

包括生态质量及环境效果，观赏游憩使用价值，历史文化科学艺术价值，珍稀奇特程度，规模、丰度与概率（丰度是一个区域旅游资源开发潜力的丰富程度，是对一个旅游地进行开发建设和可行性论证的科学依据之一。概率是指自然景象和人文活动周期性发生或频率的高低程度），完整性等6项评价因子。

2. 资源影响力

包括知名度和影响力、适游期或使用范围等2项评价因子。

3. 附加值

指环境保护与环境安全1项评价因子。

从以上3方面对旅游资源单体的评价，得出该单体旅游资源共有评价因子的赋分值。可将分值分为五级，从高到低排列如下。

- 五级旅游资源，得分值≥90分。
- 四级旅游资源，75分≤得分值≤89分。
- 三级旅游资源，60分≤得分值≤74分。
- 二级旅游资源，45分≤得分值≤59分。
- 一级旅游资源，30分≤得分值≤44分。

此外还有：未获等级旅游资源，得分值≤29分。

其中：五级旅游资源称为"特品级旅游资源"；五级、四级、三级旅游资源通称为"优良级旅游资源"；二级、一级旅游资源通称为"普通级旅游资源"。

二、乡村旅游资源综合性评价

旅游资源总体评价是指以发展旅游业为目的而对某一区域范围内旅游资源所进行的综合分析、比较和评判。包括了对旅游资源的特色、规模、价值、开发条件等进行科学分析和可行性研究。评价内容包括以下几个方面。

1. 乡村旅游资源环境评价

包括乡村旅游目的地的生态环境质量、生态保护质量、所承载的环境容量状况以及乡村旅游目的地所处的社会经济环境。

2. 乡村旅游资源要素价值及影响力评价

主要表现为乡村旅游资源的优势特色分析、乡村旅游资源的价值（观赏价值、美学价值、艺术价值、文化价值、科学价值）及功能（观光游憩功能、科学考察功能、文化旅游功能）分析、乡村旅游资源的规模分析、乡村旅游资源类型分析及乡村旅游资源知名度及影响力分析。

3. 乡村旅游资源空间组合结构评价

表现为乡村旅游目的地旅游资源的集群状况、不同类型旅游资源的组合状况及不同类型旅游资源的地域组合空间结构评价。

4. 乡村旅游资源开发条件评价

乡村旅游目的地发展的区位条件分析、客源市场条件分析及其他开发条件分析。

5. 乡村旅游资源开发潜力评价

主要从旅游发展所产生的经济效益、环境效益、生态效益的角度进行综合评价。

三、乡村旅游资源评价方法

乡村旅游资源评价的方法有很多，许多专家、学者对旅游资源的评价提出了不同的方法，这些方法中，有的是从宏观角度对旅游资源进行综合概括，有的是根据旅游资源的某一方面进行专题性评价。具体包括以下几方面。

1. 综合性评价

是指对某一旅游资源进行全面的调查分析以后所进行的全方位的综合评价，以求在旅游资源的总体评价中得出一个综合性、全面性的结果。这种评价方法主观性较强，需要配合运用更多的数据和资料作为补充，以便使评价结果更为准确。在综合性评价方法中，最典型的旅游资源评价方法为"三三六"评价法。"三三六"评价法是由北京师范大学卢云亭先生提出的，通过评估旅游资源的三大价值（即历史文化价值、艺术欣赏价值和科学考察价值）、三大效益（即经济效益、社会效益、环境效益）以及六大条件（即景区的地理位置和交通条件、景物或景类的地域组合条件、景区旅游容量条件、施工难易条件、投资能力条件、旅游客源市场条件），达到评价旅游资源的目的。

2. 专题性评价

又称为技术评价法。一些旅游评估专家从旅游资源的某一方面对旅游资源进行某项专题性的评估，这种评估只是从某一主题进行评估。这种评估虽然并不全面，但可以在某一方面收集到大量的数据，进行比较细致的评估。这种专题评估是对综合性评估的一种补充，用更加细致、具体的数据进行评估，以便使评价结果更为准确。

3. 层次分析法

是美国运筹学家塞蒂（T.H.Saaty）教授于1973年提出的一种系统分析的方法。它把问题的各个组成要素划分为相互联系的有序层次，对各个层次的组成要素的相对重要性给予数量评定，然后运用严密的数学方法对标定值进行处理，求得各要素重要程度的定量结果（数量值），进而通过结果排序来分析和解决问题。

关键词点击：乡村旅游　资源评价

同步案例

阳羡生态旅游度假区"深氧界"主题旅游资源

阳羡生态旅游度假区以充沛的负氧离子而闻名，是名副其实的天然大氧吧。区内深氧旅游资源不仅赋存量高，且覆盖面积广，涉及度假区面积达88.2km²。随着人们对健康生活的愈加关注，依托深氧旅游资源所发展的"深氧界"旅游品牌在国内具有绝对竞争力，受到游客的极大青睐。表2-2为阳羡生态旅游度假区负氧离子含量监测表。

表2-2　阳羡生态旅游度假区负氧离子含量监测表

测量地点	负氧离子浓度/（个·cm⁻³）	测量时间	使用机型	环境条件
竹海公园小瀑布	37 400	2016-3-15/9:20	ONE TEST-200	16.5℃，82%RH
竹海公园小瀑布	42 600	2016-6-26/9:30	ONE TEST-200	26.6℃，85%RH

续表

测量地点	负氧离子浓度/ （个·cm⁻³）	测量时间	使用机型	环境条件
竹海公园小瀑布	40 600	2016–8–10/9:45	ONE TEST–200	27.5℃，86%RH
竹海公园小瀑布	36 300	2016–10–15/9:10	ONE TEST–200	26.6℃，87%RH
竹海公园水库	30 300	2016–3–15/9:50	ONE TEST–200	16.8℃，78%RH
竹海公园水库	37 800	2016–6–26/9:40	ONE TEST–200	26.8℃，78%RH
竹海公园水库	36 800	2016–8–10/9:55	ONE TEST–200	27.9℃，78%RH
竹海公园水库	31 800	2016–10–15/9:46	ONE TEST–200	26.8℃，80%RH
阳羡湖	38 100	2016–3–15/17:20	ONE TEST–200	17.3℃，76%RH
阳羡湖	42 900	2016–6–26/17:10	ONE TEST–200	26.5℃，78%RH
阳羡湖	41 600	2016–8–10/17:35	ONE TEST–200	27.8℃，79%RH
阳羡湖	35 300	2016–10–15/17:05	ONE TEST–200	26.5℃，81%RH

监测单位：深圳市万仪科技有限公司

项目三　实施乡村旅游生态环境保护策略

学习目标

1. 认识乡村旅游生态环境系统。
2. 理解乡村旅游生态环境保护的内容。

2.3.1　认识乡村旅游生态环境

一、乡村旅游生态环境的基本概念

乡村旅游生态环境是旅游生态环境的一个组成部分，是旅游生态环境在乡村地域的体现，包括乡村自然生态环境和人文生态环境两个部分。

乡村自然生态环境是由大气、水文、地貌、土壤、生物等组成的自然综合体。

乡村人文生态环境是由乡村的建筑、聚落、服饰、语言、民俗、社会治安、卫生状况、当地居民对旅游者的态度等组成的人文综合体。

　　乡村旅游的自然和人文环境是乡村旅游发展的基础，也是旅游发展的规划者、经营者和旅游者可以直接或间接对其产生影响的环境。

二、乡村旅游生态环境的层次

　　在乡村旅游发展过程中，根据生态环境"尺度"的不同，我们把乡村旅游生态环境划分为宏观生态环境和微观生态环境两个部分。

　　1. 宏观生态环境

　　是指反映乡村特色的大尺度景观以及这些景观在乡村地域的整个空间结构和格局。如农村用地结构：水域、农业用地、宅基地、公共用地、绿化用地的比例和结构。乡村文化：农耕文化、社会风貌、聚落风貌等。

　　2. 微观生态环境

　　是指由乡村旅游接待设施卫生状况、建筑材料和风格、旅游设施的形象标识、服务态度等要素形成的具体的生态环境。

三、乡村旅游生态环境系统要素

　　1. 乡村旅游自然生态环境子系统要素

　　（1）水系。包括景观用水和游憩用水两个部分。水是乡村旅游中的点睛之笔，清洁明亮的水体不仅能够吸引旅游者的目光，还能引得他们嬉戏。乡间的小溪、沟渠、坝塘、湖泊都可以作为吸引乡村旅游者的水资源。图2-19为安徽省宏村的水体景观。

图2-19　安徽省宏村的水体景观

　　（2）大气。大气是乡村旅游的卖点之一，乡村地域清新的空气蕴藏着泥土的芳香往往成为吸引旅游者流连忘返的重要条件之一。

（3）地貌。地貌景观，受地质作用形成的奇峰异谷，不仅让游客得到充分的视觉享受，而且也为登山、采蘑菇、采野果等活动提供了场地。

（4）土壤。不同的土壤类型也能吸引乡村旅游者的视线，如云南东川红土地就以其极富特色的砖红壤成为摄影爱好者的天堂。

（5）生物。生物可用于观赏，也可用于体验，如采摘体验、品尝体验等。

2. 乡村旅游人文环境子系统要素

（1）建筑。建筑，既可观其形，又可用其体，可让游客直观地体验乡村的建筑文化。

（2）聚落。指人类聚居和生活的场所。

（3）服饰。服饰可分为观赏型和实用型两种。前者往往陈列于乡村博物馆内，后者常见于当地人的穿着和旅游商品购物店，由于服饰的风格往往具有深厚的地方特色，所以常成为销路较好的旅游商品。

（4）语言。地方方言是体现乡村气息的亮点。当地的经营者、服务人员的乡音，既是区别于城市的符号，又是乡村特色的体现。

（5）精神风貌、社会治安、卫生状况。这些是吸引、留住旅游者的重要因素，也是旅游活动得以顺利开展的重要保障。

（6）当地居民对旅游者的态度。当地居民是活的旅游资源，他们的精神状态和好客程度，影响着旅游者的旅游体验。

> 关键词点击：乡村自然生态环境　乡村人文生态环境

2.3.2　乡村旅游与乡村生态环境的关系

在乡村旅游快速发展的同时，乡村生态环境正经历着前所未有的改变。因此，正确认识和处理乡村旅游与乡村生态环境之间的关系，成为乡村旅游乃至乡村社会经济可持续发展的重大课题。乡村旅游与乡村生态环境既相互促进又相互制约，乡村生态环境是乡村旅游的根基，如果没有良好的生态环境，乡村旅游的发展就会受到制约，而乡村旅游反过来对乡村环境又影响深远，更成为我们关注的重点。

一、乡村旅游与乡村生态环境互动关系

1. 良好的生态环境是发展乡村旅游的基础

乡村生态环境是乡村旅游的内核，是乡村旅游的拉力源。乡村旅游得以存在和发展的根本就是乡村独有的人居环境、田园风光、生活方式、民俗民风和生产活动等城市所不具备的要素。那些深受欢迎的乡村旅游都是在乡村自然生态环境优越、人文景观丰富的地区发展起来的。

2. 乡村旅游促进乡村生态环境的保护和建设

保护和改善乡村生态环境是乡村旅游的内在要求。同时，乡村旅游发展增强了农村经济实力，使得当地政府和农民有能力对旅游环境进行投资和改造，提高资源环境质量。具体分析如下。

（1）促进乡村自然生态环境保护和建设。乡村自然生态环境处于乡村生态环境系统的中心层次，也是乡村旅游吸引物的最直接表现形式。没有清新和美的田园风光、自然和谐的奇山秀水和丰富多样的动植物资源，乡村旅游就会成为无源之水、无本之木。因此，乡村旅游的建设者应充分认识到保护自然生态环境的重要性，通过制定法律法规，推行绿色生产、保护农田、保护野生动物等，有效地保护富有价值的乡村旅游资源。

（2）促使乡村人文生态环境保护和改善。乡村人文生态环境是乡村旅游品位提升、内涵延伸的着力点，乡村旅游开发主要就是对人文资源的开发。乡村人文生态环境包含非常丰富的内容，比如古迹、古镇、古建筑、饮食、语言、服饰、特产、手工艺、民俗、民风等。这些都是乡村文化的瑰宝，深深吸引着乡村旅游者的眼球，能带给旅游者极大的体验、教育、休闲和娱乐。在没有开发乡村旅游之前，这些丰富的人文资源可能会被埋没、不受重视、遭受人为破坏或经历风雨摧残而日益破败、凋毁，其巨大价值白白闲置或流失。许多乡村旅游地正是认识到了这一点，使得一些传统的东西被视如珍宝，并有效地被保护起来，如对历史古迹、古镇、古建筑进行复古修缮，对当地传统习俗有意识地加以保护，对那些濒临失传的民族手工艺加以继承和延续等。通过乡村旅游的发展，祖先遗留下来的这些宝贵财富得以最大限度地被保护起来。

（3）促进村容村貌改善。一是乡村人居环境明显改善。发展乡村旅游促进了村镇整体规划的推进，于是一些村容整洁、各具特色的旅游小城（村）镇应运而生，乡村旅游地村容村貌焕然一新；二是交通越来越畅通。过去乡村交通的典型特征是"羊肠小道""泥泞崎岖""坑坑洼洼""外面的进不来，里面的出不去"。开发乡村旅游后，这种状况得到极大改观，乡村旅游地基本实现了村村通公路。三是绿化走进乡村人家。开发乡村旅游后，人们在村落道路两旁植树，在自家庭院种花种草，美化家园，努力营造出清新、优美的村容村貌。

（4）促进乡村文明程度的提高。一是掀起了农民求知热。受乡村旅游发展的影响以及从业素质的需要，学文化、学技术成了农民的自觉行动，许多村民学起了普通话，甚至外语和电脑，互联网也已进入一些农民家庭，成为他们收集和传递信息的重要手段。二是农民环境意识大大提高。可观的收益使农民认识到了乡村旅游的重要性，也意识到环境的重要性，农民对自然环境的保护意识由从前的不感兴趣、不关心发生重大转变，环境保护成了农民的自觉行动，注重卫生环境也成为农民的一种生活习惯。三是乡村生产生活方式向文明化发展。乡村旅游的发展和示范效应明显促进了乡村居民思想观念的更新和开放，农民乐意尝试和接受新的生产方式方法，提高生产技术水平；也有意识地参照城市模式改掉陋习，养成良好的卫生习惯，形成文明化的生活方式。四是农民的精神面貌也发生了巨大变化，生活积极性提高，乐观热情，热爱家园，在旅游乡村，人与自然之间的关系变得日益和谐。

二、乡村旅游与乡村生态环境制约关系

1. 环境承载力超标

每个旅游地具有明显的游览时间的集中性，每个旅游地都有一定的环境承载力。外来人数增加，意味着当地环境承载负荷加重，对环境产生负影响。当旅游人数的增长超过环境承载力时，旅游环境将遭到破坏甚至严重衰退。

2. 大量污染物产生

乡村旅游带来陡增的人流、物流，产生大量的污染物，严重污染水体、土壤、植被和大气。污染源主要有两类。一是固体废弃物污染。主要是指生活垃圾，包括各类塑料制品及包装物（塑料袋饮料瓶、快餐饭盒等），还有炉渣、煤灰、废纸、口香糖等；旅游区内的饭店、旅馆产生的有机垃圾，包括剩茶、剩饭、瓜果皮核、菜根菜叶、人畜禽粪便、动物尸体等，这些废弃物如果未经处理而随意堆放，会对水体、土壤、植被等都将产生严重污染。二是废水污染。生活污水在没有设备处理的情况下直接排入河道或房屋周围，会直接污染水体、土壤和植被。

3. 能源和水资源等存在浪费现象

大量客流、车流的进入，旅游地水、电、燃料、日用品、粮食等用量大增，如果控制不当就会导致极大地浪费。有悖于节约型社会建设的精神。

4. 生态破坏和环境退化

不合理的土地利用，饭店、宾馆和旅游设施工程建设会导致旅游区的自然景观破坏、生物多样性减少、环境退化、水土流失、洪灾频发等一系列问题。例如，建设过程中过多使用推土机、挖掘机，有的干脆先将原有的自然环境夷为平地，再重新挖湖堆山、种树铺草、建亭台楼阁等；或盲目模仿城市园林绿地的造景手法，追求高档次、大投入；或南辕北辙，北方地区模仿江南景致，南方地区模仿蒙古牧区景观等等，致使生态环境遭受重创。

三、乡村旅游与乡村生态环境协调发展

乡村旅游与乡村生态环境的互促共进是根本的发展目标，因此必须正确有效地协调二者之间的关系，关键是要保护和建设好乡村生态环境，减少乡村旅游对乡村生态环境的负面影响。这需要乡村旅游参与各方的共同努力，以生态环境保护和建设为前提，实现二者的良性互动及协调发展。

2.3.3　乡村旅游生态环境保护策略

一、乡村旅游生态环境保护的基本内容

乡村作为一个集人类活动、农业生态系统和自然生态系统相结合的复合体，具有较高的

层次性和丰富的内涵。乡村旅游生态环境保护是一项长期的系统工程，涉及乡村旅游自然环境建设、乡村生态产业发展、乡村人居环境建设和乡村生态文化建设四个方面。

1. 乡村自然环境

乡村自然环境的保护包括三个方面。

（1）做好耕地保护和土壤治理。进一步落实耕地保护责任，按照"占多少，垦多少"的原则，实现耕地占补平衡。推动农村土地综合整治，不断加大查处违法违规用地、乱占、滥用、破坏耕地的行为，同时要控制和消除土壤污染源，加强对工业"三废"的治理，对各种污染源排放进行总量控制。

（2）做好水资源和水环境保护。要实现绿色施肥技术和防治技术，控制化肥和农药的大量施用，普及节水灌溉技术，提高农业水、肥利用效率。重点保护地下水源，对农业用水进行经常性检测、监督，使之符合农田灌溉水质标准，推广切实可行、因地制宜的低成本污水处理技术。

（3）做好林草植被建设。禁止毁林、毁草开垦和无序放牧，保护具有水源涵养功能的自然植被，加强治沟、治坡工程建设，采取宜林则林，宜耕则耕的合理措施。进行土地综合治理，改良种植环境，鼓励造林种草，增加地面植被覆盖率，恢复和保持植被生态系统和生物物种多样性。

2. 乡村产业发展

乡村产业发展包括三个方面。

（1）落实清洁生产工作。倡导科学种田、生态兴农的理念，从农业原材料抓起，实现化肥、农药"两减"，做到科学施肥，推广配方施肥，大力发展和使用微生物肥料，鼓励使用有机肥，种养有机产品，推广平衡栽培技术，使用高效绿色农药，提倡生态畜牧业发展，防治畜牧业污染，同时加强市场监管，严禁有毒有害化肥、农药进入市场，努力做到化肥、农药减量化、无害化，从而控制农业面源污染。

（2）树立循环经济理念。运用生物链原理和生态系统平衡的规律，构建"养殖—沼气—种植、农—林—牧、沼气—发电—生活"等农业循环链，增强物质循环和能量转化，提高生产效率，实现农业废弃物循环转换利用，推进农业产业结构优化调整。以村、镇为单元，积极推广大中型沼气和秸秆气化集中供气、四位一体生态能源模式、生活污水净化处理、农业节水、农用地膜替代或回收、秸秆综合利用等一系列农业循环技术。

（3）因地制宜开发新型产业。根据本地山水资源、传统习俗和人文景观条件，坚持生态第一、环境优先的原则，引导当地农民从自身实际出发，开辟种植花卉苗木、加工生产土特产品、兴办乡土文化、开展休闲旅游服务等新型产业，可让一部分农民退出攫取资源的行业而转向保护资源的领域，并且从资源保护中受益，获得更多的经济收入，从而激发他们参与环境保护的积极性。

3. 乡村人居环境

乡村人居环境直接关系到村民健康，是实现人的可持续发展、提高村民生活质量、提升乡村形象的重中之重。结合农村发展不平衡的实际，对农村人居环境的最基本要求是：明确划分生产、生活功能区，房屋无违规乱盖现象；农家庭院、村庄道路清洁，绿化成荫；村民生活垃圾得到有效处理，生活污水经处理后无害排放；牲畜、家禽与人居分离，并做到定期清除粪便，定期进行消毒、防疫。具体有以下三方面。

（1）推动乡村生活污水处理设施建设。积极推进"一池三改（建沼气池、改厕、改厨、改圈）"，普及卫生户厕，取缔露天粪缸。因地制宜逐步推行村镇生活污水处理设施建设，按照分散式、低成本、易管理的原则，采取沼气净化、无动力厌氧处理、微动力或有动力有氧处理、湿地处理等多种形式处理乡村生活污水，做好排放管网和污水处理设施的规划、建设、管理、维护。

（2）推动乡村生活垃圾处理设施建设。对村民居住点进行统一规划，对垃圾进行减量化、资源化、无害化处理。对规模较大的乡镇、集镇和中心村采取"户集、村收、镇中转、县处理"模式，对居住分散、经济条件差、边远地区的村庄采取"统一收集、就地分拣、综合处理、无害化处理"的垃圾处理模式。

（3）推动乡村规划布局。按照环境整洁、生活方便、清洁生产、彰显文化的原则进行乡村环境功能区域的划分。同时，结合城乡建设规划和土地规划，开展中心村建设，以强村发展带动旧村改造，引导村民集中居住。

4. 乡村生态文化

从思想上彻底转变村民的传统观念，强化其环境和资源保护意识，树立环境资源价值观念、生态文明理念和环保法制观念，提高村民保护环境、节约能源、合理使用资源的自觉性，可从以下三个方面推动乡村文化的建设。

（1）加强乡村环保宣传、教育和培训力度。通过发放环保知识宣传手册，定期举办环保知识讲座等方式，树立村民的环保参与意识和维权意识，自觉主动地选择绿色无污染的生活、生产方式。定期举办乡镇领导干部环境和法律知识培训班，提高基层干部生态环境保护的责任感和使命感。

（2）健全公众参与环境保护监督机制。拓宽村民参与环境保护的途径，成立乡村一级的环保自治组织、通过建立公众听证和强化信息公开等措施，充分调动广大村民参与环保的积极性。

（3）开展形式多样的生态示范点创建评比活动。通过创建国家级、省级、市级生态乡村的活动，营造比学赶超的良好氛围。通过举办美丽村庄、生态乡镇、绿色企业等评比活动，形成自下而上、由点到面的生态评比系列活动，通过示范作用推动乡村生态环保建设。

二、乡村旅游生态环境保护策略

乡村旅游地一般属于生态环境敏感地带，一旦遭到破坏，恢复起来就会非常困难，更为严峻的是这些地区人们的环保意识比较差，再加上环保资金贮备不足，环卫设施缺乏，以及当地的经济技术力量非常薄弱，环境一旦被破坏将会直接影响到该地区人们的生产生活，易形成恶性循环，从而影响到地区整体社会经济的发展。基于此，乡村旅游生态环境保护策略可从以下几方面推进。

1. 地方政府加强宏观管理

乡村旅游与乡村生态环境协调发展是一个系统工程，政府必须担负起统领者的重任，发挥好管理协调作用。主要举措有以下三项。

第一，要做好乡村生态环境和乡村旅游之间的协调发展规划。二者的协调，要求规划先行，并在其指导下实现两者的良性互动。政府部门要充分调查和研究，对交通优势、资源优势、环境承载力和市场潜力进行科学论证，做好乡村旅游环保评估，突出环境效益，加强土地资源、水资源、动植物资源保护和水土保持，准确进行乡村旅游的功能定位和产品开发。

第二，各地要结合实际情况，建立、健全乡村旅游发展的环保法规体系，对乡村旅游发展进行指导和监管，以保证乡村旅游发展的正确方向和乡村旅游资源的可持续利用。

第三，要加强乡村旅游的有序引导和扶持。要严格项目审批、环评、环保治理等制度，强化动态监督管理；加大生态环保的宣传和教育；推进环保节能，支持节能节水减排，倡导低碳旅游方式；对乡村旅游的环保投入给予必要扶持，重点是环境管理体系建设和污染治理基础设施建设的资金支持；构建行之有效的协调和监督机制，可成立乡村旅游发展专门工作组，形成乡村旅游环保工作合力。

2. 加强引导，共建乡村文化旅游品牌

第一，政府可以加强引导，当前关于乡村旅游和农村生态保护的法律比较匮乏，因此在修改《环保法》等相关法律、法规时，有必要增加保护农村生态环境的内容。

第二，规范民风民俗，创立乡村旅游品牌。与其他乡村生态旅游开发相结合，将区域内农业资源开发和其他旅游资源以及旅游景点的开发结合，以群体力量形成规模经营效应，争取客源，促进共享。

第三，加大政府投入，提高绿色产品的消费税额，指导农民科学使用化肥，改善农村生活垃圾及禽畜粪便乱倒、乱堆的问题，以减少对空气、水源的污染。政府也可在乡村旅游地建立"生态监测站"，对乡村生态环境进行跟踪监测，通过对数据的收集分析，及时采取有效措施治理环境，维护乡村旅游地的生态环境质量。

3. 加强宣传教育，提高乡民的环保意识

各级政府有责任指导和帮助农民，使农民通过宣传教育，懂得科学合理地使用化肥、农药等，使他们认识到保护乡村旅游资源的必要性。建议各级政府鼓励相关科技工作者以及知识分子积极发挥先进性作用，为农民讲解科学知识，加强农民综合技能培训，通过提高农民的整体素质改善目前农村出现的生态环境破坏和污染的问题。

4. 突出环境技术研发和推广应用

一是要促进乡村旅游与农村生态环境良性互动。要不断改进环境保护的治理技术，加强资金投入，结合现实的实际情况进行，积极加强与其他单位的合作，使用先进的科学技术和环保设备，起到有效保护生态环境的作用。

二要针对重点区域推进环保工作，比如在游览区域和游客集中休息区，将游客游玩过程中制造的垃圾进行分类回收。针对水环境污染，利用先进的废水处理设备和技术，实现无害化达标排放。

5. 创新旅游运营模式

组建"农户+企业+合作社+村委会"的旅游发展模式，通过一系列严格的契约促进农户、企业、合作社和村委会互相约束、互相促进，为乡村旅游业因地制宜地选择模式。保障和尊重村民的自主权利，使社区居民在旅游发展中获得心理平衡，感到自身利益被重视，权利可行使。均衡和优化利益分配、完善补偿机制，实现共赢。同时，也要充分利用电视、互联网、广播、报刊等媒体，加强旅游环保宣传。

 同步案例

生态园区成为乡村旅游新看点

清明小长假期间，北京市房山区琉璃河镇的惠欣恒泰种植专业合作社在许多市民的"朋友圈"里"火"了。一个合作社有何魔力能在节日期间众多京郊旅游景点中刷出自己的存在感呢？

近日，记者来到这家合作社，发现园区里的郁金香花正在盛放。在绚烂的花海里，还有风信子、洋水仙、薰衣草、三色堇和矮牵牛等球根及草本花卉上万盆株，使整个园区绚烂生姿。图2-20为该合作社园区一角。

"来我们的郁金香园区赏花，会带给您不一样的感受。"园区负责人用广告般的语言向记者介绍道。"除了花卉，我们的120亩南召菜园，还种植着西红柿、西瓜、樱桃等丰富的无公害果蔬产品，游客可在赏花的同时到大棚进行采摘，体验乡村田园风情。这些果蔬采摘前，我们都经过农残速测仪的检测，保证让前来采摘的游客吃得放心。"

在温室大棚的外边，记者看到一排排太阳能真空管高高架起。大棚内，塑料水管一排排分布于墙壁之上，在一片西红柿田间，记者注意到，几乎每隔几步远就系着一块黄色的纸板，上面黏满了小虫子。

"这些黄板是黏虫板，是一种物理防虫的方法。我们园区63栋温室大棚里种植的蔬果都是无公害蔬菜，年产果蔬近千吨，一年四季都能采摘。这些管子是太阳能加温装置，寒冷的冬季不用烧煤就可以保证大棚中的生产温度，特别是种植草莓，可以控制采摘时间。"合作社的管理员说。

据介绍，合作社按照"六统一管理模式"进行标准化生产，每个环节都有专门负责的人员。特别是合作社的速测室，配备了农残速测仪，提升了合作社全面增强监测的能力，从源头上降低农产品安全风险，确保市民吃上放心农产品。

（资料来源：中国农业新闻网）

图2-20　北京惠欣恒泰种植专业合作社一角

[知识拓展]

一、乡村旅游资源调查中二手资料的重要性

二手资料是指为其他目的和用途而制作、收集的证据、数字、图件和其他现成的信息资料，能为目前的旅游调查项目所利用。

二手资料，按照负载形式分类，可以分为：①文献性信息，以文字、图像、符号、声频、视频等形式负载的信息；②物质性信息，如沙盘展示、样品展览、商品模型等；③思维性信息，人脑负载的信息，如预测信息，对竞争对手的决策判断信息等。

二手资料具有迅速便捷和低成本的特性，使用二手资料有助于明确研究的主题、可开阔思路并找到解决问题的方法。在旅游资源调查中，二手资料主要包括涉及乡村旅游目的地的区位规划、旅游相关报道、广告、调研报告、经验总结、照片、录像等等。这些二手资料可为乡村旅游发展提供便捷的指导和帮助。

二、旅游资源单体调查与评价

旅游资源评价赋分标准如表2-3所示。

表2-3　旅游资源评价赋分标准表

评价项目	评价因子	评价依据	赋值
资源要素价值（85分）	观赏游憩使用价值（30分）	全部或其中一项具有极高的观赏价值、游憩价值、使用价值	30~22
		全部或其中一项具有很高的观赏价值、游憩价值、使用价值	21~13
		全部或其中一项具有较高的观赏价值、游憩价值、使用价值	12~6
		全部或其中一项具有一般观赏价值、游憩价值、使用价值	5~1
	历史文化科学艺术价值（25分）	同时或其中一项具有世界意义的历史价值、文化价值、科学价值、艺术价值	25~20
		同时或其中一项具有全国意义的历史价值、文化价值、科学价值、艺术价值	19~13
		同时或其中一项具有省级意义的历史价值、文化价值、科学价值、艺术价值	12~6
		历史价值、文化价值、科学价值或艺术价值具有地区意义	5~1
	珍稀奇特程度（15分）	有大量珍稀物种，或景观异常奇特，或此类现象在其他地区罕见	15~13
		有较多珍稀物种，或景观奇特，或此类现象在其他地区很少见	12~9
		有少量珍稀物种，或景观突出，或此类现象在其他地区少见	8~4
		有个别珍稀物种，或景观比较突出，或此类现象在其他地区较多见	3~1

续表

评价项目	评价因子	评价依据	赋值
资源要素价值（85分）	规模、丰度与概率（10分）	独立型旅游资源单体规模、体量巨大；集合型旅游资源单体结构完美、疏密度优良级；自然景象和人文活动周期性发生或频率极高	10~8
		独立型旅游资源单体规模、体量较大；集合型旅游资源单体结构很和谐、疏密度良好；自然景象和人文活动周期性发生或频率很高	7~5
		独立型旅游资源单体规模、体量中等；集合型旅游资源单体结构和谐、疏密度较好；自然景象和人文活动周期性发生或频率较高	4~3
		独立型旅游资源单体规模、体量较小；集合型旅游资源单体结构较和谐、疏密度一般；自然景象和人文活动周期性发生或频率较小	2~1
	完整性（5分）	形态与结构保持完整	5~4
		形态与结构有少量变化，但不明显	3
		形态与结构有明显变化	2
		形态与结构有重大变化	1
资源影响力（15分）	知名度和影响力（10分）	在世界范围内知名，或构成世界承认的名牌	10~8
		在全国范围内知名，或构成全国性的名牌	7~5
		在本省范围内知名，或构成省内的名牌	4~3
		在本地区范围内知名，或构成本地区名牌	2~1
	适游期或使用范围（5分）	适宜游览的日期每年超过300天，或适宜于所有游客使用和参与	5~4
		适宜游览的日期每年超过250天，或适宜于80%左右游客使用和参与	3
		适宜游览的日期超过150天，或适宜于60%左右游客使用和参与	2
		适宜游览的日期每年超过100天，或适宜于40%左右游客使用和参与	1
附加值	环境保护与环境安全	已受到严重污染，或存在严重安全隐患	—5
		已受到中度污染，或存在明显安全隐患	—4
		已受到轻度污染，或存在一定安全隐患	—3
		已有工程保护措施，环境安全得到保证	3

三、浙江省乡村旅游资源的分类体系

原国家旅游局于2003年颁布的《旅游资源分类、调查和评价》（GB/T18972-2003）的分类体系对于乡村旅游资源分类具有一定的指导意义，但乡村旅游资源又有其自身独特的个性，难以直接套用标准对旅游资源进行分类。游洁敏结合乡村旅游资源的特点，创建的浙江省乡村旅游资源分类体系，具有很好的借鉴意义。如表2-4所示。

表2-4　乡村旅游资源分类体系表

资源类型		
主类	亚类	基本类型
乡村"居住"类旅游资源（Xa）	乡村遗址遗迹类（Xaa）	人类活动遗址（Xaaa）
		文物散落地（Xaab）
		聚落遗址（Xaac）
		历史事件发生地（Xaad）
		归葬地（Xaae）
		军事遗址与古战场（Xaaf）
		寺庙遗址（Xaag）
		交通遗迹（Xaah）
	传统乡土建筑或构筑物（Xab）	传统民居（Xaba）
		特色街巷（Xabb）
		名人故居与历史纪念建筑（Xabc）
		书院（Xabd）
		乡村宗祠建筑（Xabe）
		亭台楼阁（Xabf）
		古典园林（Xabg）
	交通建筑类（Xac）	古桥（Xaca）
		渡口码头（Xacb）
		古栈道（Xacc）
	现代新农村建筑类（Xad）	特色社区（Xada）
		乡村博物馆（Xadb）
		乡村展览馆（Xadc）
		乡村科教馆（Xadd）
乡村"产业"类旅游资源（Xb）	传统生产遗迹类（Xba）	古老生产地遗址遗迹（Xbaa）
		古老生产工具遗存（Xbab）
	传统生产类（Xbb）	稻作景观（Xbba）
		传统工艺生产（Xbbb）
	现代农业展示类（Xbc）	高新农业产业科技园（Xbca）
		农业科技教育基地（Xbcb）
		农业博览园（Xbcc）
		农业产业基地（Xbcd）
		园艺园林基地（Xbce）
		特色养殖园、畜牧园（Xbcf）

续表

资源类型		
主类	亚类	基本类型
乡村"游赏"类旅游资源（Xc）	乡村地质地貌景观类（Xca）	乡村平原景观（Xcaa） 山地丘陵景观（Xcab） 乡村盆地景观（Xcac） 海岸地貌景观（Xcad） 海岸地貌景观（Xcad） 特异地貌景观（Xcae） 岩石洞与岩穴（Xcaf） 奇特与象形山石（Xcag） 石林景观（Xcah）
	乡村水域风光类（Xcb）	古运河（Xcba） 传统灌溉渠道（Xcbb） 滨海景观（Xcbc） 湖泊潭池景观（Xcbd） 溪流景观（Xcbe） 瀑布跌水景观（Xcbf） 湿地沼泽（Xcbg） 古井（Xcbh） 温泉（Xcbi）
	生物景观类（Xcc）	原始森林（Xcca） 珍稀树种（Xccb） 奇花异草（Xccc） 珍禽异兽（Xccd）
乡村"文化"类旅游资源（Xd）	民俗文化类（Xda）	地方风俗与民间礼仪（Xdaa） 民间节庆演艺（Xdab） 民间宗教文化（Xdac） 民间庙会与集会（Xdad） 特色服饰（Xdae） 地方语言（Xdaf） 名人文化（Xdag） 传统手工艺（Xdah） 生活方式（Xdai）

续表

资源类型		
主类	亚类	基本类型
乡村"文化"类旅游资源（Xd）	农耕文化类（Xdb）	生产方式（Xdba） 生产工具（Xdbb） 特色饮食（Xdbc） 农事活动（Xdbd） 农事诗谚（Xdbe）

[案例分享]

案例1

私享幽地、三两闲处、一杯茶、一本书——陶祖圣境

陶祖圣境位于苏、浙、皖三省交界处的江苏省宜兴市，距离市区35km。景区面积20万㎡，是太湖风景名胜区的重要景点、无锡市学生教育实践基地和爱国主义教育基地、宜兴十佳景区。

在神奇魅力的慕蠡洞，人们可以感受新奇浪漫的探险之旅。漫步西施当年深情凝望的望夫桥，会依次走过龙象宫、星斗宫、湖石宫、玉树宫、玉寝宫、五岳宫、元宵宫、崩塌宫，便可以通过游船进入蓬莱宫，这里波光粼粼，水中雪莲朵朵，乘一叶扁舟，随波荡漾，从蓬莱宫出来，豁然开朗，恍如隔世。

奇妙古朴的范蠡陶坊，不仅有着优美的自然风光，还有着浪漫的爱情故事、深厚的陶祖文化。奇妙的范蠡陶坊，古朴的范蠡古窑，罕见的石林奇观，旖旎的竹林长廊，古老的紫砂制作工艺，在这里文人骚客可创造属于自己的佳作，留作永恒纪念。

在竹尖玻璃栈道，翠绿入海，漫步丛林，高低错落，蜿蜒起伏。

总之，境内山清水秀，古朴自然，清幽典雅，青翠葱郁，具有得天独厚的风景旅游资源。

案例分析：案例地为宜兴湖㳇镇的陶祖圣境旅游景区，根据案例描述，可以得出景区内包括自然风光类、历史文化类、洞穴探险类、康体娱乐类等多种旅游资源，旅游资源体量丰富、类型多样，为乡村旅游的开展提供有力保障。同样，在任何乡村旅游目的地，都不可能只有单个乡村旅游资源或者单类旅游资源，而是多种类型的综合，在此基础上，通过进行旅游资源单体评价以及旅游资源综合分析，进而确定乡村旅游发展方向。

案例2

贵州乡村生态旅游现状与分析

贵州乡村生态旅游起步于20世纪80年代末90年代初，当时提出"旅游扶贫"的发展思

路，并选择了安顺布依族石头寨、黔东南郎德、青曼、西江苗寨等多个民族村寨为旅游扶贫试点来发展旅游业，取得了显著成效。到2011年底全省实现乡村旅游接待游客4174.31万人次，旅游收入221.42亿元，高于全国19.3%的平均水平。

贵州为高原季风气候，冬无严寒，夏无酷暑，气候温和湿润。贵州的乡村旅游资源得天独厚，大致有以下几种资源类型。

（1）原生态多样性的自然资源。贵州是地球同纬度上原生态自然资源遗存最丰富的地区之一，科研和观光价值很大。目前已成立的各类自然保护区、地质公园、风景名胜区近200个，而且大多分布在乡村。

（2）原生态多样性的民族文化资源。贵州有49个少数民族，其中有苗、布依、侗、水和仡佬等17个世居少数民族，这里的民族建筑、民族歌舞、民族服饰、民族节日和民族饮食等民风民俗浓郁，民族文化的原生性和独特性保存完好。

（3）传统的田园风光与现代农业观光资源。

近些年来，由于保护观念和相关措施的滞后，不少旅游资源面临着被破坏的危险；少数民族语言的消失和传统习惯的改变，一些传统的民族服饰和生活器具由于过度商业化而致使传统特色消失，甚至有些传统文化可能会受到毁灭性的破坏。游客"行为污染"的侵害和经营者的过度开发，对旅游地的自然和人文景观构成了威胁。基于此，许多专家学者对这一系列现象提出了警告。

案例分析：乡村旅游作为一种回归田园、体验民俗的旅游方式，越来越受到都市人的青睐，然而正确认识乡村旅游对生态环境的正负效应是非常关键的。乡村旅游可以增加村民收入，提高村民生活水平，改善乡村基础设施，也会出现很多副作用，我们要重点预防乡村旅游对环境的破坏，注重对乡村有价值的资源的有效保护。

[创新思维]

1. 乡村旅游资源有哪些特点？
2. 乡村旅游资源有哪些分类方式？具体是如何分类的？
3. 乡村旅游资源的评价方法及评价内容有哪些？
4. 如何理解乡村旅游与乡村旅游生态环境的密切联系？

[创新实践]

1. 请选择你熟悉的一个乡村，对其旅游资源进行调查、分类与评价，并结合现有的发展情况提出建设性的发展意见。
2. 你认为现在的乡村旅游是否需要保护生态环境？请选择一个你熟悉的乡村旅游区，分析乡村旅游发展对当地生态环境的影响，并提出保护策略。

模块三
谋篇布局——乡村旅游规划与开发

模块概述

  乡村旅游规划与开发是乡村旅游发展过程中最基础和最重要的工作。规划与开发的好坏不仅决定着乡村旅游近期的发展水平，而且直接关系到乡村旅游长远目标的实现。本模块在阐释乡村旅游规划的基础上，结合案例分析如何有效进行乡村旅游的规划与开发，并进一步完善乡村旅游基础设施，优化打造乡村旅游景观。

学习目标

1. 理解乡村旅游规划的概念，知晓乡村旅游规划的内容体系及规划程序。
2. 掌握乡村旅游目的地旅游设施开发建设的具体内容及具体要求。
3. 理解乡村旅游目的地旅游景观打造的关键要素及具体要求。

乡村旅游规划
与建设

案例导读

厦门推出乡村旅游计划，每区有一个特色小镇

2019年，厦门每个区将分别创建1个以上产业特色鲜明、功能集成完善、示范效应明显的特色小镇；重点打造1个以上乡村旅游聚集区，全市重点引进3~4个大项目带动乡村游发展。

每个区将培育一个特色小镇

按照乡村旅游发展和特色小镇建设相结合的理念，厦门将培育一批创建点，积极推进集美汽车小镇、集美动漫小镇、翔安澳头渔港小镇等特色小镇和汀溪特色小城镇建设，契合小镇特色主题，挖掘特色小镇内保留村的旅游资源，提升改造保留村，拓展乡村旅游内涵。

另外，每个区选择一个具有特色和比较优势的细分产业作为主攻方向，力争培育为支撑特色小镇未来发展的大产业，形成"产、城、人、文"四位一体有机结合的重要功能平台。

差异化培育乡村旅游集聚区

未来三年，厦门将重点打造集美区灌口镇乡村旅游集聚区、海沧区天竺山乡村旅游集聚区、同安区山水莲花旅游集聚区、同安区乐活汀溪美丽乡村集聚区、翔安区香山旅游集聚区、翔安北部乡村旅游集聚区等一批乡村旅游集聚区，推进形成一批产品业态丰富、服务功能健全、综合效益显著、带动作用明显的乡村旅游示范镇和示范村，引领乡村旅游规模化发展。

加大乡村旅游政策扶持力度

做强做大乡村旅游，要加大财政支持力度，凡列入三年行动计划的项目，市区镇三级政府应加大扶持力度，创新乡村旅游金融服务，建立市、区、镇财政、产业基金、银行贷款等共同投入机制。

面向社会招募乡村旅游创客，特别是针对大学生、返乡农民、专业艺术人才、青年创业团队等创新创业意识比较强、条件比较好的人群，通过减免房租税收、搭建融资渠道、建立扶持机制等措施，积极推动各类创客到乡村创业，发展乡村旅游。

（来源：海峡导报）

[思考] 1. 厦门乡村旅游计划的提出对厦门乡村旅游发展具有哪些重要意义？
　　　　2. 如何有序地、差异化地发展厦门乡村旅游集聚区或特色小镇？

项目一　编制乡村旅游规划

学习目标

1. 理解乡村旅游规划的概念，掌握乡村旅游目的地规划开发的基本原则。
2. 能够运用所学知识分析乡村旅游目的地规划开发的具体内容和要求。

3.1.1　乡村旅游规划的概念

所谓乡村旅游规划，就是根据某一乡村地区的旅游发展规律和具体市场特点而制定的目标，以及为实现这一目标而进行的各项旅游要素的统筹部署和具体安排。

乡村旅游作为一种特殊的旅游形式，其规划应该顺其自然、顺应潮流，做到既能持续地吸引游客，又能使乡村地区在保持原来生活方式的基础上逐步发展，并能使当地居民从该项活动中获得效益。

对乡村旅游规划的理解体现为三个方面。

（1）乡村旅游规划不仅是一项技术过程，而且也是一项决策过程；不仅是一种科学规划，更是一种落地性的规划，二者必须同时兼顾，才能规避"规划失灵"。

（2）乡村旅游规划不仅是一种政府行为，而且也是一种社会行为，还是一种经济行为。不仅要求政府参与，而且规划工作还要有未来的经营管理人员参与，并与当地群众、投资方相结合，避免规划的"技术失灵"。乡村旅游规划编制过程中，规划师应该在各部门的决策者之间进行协调，最终产生一个科学的规划。

（3）乡村旅游规划不是静态的和物质形态的蓝图式描述，而是一个过程，一个不断反馈、调整的动态过程。规划文本仅仅是这个过程的一个初始阶段，即目标的确定和指导性意见。面对未来的种种不确定性，乡村旅游规划必须采取弹性的思想和方法，应该秉持一种"全程规划"的理念。

旅游规划基本分为两类：旅游发展规划和旅游开发建设规划。旅游发展规划是区域旅游产业或旅游经济发展规划，可以分为一国、一省、一市、一县、一乡、一镇或跨行政区域的规划，主要内容是确定旅游业在该区域内的产业地位、发展目标、发展阶段、总体形象、资源品位、市场定位、总体总局、主导产品、旅游基础和服务设施建设、发展旅游业的战略措施和保障体系。旅游开发建设规划则包括旅游区规划设计、旅游点和旅游设施的建筑设计、旅游产品或线路规划等。乡村旅游规划作为旅游规划的一种特殊类型，参照《旅游规划通则》的标准，同样可以划分为两个层次：乡村旅游发展规划和乡村旅游区开发规划。

> 关键词点击：乡村旅游规划

3.1.2　乡村旅游规划的原则

乡村旅游规划所要考虑的内容包括乡村的旅游市场需求、资源约束、社会宏观条件（主要是经济条件）等几个方面。由于"乡村"的特殊性，决定了其规划必须遵循一些基本原则。

1. 自然环保原则

在全球性生态化思潮的影响下，旅游规划作为一种技术产品，也应该具备生态化的特征，强调对原生环境和本土文化的保护，承担起保护生态及文化多样性的重任。具体来说，即在规划设计中，运用系统论和景观生态学的相关原理对旅游环境诸方面的生态平衡和协调发展予以保护，遵循的原则是最大程度的利用和可能造成的最低程度的环境退化。

自然环保原则是指乡村旅游规划设计要因地制宜，尽量保留自然特色，若无绝对必要就不改变原貌或增加建筑物。许多经营者以为乡村旅游就是普通的观光旅游，因而不顾原先遗存的自然资源和乡村特色，大兴土木，甚至变更土地用途，建园造景。这种做法既破坏了乡村原有的良好自然生态环境，浪费了宝贵的农业资源，又扭曲了发展乡村旅游的本质和目的。图3-1为广西陆川县优美的自然环境。

图3-1　广西陆川县优美的自然环境

2. 乡土特色原则

"特色就是生命"，这已成为旅游开发者的共识。有特色才有吸引力，才有竞争力。唯我独有、唯我所长是旅游开发的成功之道。五千年的历史造就了中国文化璀璨和资源荟萃。同时，由于地球自然演化过程的差异性，使得每一处旅游资源都往往具有景观上的独特性和不可替代性。如图3-2所示。

图3-2 甘肃雷山的乡土特色景观

所谓特色保护，就是在对该景区的自然和文化景观内涵进行深度挖掘的基础上，对自然和文化景观等诸要素的内涵与特色进行保护，避免在规划和开发过程中景区自然和文化特色的丧失。

乡土特色原则是指在设计构思上有别于城市公园绿化的模式，体现野趣天成、返璞归真的灵性；在植物配置上注重适地适树，强调多样性和稳定性；注重对当地农耕文化和民俗文化的展示。

3. 和谐生态原则

从美学的角度来看，在地球表面，土地、岩体、动植物之间存在着和谐统一的关系，体现了大自然的和谐美。大自然造就的景观特征的完整性越是统一、彻底、明显和强烈，对观察者的感官冲击就越大。而且，景观系统中不同要素的和谐程度"不仅是获得快感的量度，也是美的量度"。因此对自然景观和文化景观进行设计时，要运用整体论的观点，保护和加强内在的景观质量，剔除不应该保留的要素，甚至是引进要素以加强自然特征，尽量保持景区的原始性、完整性、统一性、和谐性。如图3-3所示。

图3-3 洪江古商城和谐生态美

乡村旅游是农业与旅游业结合的产物，既要考虑经济效益，更要强调生态效益及社会效益。要用生态学原理来指导乡村旅游的建设，建立良性循环的生态系统，产生好的生态效益。生态性主要指两个方面：一方面是生态平衡，另一方面是生态美学，即从审美角度体现出乡村旅游的生命力和谐和健康的特征。生命力主要体现在规划设计的旅游区应具有良好的生态循环再生能力。和谐则要求人工环境与自然环境互惠共生、相得益彰，即人工构筑物与生态环境形成一种和谐美。健康是指在人工环境与自然环境和谐的前提下，创造出无污染和无危害，使人身心得到满足的健康旅游环境。

4. 主客共享原则

乡村旅游区在规划发展过程中，应当满足乡村振兴战略发展的需求，应形成游客和当地居民的良性互动，形成主客共享共生的群落。

乡村旅游区景观建设的好坏也应在尊重自然的前提下，充分思考人的活动需求和心理需求。人的需求，可以归纳为两类：其一是当地村民每年居住、生产和生活的需求；其二是游客游憩活动的需求；景观规划设计应该对两方面同时思考，基于投资回报的考虑，游客的游憩活动又具有主导性，要把最大限度满足游客游憩活动的舒适性作为重点。乡村作为村民最重要的聚居环境，改善他们的住房条件，建设好他们的家园，则是基础性的民心工程，是当今各级政府和设计者的责任。乡村旅游区的景观建设，应该发动公众参与，让村民为自己的生存环境的改善提出建设性意见。图3-4和图3-5体现了主客共享原则。

图3-4　大别山下的美丽乡村

图3-5　赏景度假型特色民宿

5. 社区参与原则

乡村旅游能否可持续发展，关键在于当地人民是否能够真正认识自己文化的价值，能否成为当地文化的传承者和保护者。社区全面参与是乡村旅游发展的内在动力，也是衡量乡村旅游发展水平的重要标志和避免出现权力支配和利益分配等不合理现象的重要保证。因此，要充分意识到社区参与的重要性。

社区居民要全面参与到旅游发展的各个层面，从个别参与到群体参与、组织参与，逐步实现社区的全面参与。一方面，居民要参与旅游经济决策和实践、旅游规划和实施、环境保护等等；另一方面，居民不仅仅局限在谋求经济的发展，更应重视环境保护与社会传统文化的维护与继承，参与森林资源的管理、参与规划和决策的制定过程。乡村社区的参与要能在规划中反映居民的想法和对旅游的态度，以便规划实施后，减少居民对旅游的反感情绪和冲突，从而达到发展乡村社区旅游的主要目的。即：要有效地进行经济发展和资源保护；在社区内创造公平的利益分配体系；发展当地社区的服务员，增强他们保护资源的责任感，为当地旅游业的发展做出贡献。

3.1.3 乡村旅游规划编制技术路线

一、乡村旅游规划阶段划分

乡村旅游规划作为旅游规划的一种特殊类型，必须遵循旅游规划的一般原则与技术路线。规划技术路线是规划过程中所要遵循的一定逻辑关系，其中包含了规划的主要内容和制定规划的基本步骤。乡村旅游规划共分五个阶段：规划准备阶段、调查分析阶段、确定总体规划思路阶段、具体规划阶段和实施阶段。

1. 规划准备阶段

规划的准备和启动工作主要包括：明确规划的基本范畴；明确规划的制定者和执行者；确定规划的参与者，组织规划工作组；设计公众参与的工作框架；建立规划过程的协调保障机制。这些是启动乡村旅游规划应该具备的基本条件。规划受到当地社会经济发展水平、政府部门结构、行政级别等因素的影响，特定地方的规划可以跨越其中的某些步骤。

2. 调查分析阶段

这一阶段的工作包括：乡村旅游地总体现状分析，如乡村旅游地自然地理概况、社会经济发展总体状况、旅游业发展状况等；乡村旅游资源普查与评价，可以利用国家颁布的旅游资源分类与评价标准对乡村旅游资源进行科学、合理的分类，并做出定性和定量评价，将人们对乡村旅游资源的主观认识定量化，使其具有可比性；客源市场分析，通过调研客源市场，详细分析客源流向、兴趣爱好等因素，为市场细分和确定目标市场做好基础；乡村旅游发展SWOT分析，在以上三个方面科学分析的基础上，对当地发展乡村旅游进行全面的综合考察，找出发展乡村旅游的优势和机遇，并摸清存在的劣势和面临的威胁。

3. 确定总体规划思路阶段

这一阶段的主要工作是：通过对乡村旅游发展背景和现状进行整体的剖析，结合乡村的历史、社会、经济、文化、生态环境等，综合确定乡村旅游发展的战略定位和发展的方向定位，在此基础上，确定未来乡村旅游的具体发展目标。

4. 具体规划阶段

制定规划阶段是乡村旅游规划工作的主体部分，是构建乡村旅游规划内容体系的核心，主要工作就是根据前几个阶段调查和分析的结果，并依据发展乡村旅游的总体思路，提出乡村旅游发展的具体措施，包括乡村旅游产业发展规划和乡村旅游开发建设规划等。需要注意的是，在制定详细的规划内容时，必须考虑规划区域的乡村社区建设和社区居民的切身利益。

5. 实施阶段

依据乡村旅游规划的具体内容，并结合乡村地区实际发展情况，切实做好乡村旅游规划的具体实施工作。要根据经济、社会、环境效益情况，对规划实施的效果进行综合评价，并及时做好信息反馈，以便对规划内容进行适时的补充、调整和提升。

二、乡村旅游规划编制技术路线（图3-6）

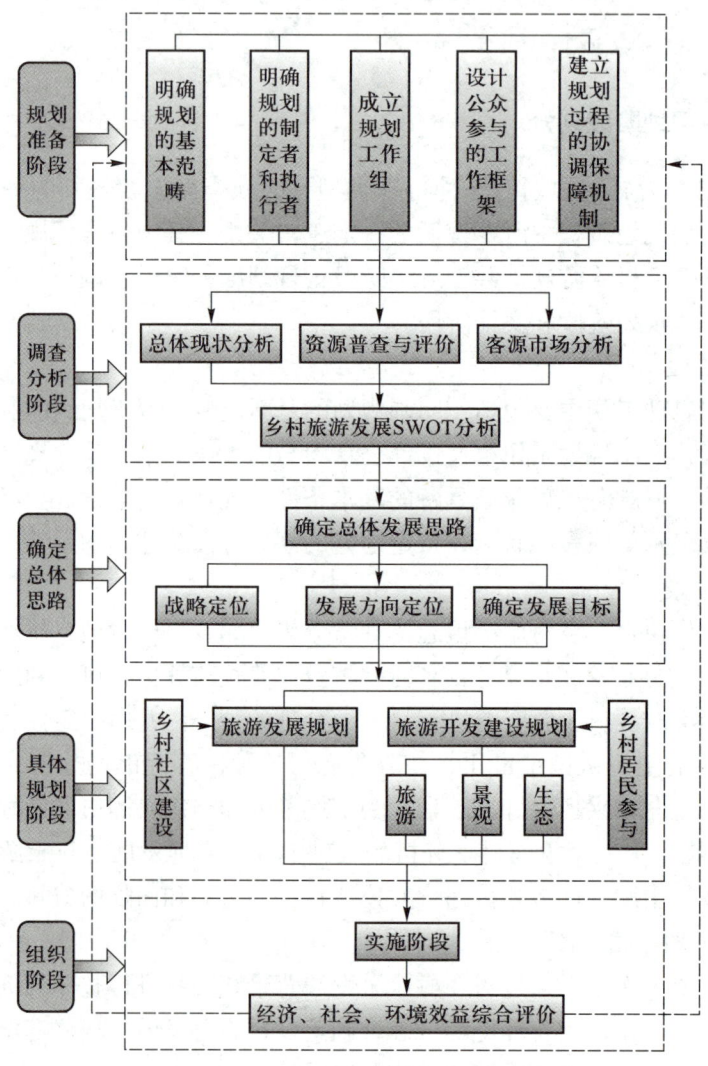

图3-6　乡村旅游规划技术路线图

3.1.4　乡村旅游规划的核心内容

乡村旅游规划作为一个系统性的工程，涵盖乡村旅游建设的方方面面，具体包括乡村旅游形象规划。乡村旅游产品规划、乡村旅游设施规划、乡村旅游景观规划、乡村旅游生态环境保护规划等方面的内容。具体介绍如下。

一、乡村旅游形象规划

旅游形象指旅游者对旅游目的地总体、概括的认识和评价。它是旅游目的地在旅游者心目中的一种感性和理性的综合感知。乡村旅游形象是指旅游者对乡村旅游目的地、乡村旅游活动、乡村旅游产品及服务等在其心目中形成的总体、概括的认识和评价，并在其心目中形成的总体印象。

目前，我国的乡村旅游宣传口号多采用"全国农业旅游示范点"之类的称号，而不注重形象的塑造和传播，有些乡村旅游地缺乏标徽、纪念品和户外广告等视觉符号系统，难以引起游客兴趣。此外有些乡村旅游地由于缺乏对当地文脉、旅游资源、客源市场和形象竞争进行深入细致的调查分析，致使旅游形象难以确定，使人有形象模糊的感觉。

因此，乡村旅游地旅游形象规划过程中，应在市场调查、地方文脉分析、旅游地竞争分析的基础上进行乡村旅游地形象定位。（详见本书的模块4）

二、乡村旅游产品规划

乡村旅游产品规划是指根据不同的乡村旅游资源特色及赋存状况，来详细设计不同类型、不同用途的乡村旅游产品，以便全方位地满足乡村旅游者各种层次、不同形式的旅游需求，丰富他们的旅游内容。

目前，许多乡村旅游地虽然有着良好的旅游资源基础，但乡村旅游资源开发过程中存在产品形式单一、服务内容初级、产品粗加工、项目雷同、缺乏创新、资源与市场没有很好地结合等问题。

因此，在乡村旅游产品开发过程中，应强调旅游产品差异化、旅游产品体验化、旅游产品系列化，突出旅游产品文化气息，满足游客个性化需求，鼓励游客与当地居民接触，引导游客真正走进乡村文化，使游客获得"真实的愿望，得到更大的满足"。

三、乡村旅游设施规划

乡村旅游设施本身具有一定的特殊性，不仅服务于游客，还同时服务于居民，如商店、道路、公共卫生、停车场等。乡村设施使用的边界模糊性导致村民与游客混用设施，引起居民生活的不便，也影响游客的游览体验。因此，完善的乡村旅游设施是乡村旅游顺利开展的重要保证，在开发过程中需要进行全面而深入地研究和思考。

四、乡村旅游景观规划

随着农村经济的不断发展，城镇化水平越来越高，乡村居民对生活现代化的追求与乡村性的保持之间的矛盾越来越突出。尤其是那些近郊和平原地带先富起来的农村，与城市有着类似的规划布局、道路结构和建筑形式等，忽略了乡村特色的营造，从而降低了乡村旅游地的吸引力。

五、乡村旅游生态环境保护规划

旅游者参与乡村旅游的目的是享受大自然和娱乐休闲，从而达到身体健康、心理放松的良好状态。因此，环境对游客来说是最具吸引力的，也是乡村得以持续发展的深层动力。应该通过进行旅游开发的生态影响分析，从乡村旅游的旅游容量控制、制定生态环境保护措施两个方面来进行生态环境保护规划。

 **同步案例**

北京通州宋庄镇大邓村犬文化休闲旅游度假区规划

宋庄镇大邓村位于首都北京东部，通州新城北部，东邻潮白河，西邻温榆河，距市区东直门22km，北部紧邻首都国际机场，机场南线穿境而过。

大邓村紧紧围绕犬业基地、IGO宠物俱乐部、果园等核心旅游资源，通过爱犬基地的建设，全方位建设围绕爱犬的产业模式，包括爱犬养殖、爱犬产品开发制造、爱犬俱乐部、爱犬料理等多种形式，依托区位优势和产业先行优势，打造全国最成功的爱犬乐园示范基地。发展成为融商业、文化、旅游于一身，集休闲、娱乐、观赏、游玩、宠物交易、宠物竞技、宠物服务、宠物医疗等多种功能于一体的生态环保型宠物犬文化休闲旅游区。

通过建设全方位的犬产业，将来实现村庄生态化、产业多元化、服务细微化，通过这些变化，展现在游客面前的将是一个充满活力、充满生机的大邓村。

3.1.5　乡村旅游规划中的功能分区

乡村旅游区的功能分区规划是为了使众多的规划对象有适当的区划关系，以便针对对象的属性和特征进行分区，既有利于突出规划对象的分区特点，又有利于体现规划区的总体特征。不同的乡村旅游区，因其现状条件及发展目标不同，在分区组成上也有区别。一般综合性的乡村旅游区分区组成较为复杂，而观光农园的分区组成则较为简单。规划时可根据实际情况确定组成各个分区的内容，不求大求全。

乡村旅游区不仅是在分区组成上变化不一，无一定标准，而且各分区的组合上也是复杂多样的，无一定格局。主要是根据旅游区的现状格局及地形、土壤、植被等条件，按合理的生态系统格局而定。

一、功能分区类型

不同类型的乡村旅游区，其分区情况不同，应根据其本身的特点和适合开展的活动进行适当的分区。

归纳起来，有农业生产区、展示区、观景游览区、农业文化区、游乐区和服务区等分区类型。

1. 农业生产区

是观光农业的主体部分，可分为种植和养殖两大部分。①种植部分。由果园、茶园、菜园等专业区域组成进行农业生产，同时作为旅游场所。如观光生态果园一般利用原有果园条件，发展优良的品种，形成优质高产果园。果园可全面开放或仅局部开放，由游人自己入园采果、尝果，还可以采购新鲜水果，回家时与家人和好友共享。②养殖部分。包括水产养殖和畜牧养殖，可利用鱼塘，养殖家鱼及各种珍贵水产，在生产的同时，也可作为游玩、垂钓场所。畜牧养殖主要养殖牛、羊、猪等家畜，也可专门开辟野生动物养殖区。畜牧养殖污染较大，应设置在园区的边角地段和下风方向，并适当隔离。

2. 展示区

如果生产区能全面开放，则不需要另设展示区。如果生产区中的有些项目只能局部或定期开放，甚至全封闭生产，那么就要在外围设立专门的展示区。展示区内仅布置有代表性的作物生产场地，安排专人讲解、示范。游人还可动手参加生产，体验田间劳动，并获得相关的农业知识。

3. 观景游览区

充分利用自然风景和人文景观，结合园林造景，将景观优美的地段建成专门的观景游览区。建设中应注意：①尽可能地利用自然环境规划游览道路，例如，增设园林小景，林间漫步，观赏湖光山色等。②结合农业生产，布置百果园、百花园等园林景观，种植各种果树品种，选择有代表性的普通品种及部分珍稀品种，让游人既饱眼福又饱口福。③充分利用具有历史价值和地方特色的人文景观，建立风景区。

4. 农业文化区

通过对传统农业的展览及现代农业的宣传，可提高游人的环保意识及对农业可持续发展思想的了解，产生良好的社会效益。可设立：①传统农业展览馆，用图片资料及实物、模型等形式来展示当地的传统农业生产方式、传统作物及传统农具；②现代农业科技展览馆，主要介绍现代农业生产情况，宣传高新技术，尤其要从环保的角度宣传生态农业模式，让人们树立起珍惜资源，保护环境的农业可持续发展思想；③示范区，由农业科技示范、生态农业示范、科普示范构成，传授农业知识，使游客增长知识，使农民获取先进技术和优良品种。

5. 游乐区

可安排民间少儿游戏、民俗表演等活动项目。可设置：①青少年素质教育区，包括军训、除草、种菜、摘瓜、野炊、露营等一系列生活体验；②少儿游戏场，选择合适场地，布置滚筒、滚木、攀爬架等，形成乡村气息浓厚的少儿嬉戏场面；③民俗广场，可以用表演和游人参与的形式开展传统的民俗表演及民间游乐项目；④休闲娱乐区，设立专门场地，放养鱼类、野生动物，供游人垂钓、狩猎，并利用水面、山坡、草地开展划船、游泳、登山、骑马、野营等活动。

6. 服务区

选择地势平坦，离入口较近的地方设服务区，布置旅馆、娱乐场所等设施，满足住宿、餐饮及室内娱乐等要求。有些以度假为主的农业观光区中，除了一般的旅馆外，还可设立专门的别墅区、小木屋区、民宿区等，提供更为舒适和独特的住宿条件。在服务区中配合中小学生参观、实习和劳动的需要，可设立中小学活动基地，设置教室、宿舍等建筑。

7. 管理区

是管理人员办公、生活的地方，可单独分区也可与服务区结合在一起。

二、功能分区的一般性规划原则

（1）在维持原有景观的相对完整性的基础上，解决各分区的分割、过渡与联络关系。

（2）根据项目类别和用地性质进行分区，既便于生产管理，又可产生不同的季相和景观。

（3）追求科学、生态、艺术的原则，形成优美的景观格局，总体上路网可成为分区的骨架。

（4）应突出各区的特点，控制各分区的规模，并提出相应的规划措施。

（5）在斑—基特征比较明显的乡村旅游区，也可以应用景观生态学原理中斑—廊—基的设计方法，对旅游区进行功能分区。

项目二　建设乡村旅游设施

学习目标

1. 理解乡村旅游设施建设的基本原则。

2. 分析乡村旅游设施建设的基本内容以及不同乡村旅游设施建设的基本要求。

3. 能够结合实际案例，分析乡村旅游设施建设中遇到的相关问题。

3.2.1　乡村旅游设施建设原则

乡村旅游设施承载着乡村旅游的各种活动和各类产品。在乡村旅游设施规划中需要注意以下原则。

1. 基础与服务协调配套的原则

乡村旅游设施包括乡村旅游基础设施和乡村旅游服务设施。其中乡村旅游基础设施包括交通设施、给排水设施、电力通信系统、供暖与空调系统以及卫生设施；乡村旅游服务设施包含乡村旅游住宿设施、商业与餐饮设施、游憩与娱乐设施以及旅游辅助设施。在乡村旅游开发规划中，需要对其进行全面而深入地研究和思考。例如，在交通上，应当对乡村旅游地及周边的道路、出入口、停车场、游览步道等进行合理布局，使游客进得来、留得住、出的去。在旅游住宿方面，应当结合当地实际，尽量建设各种等级和形式的住宿设施，满足不同人群的住宿要求等。为了适应网络时代的到来和方便通信和联系，乡村还应当积极促进互联网的建设，建设自己的旅游门户网站。此外，旅游服务设施之间、旅游服务设施与旅游基础设施之间应当统筹考虑，协调安排和统一规划。

2. 分散与集中有机结合

乡村旅游设施的空间布局主要有两种形式，一种是分散布置，一种是集中布置。小型的接待设施如农家旅馆等，适宜结合农家住户的布置分散到村落中，而商业娱乐设施宜适当集中，形成游憩的氛围。以太湖西山的明月湾为例，沿着太湖布置的是一条以"太湖三白"等特色乡村美食为主导的商业街，形成集中态，而与此相对应的，农家旅馆散布在村落中，形成分散态。这两种状态的有机结合，很好地解决了如何完成游客的吃住问题。当然，分散和集中并不是固定而一成不变的，也不是绝对的，他们之间应当是相互补充和配合的关系，集中含有分散，分散内有集中，两者有机结合方为成功之道。

3. 单轨与双轨功能复合

所谓单轨，就是指乡村的旅游设施只为游客或只为村民服务。而双轨就是指乡村的旅游设施既为游客服务又为村民服务。以乡村道路和其他基础设施为例，为了提高其使用效率，通常在规划时，既要考虑村民的出入交通问题，又要考虑游客的进出和集散问题。但是，也有特例，并非所有的设施都同时向村民或游客开放。当然，规划更多考虑的应该是如何使更多的设施可以让居民与游客共用，其使用方式上可以是：部分使用、错时使用、错空使用以及同时同地使用等。一些如文化娱乐设施、休闲设施、餐饮设施等就可以比较多地共同使用。这样形成的基础和服务设施使用双轨制，既有利当地居民的生产生活，又有利于游客的旅游活动。因此，为了营造新时期舒适宜人、富有特色的村庄旅游环境与和谐的人居环境，应尽量对设施功能进行综合考虑，这也符合"全域旅游"背景下主客共享的需求。

4. 乡土与文脉完美融合

乡村旅游服务设施是乡村旅游的重要吸引物，因此乡村旅游服务设施的设计应该反映乡土文化，与当地的文脉相融合。如乡村旅游住宿设施是在乡村建设的适合城里人居住而又不失乡土特色的住宿设施。因此，一定要保持原汁原味的乡土建筑特色，与所在地的人文、地理、气候、民俗等相适合。乡土建筑的设计要追求回归自然、文化内涵丰富；讲究淳朴简洁，清新淡雅，赏心悦目，就地取材，其颜色的选择和建筑风格模式应与周围环境相协调、融洽，相映成趣。

5. 技术与生态保护理念相互支撑

在旅游设施规划中需要在技术上引入生态保护理念，使二者相互融合，相互支撑，以达到保护环境、节约资源、保持生态平衡、促进人与自然和谐发展的目标。在乡村旅游设施规划中，生态与技术的相互支撑，主要表现为建筑功能生态化、能源生态化、物质循环利用与再生等方面。

3.2.2 建设乡村旅游基础设施

乡村旅游基础设施建设是当前乡村旅游发展的基本保障，也是提升乡村居民生活水平的必要条件。在2017年政府工作报告中，李克强总理在部署重点任务时明确提出要"完善旅游设施和服务，大力发展乡村、休闲、全域旅游"。旅游基础设施是指为旅游者提供公共服务的物质工程设施，是用于保证旅游活动正常进行的公共服务系统，包括道路系统、供水排水系统、能源供应系统等。

一、道路系统建设

乡村旅游目的地的开发与交通可达性建设休戚相关。对于所有的乡村旅游目的地来说，旅游地的交通通达性，很大程度上决定了旅游地的容量、流量和市场。进行乡村旅游交通开发建设时，最重要的是对交通进行合理布局。因为对旅客来说，寻求最便捷的交通方式是非常重要的。

公路方面应当完善以主要客源城市为中心的主干廊道，重点完善乡村旅游区干线廊道和门户廊道，缩短乡村旅游区与游客出行地的空间距离。乡村旅游景区外的公路规划尤为重要，因为它是进入景区的引景空间。要对入村道路进行整治、绿化和美化，并加强交通基础设施建设，如兴建停车场，修建厕所，为道路安装路灯等。道路交通系统是如何确定的呢？一般有以下步骤。

首先根据乡村旅游目的地的人口规模，确定内部道路的等级和技术指标。如表3-1所示。

表3-1　乡村旅游目的地道路等级及技术指标

乡村规模	道路等级设置	道路宽度	人均道路面积
特大型和大型	三级，即乡村主干路、次干路与入户路	主干路：6~8m，一般按照7m控制；次干路：4~5m，一般按照4.5m控制；入户路：2.5~3m，一般按照2.5m控制	10~14m²/人控制
中型和小型	二级，即新村干路和入户路	干路：4~5m，一般按照4.5m控制；入户路：2.5~3m，一般按照2.5m控制	8~10m²/人控制

其次，根据乡村旅游目的地交通特征，结合自然条件和现状特点，确定道路交通系统，并有利于建筑布置和管线敷设。目的地道路系统建设应符合以下规定。

1. 主要道路

（1）通达目的地规模在600人以上的乡村聚居点。

（2）形成干路网络并与邻近县、省（国）道公路相连。

（3）连接目的地各产业发展区、特色产业基地和其他主要设施。

（4）路面宽度宜为7~9m，转弯半径不宜小于20m，道路纵坡宜控制在6%以内，当用地条件不允许时，局部地区可设置为8%。

2. 次要道路

（1）通达目的地规模在200人以上的乡村聚居点。

（2）形成次路网络，并与乡村旅游区主要道路相连。

（3）通往田间地块，满足农业机械化作业和农产品运输。

（4）路面宽度宜为5~7m，转弯半径不宜小于15m，道路纵坡宜控制在8%以内，当用地条件不允许时，局部地段可设置在10%以内，但坡长不宜过长。

3. 道路竖向设施

明确建筑物、构筑物、场地、排水沟等的规划标高，确定地面排水方式和排水构筑物，开展土方平衡与挖填方调配工作，确定取土、弃土的地点等，竖向设施建设应满足以下技术要求。

（1）充分利用自然地形，宜保留原有绿地和水面。

（2）有利于地面水排除，并应符合防洪的要求。

（3）尽可能减少土方工程量。

（4）建筑用地的标高应与道路标高相协调，高于或者等于邻近道路的中心标高。

二、给排水系统建设

1. 给水系统规划

旅游区给水系统规划是指截取天然的地表水或地下水，经过一定处理，使其符合国家饮用水标准，用经济合理的输配方式，输送到各用水区，满足旅游活动的正常开展和游客、当地居民及旅游区员工的正常用水需求。

（1）预测用水量。

常见的旅游区用水预测方法有两种。

①分类预测法。将旅游区的用水量分为生活用水量、公建用水量和其他用水量三部分，分别进行预测，然后加总。

②综合预测法。综合预测法将旅游区各种人员的用水量、各类活动的用水量综合起来计算。

（2）选择水源地。

水源地选择应先从旅游区内部入手，因山就势，建立高位水库、蓄水池、拦河坝等，利用重力供水；或者利用地表水，如河流湖泊、溪流泉水等。有条件的旅游区，也可选择地下水作为水源，但需要测量其流量是否能满足旅游区的需求，要化验其水质，确定能否作为生活用水水源。

（3）确定取水方式。

有条件的旅游区可以选择自流取水方式，但有些旅游区只能选择抽水方式。究竟采取哪种取水方式，应根据旅游区的情况，充分考虑地形、经济、环保等因素来确定。

（4）净水方案及制水能力规划。

所有的水源，必须引入蓄水池，经过净化达到国家饮用水标准才能使用。必须制订详细的净水方案，制水能力要与旅游区预测的用水总量相匹配。

（5）输水管网及配水干管布局规划。

确定输水管道的走向、管径的大小和铺设方式等。输水管网一般应铺设在地下，不能影响旅游区的美观。

（6）加压站位置及数量。

很多蓄水池由于位置较低，很难向位置高的地方供水，因此必须加压。有些旅游区在供水时需要多级加压，应规划出加压站的位置和数量。

（7）水源地保护措施。

对旅游区水源地要规划相应的保护措施。在取水点周围半径100m内禁止停泊船只，禁止游泳及其他可能污染水源的活动；在水源地周围1 000m和下游100m范围内不得排入生活污水；不能在蓄水、供水的上游地区布置接待设施、生活设施等。

2. 排水规划

旅游区的游客和当地居民都会产生一定数量的污水，为了确保旅游区的环境卫生，保护游客、当地居民和旅游区员工的身体健康，维护旅游目的地的生态平衡，旅游区必须配备一定的污水排放和处理设施。旅游区排水规划的主要要点有以下几个方面。

（1）预测污水排放量。

旅游区排污量的预测，一般以旅游区的供水量为参照物，按其80%计算，具体计算公式为：旅游区排污总量=旅游区供水总量×80%。

（2）确定污水类型、污染源位置。

分析旅游区产生的污水类型，确定主要的污水排放地点。

（3）确定排水方式。

旅游区的排水方式主要有雨污合流制和雨污分流制，采用哪种排水方式，应根据旅游区的具体情况而定。

一般情况下，为减少工程造价，多采用雨污分流制。雨水就近用明渠方式排入溪涧河沟。污水应分区就近处理后排放。一些污水排放量大的旅游区，可建立污水处理设施，经过集中处理后排放；污水排放量小的旅游区，可采用多级沉淀过滤消毒后，排入隐蔽的山谷，自然净化。

（4）确定排水管道的走向、管径。

旅游区地形一般较为复杂，排水管道铺设工程量较大，可采用明渠或暗沟相结合的方式，利用地形高差进行修建。排水管道的走向要充分考虑地形、经济、美观等因素。排水管径的大小应与排污量相匹配。

（5）排污工程规划。

旅游区主要的排污工程包括旅游厕所、污水处理设施、雨水排放设施、垃圾处理设施等。介绍如下。

①旅游厕所。旅游厕所是指在旅游活动场所建设的、主要为旅游服务的公用厕所。将其划分为五级，即一星级、二星级、三星级、四星级、五星级，星级越高表明厕所的等级越高。

旅游厕所应规划在景区公路、游道两侧。景区公路两侧的旅游厕所按20km/座的标准规划，游道上按1 000m/座的标准规划。

旅游厕所外观应新颖美观，与周边环境和建筑相协调；根据建设地点及周边环境选择厕所主体造型，形成独特景观；户外旅游厕所周边需要有绿地、花坛等。

②污水处理设施。旅游区内较为集中的污水通过排污管网集中到污水池，利用污水处理设备进行处理。分布较散和较远的生活污水可利用化粪池进行初级处理。

③雨水排放设施。旅游区雨水排放采取散水、蓄水并重的综合治理原则。雨水就近用明渠方式排入溪涧河沟，或进行截留蓄水。大多数旅游区无须建设专门的雨水排放系统，以减少投资。但对于不能自然排放或自然排放不畅的旅游区，则需设立排水暗沟。在道路工程设施建设的同时，要预留足够的泄水通道。

④垃圾处理设施。旅游区生产、生活垃圾可以通过规划、管理予以控制。

三、供电系统建设

根据区域农网升级改造建设规划，针对旅游目的地内部乡村（聚居点）和产业布局的特征进行建设。

建设内容包括负荷预测、中高压电网、变配电设施布局等。其中人均生活用电量指标宜按300~1 000度/（人·年）计算，生产用电量应按产业的类型和规模来确定。

10kV/0.38kV变压器（变电所）宜靠近负荷中心布置，不得影响乡村景观风貌及总体布局。10kV/0.38kV电力线路宜沿乡村道路布置，宜采用直埋方式铺设。乡村电力走廊不宜穿过乡村住宅、危险品仓库等地段，宜避开易受洪水淹没、河岸塌陷、滑坡的地区。乡村变电所或开闭所出线宜将生活、工业和农业线路分开布置。

中高压电网的线路走向应根据地形、地貌特点沿道路、河渠、绿化带架设。路径做到短捷、顺直、减少同道路、河流、铁路等的交叉，避免跨越建筑物，同时应有利于生产生活。

变配电设施应选址在便于进出线、交通运输方便的地段，同时应有良好的地质条件，能避开断层、滑坡、塌陷区、溶洞地带、山区风口和易发生滚石场所等不良地质构造。

架空电力线路跨越或接近建筑物的安全距离，应符合《城市电力规划规范》的规定。单杆单回水平排列或单杆多回垂直排列的35~500kV高压架空电力线路的规划走廊宽度，如表3-2所示。

表3-2　高压架空电力线路的规划走廊宽度

线路电压等级/kV	高压线走廊宽度/m	线路电压等级/kV	高压线走廊宽度/m
500	60~75	110	15~25
330	35~45	35	12~20
220	30~40	—	—

同步案例

龙溪山庄——宜兴旅游最佳民宿地

龙溪山庄是"江苏最具魅力休闲乡村"——洑西村龙山岕溪边一间新开的农家乐，外形看虽然简单朴素，只有简单的三间两层，灰墙灰瓦，但进去一看却别具风格，时尚靓丽的设计，宽敞明亮的客房，热情周到的服务都是这里的特色，休闲茶吧、观景庭院、原色木屋……让您一来此就能尽享放慢的时光。采茶、挖笋、挖时鲜钓鱼、爬山……让您体验最纯真的农民生活。冬笋、笋干、山百合、野山茶、吊瓜子、乌米饭、银杏、板栗……让您体味宜兴大地的天地精华。图3-7为宜兴龙溪山庄的景色。

图3-7　宜兴龙溪山庄

3.2.3　建设乡村旅游服务设施

根据原国家旅游局2012年6月发布的《关于进一步做好旅游公共服务工作的意见》（旅办法[2012]281号）中关于旅游公共服务五大体系的划分，确定乡村旅游公共服务设施包括：旅游信息咨询服务设施、旅游交通便捷服务设施、旅游便民惠民服务设施、旅游安全保障服务设施等。具体分析如下。

一、旅游信息咨询服务设施建设

1. 网络信息服务平台建设

从旅游网站、WiFi、智慧旅游、旅游服务专线四个方面入手，主要建设互联网、移动网、电话网三大网络信息服务平台。

2. 旅游信息咨询服务点建设

主要包括三个方面内容：①旅游信息集散中心，设置在市域或县域范围内，提供市区或县区旅游信息咨询服务；②乡镇旅游信息服务咨询点，设置在乡村旅游发展较好的乡镇内，设置在可达性较高的交通路口，提供乡镇域范围内的旅游信息咨询服务；③乡村旅游目的地旅游信息咨询服务中心。

3. 旅游标识系统建设

包括旅游交通标识系统建设和公共服务设施引导标识系统建设。要在乡村旅游目的地的中心客源城市道路两侧、路面都设置具体的导识标志及英汉双语说明，除规范的公众信息提示外，其他如路中提醒、无人售票等的使用说明也需设置。乡村旅游区内部应为游客设计最合理时间内的最佳游览路径，以安全为前提，游线避免重复。

4. 自助导游服务设施建设

从旅游宣传手册、导游员、自助导游机、自助导游软件四个角度出发，全面建设推广自助导游系统，在各级旅游服务中心、旅游信息咨询点、景区信息咨询点、博物馆、车站、集散中心等区域投放信息触摸屏、耳机等设备，涵盖多语言景区讲解、语音视频播放、3D再现、GPS电子地图、GPS和RFID联合触发自助导游设系统。

编制目的地官方指南，并通过实体和网络两种方式进行投放。规划建设旅游信息咨询网站，实现旅游者重点活动区域WiFi全覆盖，推进移动终端APP开发，开通旅游特服热线。

二、旅游交通便捷服务设施规划

1. 旅游交通集散服务设施建设

交通集散服务设施建设一般结合旅游综合服务中心建设。集散服务设施建设分为两级，第一级可设置在市域范围内，功能性强；第二级设置在乡村旅游目的地，功能性较弱，能够提供所在区域内的相关服务及拓展服务。

2. 交通服务节点建设

包括汽车、自行车租赁点建设、河流（湖泊等）沿岸旅游码头建设、旅游停车场建设、自驾车服务体系建设以及主要旅游交通要道建设等。

3. 交通工具建设

除了飞机、火车、轮船、汽车等外部交通工具，乡村内部交通工具也必不可少。内部交通工具通常包括游步道（小石子路、栈道）、旅游环保车（电瓶车、双人自行车）以及特色交通工具。特色交通工具分为两种：一种是传统型的特种旅游交通工具。如马、驴、骆驼及各种畜力车等原始型交通工具，特种交通多用于人工痕迹很少的自然环境中，满足旅游者返璞归真、回归自然的心理需要。还有人力车、轿子、羊皮筏、乌篷船、雪橇等民俗型特种交通工具，使游客在娱乐中了解并汲取当地的民族文化。另一种是现代型的特种旅游交通工具。如索道、气垫船、热气球等，既减轻了旅游者的徒步之劳，也方便了观光游览，获得了新奇感觉，提高了客运量，加快了旅游者集散。

4. 软件配套建设

包括车辆租赁服务（汽车、自行车）、自驾车维修呼叫服务、旅游旺季交通保障机制等。

三、旅游安全保障服务设施规划

1. 旅游安全设施建设

（1）危险地带安全防护设施。在相关景区和旅游者活动区域，根据需要进行安全护栏、水上拉网、紧急避难点和安全出口等建设；重点部位配置消防防火等设施；根据需要，在危险地带和旅游者集中的区域，安装监控设备。

（2）游览游乐服务设施安全保障。包括交通工具、交通设施、游乐设施、水上游乐设备以及地面防滑处理、无障碍设施等应符合安全规定。

2. 旅游救援系统建设

建立旅游求救系统、旅游救援搜寻系统、旅游救援施救系统、旅游救援善后系统等，方便旅游者的信息及时到达相关旅游管理部门，以便及时找到遇到紧急情况的旅游者，并及时进行处理，最后妥善进行事故的善后处理，降低事故造成的不良影响。

3. 旅游安全预警系统建设

建立和完善旅游区安全说明及须知，在各景区入口和宣传资料上印有安全须知；水上项目等旅游区需安装安全广播；建设旅游气象信息共享平台和预报预警服务平台。

4. 旅游医疗救助体系建设

提升乡村旅游区医疗硬件能力，设立医务室，A级景区设置医疗救护站，配备专职医护人员、急救人员；在游客集中和有安全隐患的地区，包括水上娱乐区、山地度假区等，建医疗急救点；医疗急救点需要配备日常药品、急救箱、急救担架等。

四、旅游便民惠民服务设施规划

1. 旅游商业街区建设

打造特色旅游购物街区、夜间休闲街区、特色餐饮街区等。

2. 住宿点建设

根据游客特征和出行需求，建设主题度假酒店、经济型酒店、营地帐篷、特色民宿等等规模适度、档次结构合理搭配的立体住宿服务系统。

3. 公共休憩设施和旅游娱乐设施建设

公共旅游休憩设施和娱乐设施是满足旅游者以及当地居民对于休闲、旅游过程中的间歇性休息的必要性和基础性服务设施。

4. 旅游餐饮服务设施建设

满足旅游者不同层次的旅游餐饮需求。

5. 旅游购物服务设施建设

在相关重要旅游景区，结合服务中心建设旅游购物服务设施，配套旅游购物摊点建设。

6. 公厕建设

公厕设置在旅游服务中心、旅游景点及游览区内游人集中停留的地段，并根据景区级别设置不同级别的厕所。公厕建设可以参照《旅游厕所质量等级的划分与评定》（GB/T18973-2003）相关要求，符合"厕所革命"的相关理念。

7. 景区环卫设施建设

环卫设施建设要根据人流特征合理布局，系统规划，统一风格。

8. 特殊人群服务设施建设

为方便特殊人群的旅游出行，需要针对特殊人群的需要，建设相关的配套服务设施。重点包括：盲道、轮椅坡道、公厕无障碍设计、特殊游览线路设定等。

同步案例

山东省国际生态农场概念设计

——寿光国际休闲生态农场

依托享誉全国的寿光蔬菜产业品牌、悠久的农业种植历史和传统的农耕文化，寿光蔬菜产业控股集团通过融合农业和旅游业，以蔬菜种植业为基础，创意农业主题休闲产品，并通过建筑和景观风貌，打造具有荷兰小镇的风情特色，形成以现代农业体验和田园休闲度假为主，集农业生产、科普教育、商务接待、观光示范等多功能于一体的国际化休闲农场（图3-8），打造寿光旅游的标志性品牌和全国休闲农业示范基地。该项目的亮点有以下几方面。

（1）郁金香街——特色风情休闲社区。该社区是整个农场休闲度假区的重要组成部分，沿街建筑带有浓郁的荷兰乡村风格，主要包括特色商店、不同风格的餐厅、酒吧、咖啡厅以及花店、书店、精品店等等。

（2）农博馆+农技中心+综合管理中心——国际农业科技交流、展示中心。寿光农场农业博览馆分为展示大厅和会议厅，展示我国农业发展历史及寿光农业发展历程；也是农场以后召开大型会议、接待来宾、举办交流活动的主场所。农技研究中心主要进行农场主栽作物的品种选育、引种示范及推广、栽培技术、病虫害防治等的研究工作。综合服务管理中心包括农场的服务中心、管理用房、职工食宿以及停车场等服务设施等。

（3）绿领俱乐部。"绿领"是指从事环境卫生、环境保护、农业科研、护林绿化等行业以及那些喜欢户外的人们。绿领们虽然寄情于山水之间，但要享受顶级绿领生活，就要具备蓝领的体魄、白领的知识，这样，绿领们才能通过蓝天、白云和金色阳光创造出绿色的生活。

（4）德米特动力农场。划出一块独立区域，按照德米特有机农业生产标准进行农业生产，打造国际最高标准的有机农场，取得德米特生物动力农场认证，树立国际品牌。农场采用生物动力农业的耕种方法保证土地的安全和肥沃度，遵循"健康的土地→健康的植物→健康的食物→健康的人"理念，生产最高有机标准的农产品。

图3-8 山东寿光国际休闲生态农场景观效果图

项目三　打造乡村旅游景观

1. 知晓乡村旅游景观规划的概念，理解乡村旅游风貌景观建设的内容。
2. 能够根据所学知识，有效规划设计乡村旅游景观。

3.3.1　乡村旅游风貌景观建设

乡村旅游景观规划，简言之，就是指对乡村旅游地内的各种景观要素进行整体规划与设计，使旅游景观要素空间分布格局、形态与自然环境中的各种生态过程及人类行为和谐统一的一种综合规划方法。

一、乡村旅游建筑风貌景观建设要求

乡村旅游目的地建筑风貌景观建设应符合下列规定。

第一，按照乡村历史文化保护规划的要求，落实指定历史建筑、庭院或古树古木保护范围和管理措施。控制乡村建筑单体的造型、体量与风格，确保单体建筑风貌景观的整体协调，并能够体现地域文化特征。

第二，充分利用地形地貌，灵活组织建筑群体，提倡根据当地民居院落和街巷的组织形式进行建筑空间组合，防止出现"兵营式"等机械呆板的建筑布局模式。

第三，按照确定的建筑风格，合理选用建筑材料和建筑色彩，确保乡村建筑空间与所在地区的历史文化和田园景观环境相协调。规模较大的乡村可分组团设定建筑色彩，但宜保持组团间建筑色彩的整体协调。

二、乡村旅游目的地风貌景观建设内容

1. 引景空间

在乡村旅游区的土地利用总体格局中，应当开辟有专门的引景空间。在乡村游憩用地的空间格局中，设计专门功能的引景空间是十分重要的。所谓引景空间，是指旅游者从外部空间进入旅游区之前实现预体验（pre-experience）的特定空间，是联结世俗空间与旅游空间的缓冲地带。王衍用认为，引景空间的作用在于营造氛围，使游人收回思绪，消除杂念，渐入佳境，思想感情乃至身心与主景区的氛围、内涵逐步接轨，从而融汇到主景区的

氛围之中。

需要指出的是，在纯粹的经济利益驱动之下，许多乡村旅游区的引景空间被商业化，往往是摊贩林立、人声嘈杂、景观杂乱、卫生堪虞。乡村旅游区，特别是游览区的重要功能是"游"，其他功能如"购""娱"等应本着"小、散、藏"的原则布局，特别是在引景空间及其附近，更加不容占用或破坏。

2. 绿化景观

按照乡村的布局特点，合理安排广场绿地、防护绿地和其他附属绿地，使之形成有序的绿地网络，并与周围的山体绿化、滨水绿化和大地绿化形成一个有机的整体。

提倡绿化工作与果林、蔬菜种植和庭院经济发展相结合，尽可能体现农村居民点特有的绿化景观风格。采用其他树种布置绿地时，应尽可能使用抗性较强的乡土树种。

绿化布置方式应以自由式密植为主，突出当地的自然环境和生态景观效果，与建筑和管线交叉时，应根据树木的生长特点，合理确定树木与建筑物、工程设施和其他管线间的空间距离。

3. 节点景观

有条件的乡村，可通过门楼、小品或植物造景等手段突出入口景观。村口标志性建筑物应具有突出的地方文化特色，并能够体现自然、亲切、宜人的环境特点。

拥有河流、湖池的乡村，应在整治疏浚的基础上保留现有河道、水系的自然状态，并结合公共服务建筑的布置，营造以植物造景为主的滨水活动场地，取得突出的生态景观效果。

设置中心广场的乡村，应选择高大、树冠开展且具有一定观赏价值的乡土树种进行绿化，在满足庇荫功能的情况下形成比较突出的植物景观效果。

场地铺装、围栏、花坛、园灯、座椅、雕塑、宣传栏和废物箱等环境设施和小品设施，应满足形式简洁、尺度适宜、利于排水的要求，并保持风貌景观上的协调统一。

4. 农房建筑

农房建筑造型设计应结合地域文化和传统民居特点，按照因地制宜的原则丰富外观立面、优化内部功能，充分利用地方建筑材料，塑造自然和谐的农房建筑特色，防止出现呆板"火柴盒"式的建筑造型。

乡村内存在历史文化建筑时，新建的农房建筑应当与历史文化建筑风格保持协调。对既有历史文化建筑风貌进行维护或修缮时，应按照整旧如旧的原则，确保其历史文化价值和传统建筑风貌得以延续。

农房建筑设计应满足"安全、卫生、适用、美观"的基本要求，并根据地块条件采用平面和竖向较为规则、抗震性能较好的结构体系，以及有利于空间灵活分隔的结构形式。农房住宅建筑高度宜为2~3层，层高不宜超过3m，底层层高可酌情增加，原则上不超过3.3m。

> 关键词点击：乡村旅游景观规划　引景空间

3.3.2 乡村旅游景观之视觉设计

景观美学是根据美学原理研究景观艺术的美学特征和规律的学科。在乡村旅游景观规划设计时，可运用景观美学原理来美化乡村景观风貌。景观的视觉设计包括以下几方面。

1. 注重景观序列的设计

一连串景观的出现呈现一定次序及连续性，这就是景观序列。序列的设计可以把各个分散的景区景点串联起来，人在行进中就能自然而然地领略到不同的风光。各个景区景点之间怎样串联取决于景观设计"立意"，既可以按照"序景—展开—高潮—余韵"步步推进的节奏，又可以按照并列关系、对比关系等方式来布置。例如古典园林中的扬州个园后花园中四个不同风格的小园就是按照"春—夏—秋—冬"四景的景观序列展开的。在农业生态观光园景观设计中，景观序列多是按步道展开的，所以步道设计至关重要，步道最好形成环路，有明确的引导性，尽量避免尽断路的产生。

2. 注重景物的边界和焦点的设计

克体（Gretzer）和麦克多维尔（Mc Dowell）的研究表明，凡肉眼所注意的，大多为景物的边缘部分。例如水岸线、林缘线、山水轮廓、不同植物群落之间的分界线，这些都是景物的边界，它们常常给人留下深刻的印象。设计时需要充分考虑对原有地形的利用，这一点对于建在山地丘陵地带的乡村旅游区尤为重要。要对地形现状进行深入的调查和分析，合理根据各种地形地貌条件进行景观规划。对位于平原地区的乡村旅游区，则可以通过规划设计改造地形。例如，在设计中竹林林缘和水岸的处理方式是需要重点考虑的。在林缘处增加有层次感的花灌木植物带和地被植物带作为过渡，美化边界，水岸在设计时，应该注意景观的连续性和游憩空间的丰富性，将植被和游憩设施有机结合，形成具有整体风貌的水岸景色。

3. 凸显优美景观，改造消极景观

对于农村景观来说，并非天然就是美。一般而言，田间、林地的部分区域，天然植被显得很杂乱，此类景观被认为是不美观的。设计时要注意林相的抚育和地被植物的清理。同时通过适宜的植物配置，运用孤植、对植、列植、丛植、群植等集中配置方式，创造出特色丰富、富于变化的自然景观。而由于人类喜水的天性，大多数游客认为有水体的景观较美。乡村旅游地如具有天然的潭、池、滩地、溪流等各种水域景观的，设计中应该充分发挥不同水域段的特点，凸显水域特色美景。水体规划要与地形改造相结合，尽量做到土方平衡，以节约投资。河道和小溪的形状要注意有利于水体的循环，避免形成死水。为使水体稳定，一般需做人工驳岸，以自然式为佳，驳岸材料可选用自然山石或树桩，有的可以采用自然草坡植入水中。在突出水体造景功能的同时，也要考虑到水体的综合利用，如养鱼、种植荷花、睡莲、芦苇以及用于蓄水、抗旱甚至污水治理等。

4. 注重人造设施的自然风格设计

人造设施自然风格的设计包括了对具有乡土特色的传统民居风貌的保护和改造。对传统民居建筑，应本着尊重地方特色的原则，采取多种有效措施，延续历史文脉，保持传统风貌；保留原有的生态村落空间结构，恢复传统的整体布局。对新建的农家住宿设施，应充分考虑当地的自然环境和人文环境，设计出得体自然、和谐的农家建筑风格。因为乡村旅游区里的建筑景观，表现的不是建筑本身，而是其所在环境的地方景观特征。其营建的目的就是要强化和突出当地文化氛围，使其特征更鲜明动人。对其他设施进行设计时，应当注意与周围整体环境气氛的融合，赋予其恰当的色彩、造型与材质，又要具有地域特色。

> 关键词点击：景观序列

 **同步案例**

篁 岭 晒 秋

在婺源东部的篁岭，秋是不同的，这里的秋是要晒出来的。艺术家们纷纷前往汲取创作养分，并塑造了一个生动诗意的称呼——晒秋。

篁岭，隶属于婺源的一个小山村，是一座已有六百年历史的徽州古村，属于典型的山居村落，数百间粉墙黛瓦"盘踞"在矮矮山丘之上，高低起伏、错落有致，晒秋场景成为一张代言篁岭的明信片。每当日出山头，晨曦映照，整个山间村落饱经沧桑的徽式民居土砖外墙与晒架上圆圆的晒匾里五彩缤纷丰收果实的组合，绘就出世界独一无二的"晒秋"农俗景观。院场里、门前空地、农家屋顶，各种果实你方晒罢我登场。晒匾铺成一幅幅五色斑斓的调色板，显摆出归仓前最骄人的风采，如图3-9所示。

（资料来源：光明网）

图3-9　篁岭一景

[知识拓展]

乡村特色弱化问题

随着农村经济的不断发展，城镇化水平越来越高，乡村居民对生活现代化的追求与乡村传统的保持之间的矛盾越来越突出。尤其是那些近郊和平原地带先富起来的农村，与城市有着类似的规划布局、道路结构和建筑形式，有宽阔的广场、笔直的马路、带喷泉的公园、现代化的建筑等。从而导致乡村特色的弱化。

出现上述现象的原因有两个方面。

一方面，农民收入水平的逐步提高和居住条件的不断改善，使得他们开始追求与城市同质的现代化生活方式。如农民不自觉地把自家的建筑和硬件设施水准往城市靠拢，其建筑形式、材料应用、车库建造、空调安放等都与城市相类似。但是，这种城镇化的乡村景观、生活场景和设施设备颠覆了人们对乡村的传统认识，会使人觉得这种景观与传统乡村景观是相背离的。

另一方面，由于政府相关部门及规划从业人员对新农村建设的片面理解，造成了城市化式的"千村一面"。很多人认为农村只要建筑整齐排列、道路宽畅笔直就可以了，而忽略了乡土特色的营造。这不仅是乡村形象欠佳的问题，更是乡村旅游地的吸引力遭到破坏的问题。如甘南玛曲的阿万仓乡，那里有美丽的草原湿地——贡赛尔喀木道，是极具旅游吸引力的景观，但是村庄的规划毫无章法，兵营式的建筑布局，生硬的道路骨架，没有任何装饰的红房子红屋顶，与周围美丽的草原湿地景观很不协调，使得该地的旅游吸引力大打折扣。

[案例分享]

案例1

浙江凤桥镇全力打造"世外桃源"最美村落群

美丽乡村建设一直是凤桥镇全镇工作的重点之一。在2016年年初的重点工作动员会上，就明确提出要"全域提升、整乡推进"，着力打造美丽城镇。

枫桥镇"世外桃源"最美村落群建设项目涉及5个村，分别是凤桥镇的三星村、联丰村、永红村、大星村和茜柳村。据凤桥镇相关负责人介绍，该项目计划总投资6 000万元，预计将带动景区建设、房地产开发、老街改造等各方投资近5亿元，今年开始组织实施。该项目将根据凤桥镇自然、产业、文化、村庄等自然禀赋和人文资源，因地制宜，挖掘特色，相互衔接，配套集成，以特色农业产业"水蜜桃"为总基底，通过特色精品村落群和城乡一体新社区嵌入式的精心打造，将原本分散的景观相互串联成片，形成以梅花洲4A级景区为核心，以特色农业综合园区为引领，以江南水乡特色"美丽乡村"为亮点的景观带。

"在空间布局上，在围绕'三线八点'精品线和精品点的基础上，开展精品自然村落示范点建设，最终通过5个行政村的16个精品自然村落和城乡一体新社区示范点，串点成线，连线成片，聚片成带，形成以乍嘉苏高速公路为中轴线，贯穿凤桥镇域东西的两条美丽乡村最美村落群景观带。"该镇负责人表示。

（资料来源：嘉兴日报）

案例分析： 随着乡村旅游升级发展，乡村旅游景观建设也成为发展重点，而这种景观建设不单单落实在乡村旅游点上，还要从廊道、区域的角度进行整体考虑。以凤桥镇为例，凤桥镇美丽乡村建设将从"一处美"迈向"一片美"，从"环境美"迈向"发展美"，从"外在美"迈向"内在美"。从而凸显凤桥镇"世外桃源"之美。

案例2

象山茅洋：山水雅境中的美丽乡村

背靠苍翠青山的花墙村，道路两边花开正好，精致的院落里春意盎然。眼前二千余亩海涂，每天随着潮汐静悄悄地来，静悄悄地走，游客在此可观静如处子的海，还可以进行蟹虾捕捞等渔家休闲体验活动。如今，花墙村已经"墙内开花墙外香"，虽然拥有320张宾馆床位，在周末仍然一房难求。

岭脚村绿意如织的草坪上，一只白鸽停在靠椅上待你抚摸；动漫角色匹诺曹将长鼻子伸出窗外，一不小心被游玩的小朋友牢牢拽住不肯松手……一幅幅栩栩如生的墙体3D动画，将岭脚村装扮成了一个"童话世界"，吸引着一拨拨的游客。

晚上溪东村的灯光球场亮如白昼，村民正在里面锻炼。这个实行物业化管理的村庄，一眼望去以为是一个大公园，别墅鳞次栉比，建成了集中式居家养老服务中心和文化服务中心，是一个服务功能齐全、环境整洁美丽的高品位农村社区。

行走在象山茅洋乡的一个个村落，如同行走在一个个"景点"。近年来，该乡通过点线面结合、分类别推进、一体化创建，整乡推进美丽乡村建设，全域面貌焕然一新。成功创建市全面小康村7个、特色村1个、中心村1个，打造市级旅游精品线及象山县"山水风情"精品带13km，先后被评为省生态乡镇、省森林城镇、市幸福美丽新家园建设先进乡镇等。

（资料来源：中国象山港）

案例分析： 乡村景观本身具有意象性，同时也具有地方性。一个地域的乡村景观有其特有的风土风貌，乡村景观意象的地方性在于当地最本质的特色（即地域特色），是一个地区真正区别于其他地方的标志，是该地区特有的人文和自然景观的综合。

[创新思维]

1. 乡村旅游规划包括哪些内容，规划设计过程中需要注意哪些问题？
2. 乡村旅游设施建设包括哪些内容？
3. 乡村旅游景观建设过程中需要注意哪些问题？

[创新实践]

　　请选择一个你感兴趣的乡村旅游目的地，分析现有的发展旅游所面临的问题，并在对乡村旅游目的地综合分析的基础上提出发展规划建议。

模块四
焕然一新——乡村旅游形象塑造

模块概述

  乡村旅游形象的塑造关系着旅游吸引力的大小和游客满意度的高低，在乡村旅游目的地建设与旅游者的活动过程中不断得以展示和强化，良好的乡村旅游形象可以为目的地发展奠定坚实的基础。本模块从乡村旅游形象的概念和体系构成入手，结合案例分析乡村旅游目的地形象打造的方法和步骤，以及宣传、推广和提升的路径与方式。

学习目标

1. 理解乡村旅游形象的概念及结构并掌握塑造乡村旅游形象的技术要求及工作要点。
2. 能够结合乡村旅游资源和游客需求因地制宜地打造乡村旅游形象。
3. 能够有效推广并不断提升乡村旅游形象。

乡村旅游形象
塑造

案例导读

乡村博物馆：让散落民间的"珠宝"邮寄乡土记忆

　　一件件古老农具，一幅幅珍贵字画家书，一张张旧式桌椅……记者近日从成都来到了四川首个以乡村农具为题材的博物馆——绵阳市游仙区玉河镇乡村博物馆。坐落在玉河镇博爱学校里曾经不起眼的，被忽视，被遗弃，甚至被淡忘的古老农具们，犹如散落在民间的一粒粒"珠宝"，"装饰"着原本越发寂寥的乡村；也犹如一张张精美"邮票"，向子孙后代"邮寄"出父辈们在农耕时代的艰辛和质朴情怀，唤醒根植心底的乡土记忆。

　　近年来，随着农村城镇化进程的加快，特别是"5·12"地震灾后重建，在绵阳乡村，许多古建筑、石刻遭到毁坏，而许多农村家庭前辈传下来的家具、用品、农具也随着新房的建设而逐渐挥手告别昨天。这样的"告别"让许多即使出生在农村的孩子对自家的一些农具也一无所知，更不知道它们的用法。而如何寻觅祖辈们那段曾经光辉的历史，守住文明的根脉，留住乡村记忆，唤醒乡村情感，传承乡村文化，成了当地政府一直思考和正在进一步解决的问题。

　　从2013年落成起，博物馆的物件由少到多，由单一到多样化，目前两个乡村博物馆已经收集了2 000多件的物件，反映了玉河的历史和生产生活面貌。据文物专家估测，这些物件珍藏价值近上百万。"我们收藏的农具类物品100余件，而轮式水车、石碾子等物品在当今极为稀缺，几乎'灭绝'，而民间石匠、篾匠、剃头匠、弹花匠、木匠等即将失传的民间匠人工具也在博物馆内重现风采；还有那些图书画报，'小人书'能让参观者了解到祖先的智慧和本土厚重的历史，让60后、70后、80后找到情感共鸣，让90后、00后感到好奇新鲜。"玉河博爱小学副校长蒋元兴介绍。

　　乡村博物馆不仅是异乡游子的根，更是乡村文明坚守的魂。作为全省唯一一个以乡村题材为主的博物馆，也吸引着临镇村民和城市居民孩子们好奇的目光。近年来，博物馆吸引了上万名家长、学生和村民们前来参观。另一方面，博物馆收藏的物品不是"孤芳自赏"，而是大胆走出去，积极参加当地各种校园文化艺术巡展和流动博物馆巡展，让外界更多的人了解久远的农耕器具。

　　（资料来源：中国美丽乡村网）

　　[思考] 1. 四川绵阳乡村博物馆体现了哪些地域特点和乡村特色？
　　　　　 2. 乡村旅游博物馆旅游形象与旅游者需求是否契合？

项目一　乡村旅游形象的概念与特点

学习目标

1. 能够明确乡村旅游形象的概念与特点。
2. 能够了解乡村旅游形象的具体构成。

4.1.1　乡村旅游形象的概念

我国的旅游发展，经历了20世纪80年代的资源导向阶段、90年代初的市场和产品导向阶段、90年代中后期的形象驱动阶段。从20世纪90年代末开始，旅游形象研究成为我国旅游研究的主题，旅游特色形象成为一个旅游地脱颖而出、拥有竞争优势的重要条件。

形象是由人们所感觉到的客观要素在心中的组合印象。旅游目的地形象，是指旅游者对某一旅游地的总体认识和评价，也就是说人们在选择旅游地时把收集到的各种信息摄入脑中，形成对旅游地环境的整体印象，这就是人们对目的地形象的感知。

乡村旅游形象属于旅游形象的一种，乡村旅游形象可以说是旅游者在乡村旅游过程中，对乡村旅游目的地基础设施、服务水准、自然和人文景观等外在感知和内在感受的综合映像。简而言之，乡村旅游形象是人们对乡村旅游目的地的综合认识和总体评价。

> 关键词点击：乡村旅游形象

4.1.2　乡村旅游形象系统

在形象传播的商业时代，乡村旅游目的地的品牌化、企业化、商品化发展趋势愈加明显，乡村旅游地需要进行形象设计，使其内部形成一个"共同体"，外部成为既追求"利润"又具有良好形象的旅游点，这就要求建立明确的乡村旅游形象系统。

旅游形象系统（Tourism Image System，TIS），是企业识别系统（Corporate Identity System，CIS）在旅游形象中的具体表现，除了包含理念基础（Mind Identity，MI）、行为准则（Behavior Identity，BI）、视觉形象（Visual Identity，VI）三部分外，还包括听觉形象

（Hear Identity，HI）和风情识别（Folk Identity，FI）。

乡村旅游地的形象设计也应根据TIS的基本原理和程序进行，即先确定形象设计的理念基础，再对行为准则、视觉形象、听觉形象和风情识别等进行设计，最后对所策划设计的形象进行传播。

一、理念基础（MI）

乡村旅游地形象设计的理念基础主要体现在对旅游产品的创意、构思、规划与包装上。其最终目的都是为了适应形象导向的时代背景，通过宣传口号以及VI、HI、FI和BI的行销传播使旅游地形象深入到旅游者心中，从而增强旅游产品的吸引力，进而扩大市场占有率。因此，MI是旅游形象设计的核心和灵魂。旅游产品概念的内涵设计必须建立在广泛而深刻的理念分析基础之上。

具体来讲，乡村旅游地的理念基础应强调以下六大功能。

（1）旅游功能。建设特色鲜明、个性突出、内涵丰富的旅游地。

（2）生态功能。保持自然景观的完整性和生态系统的稳定性。

（3）文化功能。保持传统文化的继承性。

（4）空间组织功能。保持景观斑、景观廊、景观基的空间合理性和景观的可达性。

（5）资源载体功能。资源的合理开发和持续利用。

（6）居住功能。改善人居环境，提高村民的生活质量。

不同的乡村旅游地、不同的乡村旅游产品，由于文脉不同、自然特征不同、市场需求不同，理念基础也应有不同，有所侧重，以体现自己的个性和特色。

二、行为准则（BI）

BI是旅游形象的动态识别形式，是乡村旅游地资源的活性化，是实践经营理念与创造旅游文化的准则，主要包括以下两个方面。

（一）内部行为准则

乡村旅游地应通过对员工的组织管理、教育培训和规范行为等措施，使员工对旅游地的理念基础达成共识，增强凝聚力，从根本上改善运行管理机制。基本的行为准则应包括以下几点。

1. 真诚、自觉的服务

游客对乡村旅游地的满意程度除景观外，很大程度上取决于员工的服务态度。要建立良好的旅游形象，旅游地必须狠抓服务质量，以"客人第一""顾客就是上帝"为宗旨，发自内心地解决客人的困难和合理要求，对不合理的要求作耐心和委婉的解释，其目的是令游客感受到员工热情周到的服务。

2. 高效率的工作

员工工作效率也会体现旅游地的服务水平，从而影响旅游地的形象。因此，员工必须通过培训熟悉业务，达到上岗要求，这样旅游地才能高效运营和高效服务。

3. 科学的经营管理

旅游地要引入现代企业制度，明确责、权、利，奖惩分明等。

（二）外部行为准则

乡村旅游地应致力于提高其美誉度，树立良好的社会形象，可采取如下措施。

（1）定期举办诸如民俗表演、乡村节庆、民间艺术展等各种活动。如湖汉镇充分将音乐元素与本地旅游特色相结合，着力打造的"梅好时光"杨梅音乐节活动，特别邀请陈楚生、莫西子诗和《中国好歌曲》的学员倾情演绎，得到了游客的强烈反响。

（2）定期组织养老院、儿童福利院及残疾人士等免费参观游览，并开展联谊活动。

（3）若条件允许的话，可向灾区人民、希望工程等捐钱捐物。通过以上活动，乡村旅游地既能为社会尽一份力，又能树立良好的社会形象，还能通过新闻媒介的宣传扩大其影响。

三、视觉识别（VI）

VI既可以是TIS的静态识别符号，也可以是动态的识别符号，具有个体化、具体化、视觉化的传递特点，且涉及的内容丰富、层面广，表达效果更直接。

VI以视觉传播感染媒体，将旅游理念、文化特质、服务内容、企业规范等抽象概念转化为具体符号，形成一定的内外感应气氛，使用一定的传播媒介，把旅游产品推向社会，产生持续和轰动的效应。

乡村旅游地的视觉识别设计一般包括视觉符号识别设计和视觉景观形象设计。

（一）视觉符号识别设计

乡村旅游地的视觉符号识别应在MI的指导下进行构思与设计，但要注意其应具有科学性、艺术性和经济性的特点，一般来讲，它主要包括以下几个方面。

（1）旅游地名称。名称是游客认识旅游地的起点，因此应取一个好的名字，以提高旅游地的美誉度和认可度，产生强烈的吸引力。

（2）旅游地标徽。在有条件的情况下，可根据当地文脉、自然条件和形象传播受众的特点，进行旅游标徽的设计。

（3）标准字体。尽量使用汉字，若有外国游客，一般采用汉英双语。

（4）旅游纪念品。其设计应体现当地的乡土特色，地方性越浓厚，越独特，该地旅游形象的传播力就越强，因此应在民间手工艺品，如剪纸、印染、竹雕、竹编、陶瓷制品等方面下功夫。

（5）交通工具。尽量不要用现代交通工具，而应根据当地的资源和乡土特色进行设计，如马拉车、牛拉车、骑马、骑骆驼、坐轿、乘画舫、摇橹船等乡土交通工具，能起到很好的形象传播作用。

（6）户外广告。其形式主要有旗帜、条幅、标识牌、路牌或方向牌、导游图、灯具广告、模型广告等。户外广告的设计首先要考虑到与周围景观的和谐搭配，尽量选用木材、石料等天然材料，外观形式上要趋近自然形态。例如，由树干和树枝组成的指路牌比干冷的钢架、铁架路牌更能融入景区环境当中；对于古建筑群内的户外广告，形式要求古朴，色调要求凝重，以更好地与周围环境相协调。

（7）从业人员的视觉形象。其最直接最重要的是员工的服饰形象设计，一方面要体现地方特色，另一方面要符合员工的身份特征。

（二）视觉景观形象设计

视觉景观的美和吸引力是乡村旅游地发展的永恒要素之一，开发、设计、美化、发展乡村景观的视觉要素，是塑造乡村旅游地形象的重要组成部分。乡村景观主要由乡村田园景观、乡村聚落景观、乡村建筑景观、乡村农耕文化景观和乡村民俗文化景观构成。它们具有丰富的内涵，与城市景观形成了巨大的反差。所以乡村旅游地的视觉景观形象设计要突出乡村景观特色，挖掘乡村文化内涵，体现特有的乡村意象，重点放在景观斑、景观廊、景观基的空间组织布局和乡村文化的体验上。

四、听觉识别（HI）

听觉形象一般包括旅游地的语言、民歌、地方戏曲、背景音乐、旅游主题曲和宗教音乐等。一般来讲，旅游者对当地语言和独具特色的歌曲最感兴趣，而乡村旅游地自然景观独特，民族风情浓郁，文化底蕴深厚，具有很多值得挖掘的听觉形象素材。例如，宜兴湖㳇着力凸显音乐元素的魅力文化，在竹海公园、开元精舍、篱笆园、花果山等景点建设7个音乐广场，不定期开展各种特色的音乐主题活动等。另外还设计了"跟着声音，畅游深氧界"的二维码，游客扫描后即可听到风声、水声、竹林摇曳的声音和著名主持人对湖㳇的介绍。

五、风情识别（HI）

风情识别一般是指乡村旅游地中唯一具有并且能够成为该地区形象代表的节目或者活动。例如青海省有两个全国唯一的土族和撒拉族少数民族自治县——互助土族自治县和循化撒拉族自治县。在长期的历史发展过程中，各自形成了自己独特的文化传统、风俗习惯和生活方式，形成了各具特色的民俗风情。该地区风情识别系统设计如下。

土族风情：轮子秋、安召舞、宴席曲、七彩的服饰、醇香青稞酒以及独特的安召纳顿节。

撒拉族风情：具有中亚游牧民族特点的服饰、歌舞、饮食等。

> 关键词点击：旅游形象系统（Tourism Image System，简称TIS）

同步案例

台湾省桃米村纸教堂

桃米村位于台湾省中部，距离日月潭只有15min车程，原是一个传统的农业村。1999年的"921"大地震，桃米村369户中62%受到重创。在重新修复过程中，桃米村引入乡村旅游建设概念。并且以"纸教堂"的搭架体现桃米村的乡村旅游特色。发起人廖嘉展等将日本神阪大地震后鹰取社区的临时性教堂的做法加以引进，落户于桃米村。日本著名建筑师坂茂所设计的纸教堂（Paper Dome），外墙是采用玻璃纤维浪板构筑而成的长方形，内部则是长5m、直径33cm、厚度1.5cm的58根纸管，建构一个可容纳80个座位的空间。纸教堂，一方面寓意了物质与生命的脆弱性，另一方面也暗示着信仰的坚韧性，还能成为开展社区活动的场所。目前，纸教堂已经成为桃米村旅游形象最鲜明的VI标志。如图4-1所示。

图4-1　桃米村纸教堂

4.1.3　影响乡村旅游形象的关键因素

旅游者来到乡村，想的就是吃农家饭、住农家屋、干农家活、享农家乐，与大自然亲近接触，让清新的空气、泥土的气息沁入心脾，扫除平时工作生活的压力与忧扰。在此旅游需求背景下，乡村旅游形象也具有区别于传统大众旅游目的地的特殊要求。有以下几个方面。

1. 凸显地域化的旅游产品

地方性是指旅游目的地自身独特的地方特色，也是乡村旅游的生命线。表现为乡村性的建筑、服饰、食品、田野、果园、环境等自然物质方面和乡村的民俗传统、乡风乡貌、语言文化、制度规范等精神文化方面。

2. 特色鲜明的旅游主题

社会学认为，现代社会里人们生活在一个信息虚拟的世界之中，消费者的观念不同程度地带上了情感消费或者形象消费的特点，即越来越依靠主观感知来购买产品。鲜明的旅游主题一方面主导旅游产品开发的方向，另一方面有利于旅游主体对自身的诠释，进而影响旅游者对旅游目的地的选择和后续活动。如图4-2所示。

图4-2　特色鲜明的旅游主题

基于这一要求，乡村旅游目的地需要进一步整合乡村旅游资源，优化乡村旅游格局，着力深挖本土人文特色，大力打造主题突出、特色鲜明的优质乡村旅游龙头项目，促进区内乡村旅游联动发展，提升规模和品牌效应，擦亮乡村旅游的"招牌"，推动生态旅游业转型升级。

3. 良好的生态旅游环境

乡村旅游与农村生态环境应互促共进，良好的生态环境是发展乡村旅游的基础。乡村性生态环境是乡村旅游的内核，是乡村旅游的拉力源。乡村旅游得以存在和发展的根本就是乡村独有的人居环境、田园风光、民俗民风和生产活动等城市所不具备的要素。那些让人流连忘返的乡村旅游都是在乡村自然生态环境优越、人文生态景观丰富的地区发展起来的。如图4-3所示。

图4-3　桂林龙胜县龙脊梯田景区内江柳村

4. 完善的配套设施和良好的服务意识

乡村地区自然风景好，绿色景观多，空气新鲜，适合人们休闲旅游。然而有些乡村地区的基础设施配套落后，饮食卫生差，交通不便，服务质量差，这些都成为制约乡村旅游品牌树立和可持续发展的重要瓶颈。相比之下，拥有良好配套设施和服务意识的乡村旅游目的地既能够充分满足游客需求，也能拥有良好的口碑效应。

5. 系统综合的旅游管理

乡村旅游目的地区别于传统的旅游景区。传统的旅游景区发展往往依托优美的自然环境或者独特的文化资源，景区特点较为明确，且功能定位也较为清晰。而乡村旅游目的地是一个复杂的社会文化系统，不仅承担旅游功能，更需要承担传统农村聚落应有的社会功能。乡村旅游目的地的旅游管理更加复杂，既要协调景区发展与社区发展的关系，也需要协调乡村生态环境与景区旅游环境的关系；既要强调旅游服务与社区服务的融合，也需要强调农业产业与旅游产业的融合；既要保证乡村民俗文化的传承与发展，也要保证乡村地区旅游服务质量及服务设施的现代化。因此，系统综合的旅游管理也是乡村旅游目的地区别于传统景区的重要方面。

6. 持续有效的口碑效应

口碑效应是由于消费者在消费过程中获得的满足感、荣誉感而形成对外逐步递增的口头宣传效应，客户满意并不仅仅是对你的结果满意，更多的是对过程的满意。只有满足客户的要求，他们才会为你自觉自愿地宣传口碑。"一个满意的消费者是你最好的推销人员"。对于潜在游客而言，口传信息是更容易进入记忆且受干扰影响最小的信息。随着游客的个性化要求越来越多，游客消费日趋理性化，口碑传播效应作用力加大。

随着移动互联网时代的到来，一个人就是一个媒体平台，一个人就是一台短波电台，一个人就是一个传声器。在O2O时代，口口相传的人际传播，有温度、有态度、有立场，消费者更容易接受耳语带来的亲身感受。

综上所述，提升乡村旅游目的地的口碑效应，对树立旅游产品形象具有重要意义。

7. 精准有力的形象宣传

随着互联网的普及，大数据时代已经到来，精准营销已经越来越成为旅游业需要关注探索的营销模式。通过大数据分析，旅游经营者可以清楚地知道旅游行业的热点、淡旺季及不同季节的规律性变化和游客的兴趣点，并基于此开展有针对性的旅游形象推广，从而大大促进旅游业的发展。

 **同步案例**

山东沂水县泉庄镇农村公路绿化工程

沂水县泉庄镇从2014年4月开始栽植绿化苗木，美化绿化全镇农村公路网化工程涉及的村级公路（如图4-4）。目前，全镇完成新硬化里程45 km，路肩、泄水槽已整修到位，绿化里程20 km，剩余13.7 km正在进行中。

图4-4　山东泉庄镇公路绿化工程

　　在规划过程中，泉庄镇充分考虑发展旅游业的需要，规划建设了一条贯穿全镇15个村、覆盖全镇三分之二面积的环形生态观光慢游路，实现东观农业、西赏崮、北部采摘、中服务的乡村旅游格局，达到高路赏崮、低路亲水、可快可慢、路畅景美的效果。借助道路修筑，打造文化泉庄、诗意泉庄、生态泉庄、休闲泉庄，叫响"崮韵王风、花果之乡、天上王城、天下泉庄"品牌，带动当地经济发展和知名度提升。

　　在道路美化绿化过程中，该镇请临沂市旅游规划设计中心设计了网化"七彩之路"绿化方案，分区域、分路段栽植乡土观赏树种红叶碧桃、火炬、连翘、柳树、紫叶李、金叶榆等树种，坡峪村生态休闲观光路段绿化过程中栽植生态效益和经济效益结合较好的经济林植物——一号玫瑰，据了解，该品种耐干旱、耐贫瘠、抗病虫害、产量高、品质好，既能观赏又能提炼玫瑰精油，还可做玫瑰花茶，从而带动了当地经济发展，增加了农民收入，改善了生态环境，也促进了旅游业的发展。

　　据介绍，20 km绿化树种成林后，环形生态观光慢游路将形成一片绿意盎然、花开烂漫的景象，喜迎八方来客。为下一步建设生态休闲慢游区、发展乡村旅游、打造天上王城5A级景区打下了坚实的基础。

4.1.4　乡村旅游形象设计原则

　　良好的乡村旅游形象定位有利于提高旅游地的知名度，也有利于把握旅游产品开发及其市场发展的方向，为旅游消费者决策提供信息帮助。乡村旅游形象设计的原则有以下几点。

　　1. 地方特色原则

　　乡村的自然和文化旅游资源是乡村旅游地旅游形象定位和策划的基础和前提条件。乡村性是乡村旅游的基本属性，这一基本属性决定了乡村旅游地的基本范围和区域特点，同时由于交通、信息以及物质流通缓慢等因素的制约，使得乡村地区的民间文化、传统习俗、自然环境等资源保存较为完好、古朴，可极大地满足现代旅游者的审美需求和心理享受，为乡村旅游开发提供了坚实的基础条件。标识系统的设计要从当地地方文化中汲取精华，体现地方特色，具有独特性。在进行乡村旅游地形象构建时，地方文脉分析是必不可少也极为重要的。地方文脉的研究包含了乡村的自然和文化价值研究，也因此形象的定位也必须体现乡村旅游地的地方文脉特色。

2. 差异化原则

乡村旅游地形象定位反映了旅游地的资源品级和产品开发的前景，也为旅游区市场的正确定位提供参考。在各级政府为解决农村问题而鼓励大力发展乡村旅游的情况下，众多乡村旅游地的诞生使得不同旅游地存在旅游产品雷同的现象，使得同类旅游产品之间存在明显竞争，造成人力物力财力的浪费。只有通过差异化的、特色鲜明的乡村旅游形象策划，乡村旅游地才能发挥持久的魅力，形成各自的独特优势。

3. 综合性原则

旅游形象的规划设计是一项综合性的工作。为了让游客全面而深刻地认识与感受乡村旅游形象，就需要多方面的合作，包括生态、建筑、旅游、地理、艺术、民俗等多方的通力配合。这样，多方面背景下的旅游形象设计才能是科学而全面的。此外，由于旅游产品的不可运动性决定了产品需要旅游形象的传播为潜在旅游者所认知，并引导旅游者要获得愉快的旅游体验来影响旅游者的购买决策。旅游地的旅游吸引物是一种旅游产品形式，各种吸引物形象的综合形成旅游地的总体形象，因此在构建乡村旅游地形象时必须与旅游产品策划相结合。

4. 系统性原则

乡村旅游地形象设计是一项系统工程。构成要素之间有一定的层级关系和组织构架，从而以整体的形象展示在旅游者面前，因此，在规划设计时要有全局观念，把个体特征统一到整体的风貌形象中去，达到整体上的最佳状态，实现乡村旅游目的地的最佳形象设计。同时，要在内容和功能上相互补充，构建一个类型多样、功能完备的乡村旅游形象体系，实现形象系统整体效能优化。

5. 生态美学原则

生态美学是建立在生态人文观基础上的一种具有生态哲学意义的美学概念。生态美包括了自然美、生态系统和谐美和艺术与环境融合美。乡村旅游形象设计以生态美法则为指导，尊重自然，尊重乡村旅游地原始风貌，使生态美学完美地融入乡村旅游形象设计之中。

6. 游客可接受原则

旅游地形象的传播对象是旅游者，在定位旅游地形象时，旅游受众调查和市场分析是必不可少的环节。旅游地形象的构建，其目的也是为了更大限度地开发潜在旅游市场，让游客更清晰、更方便地了解旅游地的特点及其独特之处，从而诱发其旅游动机。因此，乡村旅游地形象定位应当充分考虑旅游者是否能够接受的心理。

项目二　打造乡村旅游形象体系

1. 能够针对旅游目的地特点设计合理的乡村旅游形象体系。
2. 能够对乡村旅游形象体系进行科学管理。

4.2.1　乡村旅游地形象的现状调查与识别

乡村旅游形象，是旅游规划的组成部分。良好的旅游地形象有利于旅游品牌的形成和旅游吸引力的增强。乡村旅游形象体系的打造是实现乡村旅游可持续发展的重要环节。

乡村旅游目的地一般拥有较长的发展历史，且旅游目的地地方性特点明显。因此，在旅游形象定位确定前，应调查现有旅游者对乡村旅游目的地特有文脉特征和自然景观特征的印象感知，为后期旅游形象定位提供经验借鉴。

乡村旅游地形象现状的调查内容有以下几个方面。

1. 乡村旅游地知名度和美誉度调查

知名度是指旅游者对旅游目的地识别和记忆的状况。美誉度是指旅游者对目的地的褒奖、赞誉、喜爱情况。

调查旅游者对乡村旅游目的地的了解程度、喜爱程度，即调查旅游地的知名度和美誉度等。从而有利于旅游营销策略的制定和实施。

2. 乡村旅游地感知形象调查

所谓乡村旅游地感知形象是指游客对乡村旅游地各类要素的体验感知及情感评价的综合，代表了游客对旅游地的真实感受。在旅游决策和旅游行为理论中，旅游感知形象是影响潜在旅游者做出旅游目的地选择的重要因素。

乡村旅游感知形象的测量可以采用结构化和非结构化两种测量方法。比较常用的结构化方法倾向于实地调查，如对游客进行问卷调研，围绕主题深入展开研究，维度划分如表4-1所示。非结构化的测量方法，主要结合网络信息进行分析，如游记、点评、博客等，这些信息往往能表达游客的最真实感受，网络信息分析也是一种常用的调查手段。

通过调查，了解旅游地在旅游者心中具有怎样的形象，以及为什么会形成这样的印象。可以及时发现旅游目的地旅游形象定位是否与游客实际感知到的形象存在差异，进而为更合理的形象定位提供依据。

表4-1　乡村旅游地感知形象维度划分

感知形象类型	感知形象维度	感知形象类型	感知形象维度
认知形象	乡村旅游活动形象	情感形象	安全的
			拥挤的
	乡村旅游资源形象		气氛轻松的
	旅游设施形象		安静的
	旅游服务形象	意动形象	形象满意度
	旅游价值形象		旅游满意度
			重游意愿
	乡村环境形象		推荐意愿

3. 乡村旅游地形象的信息来源调查

信息来源主要包括互联网、报纸、电视广播、亲友介绍、旅行社宣传等渠道。

关键词点击：乡村旅游形象感知

 同步案例

济南朱家峪乡村旅游形象调查

朱家峪距山东省会济南市约45km，在章丘明水城东南5km处，被称为"齐鲁第一古村，江北聚落标本"。朱家峪在2005年被评为"中国历史文化名村"，目前，古村落作为景区进行管理，大部分村民已搬到0.5km之外的新村。

朱家峪旅游因2008年电视剧《闯关东》的播放而火爆。2014年上半年，朱家峪顺利完成一期、二期的改造提升工程建设，成为设施完整、特色鲜明的文化旅游地。景区依托朱家峪古村文化、闯关东文化和知青文化，借鉴主题公园建设理念，实现三种文化的进一步融合，由观光型旅游向观光、休闲和参与相结合的体验型旅游过渡。

朱家峪是济南乡村旅游目的地的典型代表，互联网上有大量和朱家峪有关的游记及评论，便于分析游客对朱家峪的形象感知。通过在百度、同程网、携程网、大众点评网等网站上以"朱家峪"为关键词进行搜索，收集关于朱家峪的点评和游记资料。出现频次最高的词为"村庄"，这代表了游客对朱家峪最直观的感知，也符合朱家峪"齐鲁第一村，江北第一标本"的宣传形象。"闯关东""拍摄""电视剧"等词汇也位于前列，表明《闯关东》这部电视剧为朱家峪的宣传起到了很好的推动作用，很多游客通过这部电视剧知道了朱家峪，由此产生

了游览动机。"景点"一词排在第6位，较为靠前，但是朱家峪的具体旅游景点出现的频次不高，其中排名最高的是"桥"，其次分别"体验馆""家祠"，"山阴小学""女子学校"等具体旅游景点出现的频次较低，除了与景点较小有关外，主要原因在于其宣传较少。"齐鲁""济南""章丘"等地标性词汇代表了游客对朱家峪地理位置的理解；另外，"煎饼""野菜""工艺品"等词汇代表了朱家峪的特产，这些都是游客比较关注的对象。

4.2.2　乡村旅游地旅游形象定位

乡村旅游形象定位是指在对乡村旅游资源、旅游环境和旅游条件分析的基础上，着重于对今后发展起长期、稳定、根本作用的因素进行综合分析研究，并对该地区的旅游业进行定位。通俗讲就是在旅游消费者心目中要树立一种既能体现本地旅游文化内涵，同时又很鲜明、独特的形象，让旅游者流连忘返，并且能有效地避免"形象背离""形象缺位""形象消极"等问题。

一、乡村旅游形象定位要求

1. 突显区域精华

乡村旅游形象定位反映了旅游地的资源品级和产品开发的前景，也为旅游区的市场正确定位提供参考。目前，众多乡村旅游地存在旅游产品雷同现象，同类旅游产品之间存在过度竞争，只有通过差异化、特色鲜明的形象定位，乡村旅游地才能发挥持久魅力。因此，旅游形象定位既要体现当地自身的旅游资源特色，又要体现富有个性的旅游形象。

2. 富含文化底蕴

文化内涵的承载是旅游产品的生命力，地域文化特征是构成品牌的最基本条件。旅游产品是旅游文化的载体，在竞争激烈的旅游市场上缺乏文化内涵的旅游产品将难以立足，挖掘文化内涵，提升旅游产品的品位和质量，是增强其市场竞争力的重要举措。旅游形象定位中，应充分挖掘旅游地区深厚的文化内涵，使其成为一个具有持续吸引力和生命力的旅游胜地。

3. 突出市场原则

许多研究认为，影响旅游者决策行为的不一定总是距离、时间、成本等一般因素，旅游地的知名度、美誉度、认可度或其他因素可能更为重要。因此，许多旅游消费者在面对众多而陌生的旅游地时，常常表现的犹豫不决，旅游地形象的建立则增强了旅游地的识别度，使旅游产品被形象、生动地表现出来，为旅游者做出决策提供了信息帮助。因此乡村旅游形象定位需要从旅游者角度透视和设计目的地整体形象。

二、乡村旅游形象定位方法

在乡村旅游形象定位中，把影响旅游形象的重要因素归纳为四个方面：地方文脉、资源条件、区位因素、战略管理。在这其中，资源条件又是最重要的因素，是整个乡村发展旅游、宣传旅游形象的起点。

根据乡村旅游形象影响因素的组合情况，可以把乡村旅游形象定位的方法分为两种方式，一种为综合型定位，另一种为特色型定位。具体分析如下。

1. 综合型定位

在一些乡村旅游目的地，其旅游形象影响因素之间相对平衡，众多的资源要素都比较优越，因而在形象定位总体选择上很难有特别偏重的方面，需要采取一种兼容并包的大概念的总体定位，这种方式就是乡村旅游形象的综合型定位。

2. 特色型定位

虽然综合型定位具有概括性强、包含内容广的优点，但对于绝大多数乡村旅游目的地而言并不适用。只有充分认识到自身具有的独特优势，并合理地将其诠释和宣传出来，才是众多乡村旅游形象定位的正确方式，这就是特色型定位方法。特色型定位，是以影响乡村旅游形象中最重要、最具吸引力的因素为重点，进行的旅游形象定位。

三、乡村旅游形象定位的基本过程

吴必虎先生认为，区域旅游形象的建立一般包括前期的基础性研究和后期的显示性研究。基础性研究包括地方性研究、受众调查和分析、形象替代性分析等；显示性研究主要是讨论、创建旅游形象的具体表达，如理念识别、视觉符号以及传播口号等。同样，乡村旅游形象建立的基本过程也包括前期的基础研究和后期的展示（如图4-5）。乡村旅游地旅游形象的实现过程中，地方文脉分析占重要地位。

（一）乡村旅游形象基础性研究

1. 地方文脉分析

地方文脉分析主要是对乡村旅游地的资源特色和传统的民俗民间文化或后期形成的乡村社区文化等进行分析，试图寻找区别于其他地区的乡村环境氛围特性和具有代表性的旅游地本质。文脉分析在旅游地形象建立中具有基础性和重要性的地位，因为形象的内容源自文脉。同时，在乡村旅游形象设计中，地方文化的渗透是关键，也是旅游形象的灵魂所在。

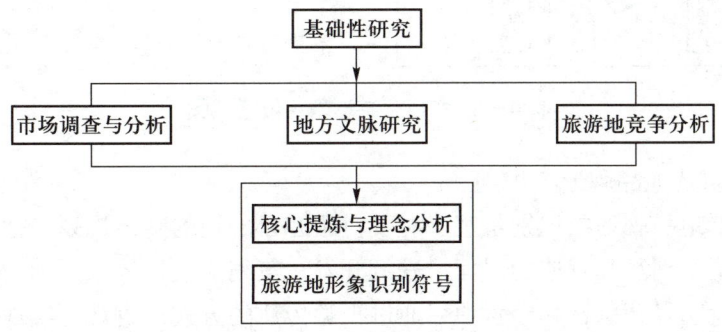

图4-5 乡村旅游地形象定位的基本过程图

2. 受众调查与分析

市场调查分析是为了研究和分析旅游者对旅游目的地的总体印象，它是经营者选择旅游地形象宣传口号的基础和前提，通过调查确定旅游地形象，目的是满足潜在旅游者的预期心理。

3. 形象替代性分析

旅游地竞争分析目的是为了体现旅游地的个性化与差异化。旅游地之间难免存在竞争，同时旅游者对旅游目的地认知的过程中，存在"先入为主"的效应，因此，策划旅游地形象定位时必须进行竞争性分析，以免被其他同类旅游地的形象所遮蔽。

（二）乡村旅游形象显示性研究

1. 乡村旅游形象定位模式

乡村旅游地形象的客体是乡村区域，而主体包括规划设计师和旅游者。设计师要完成旅游地形象的基础信息分析—核心理念提炼—形象包装的全过程，而旅游者则是完成对旅游地形象的评价。图4-6为乡村旅游形象定位模式图。

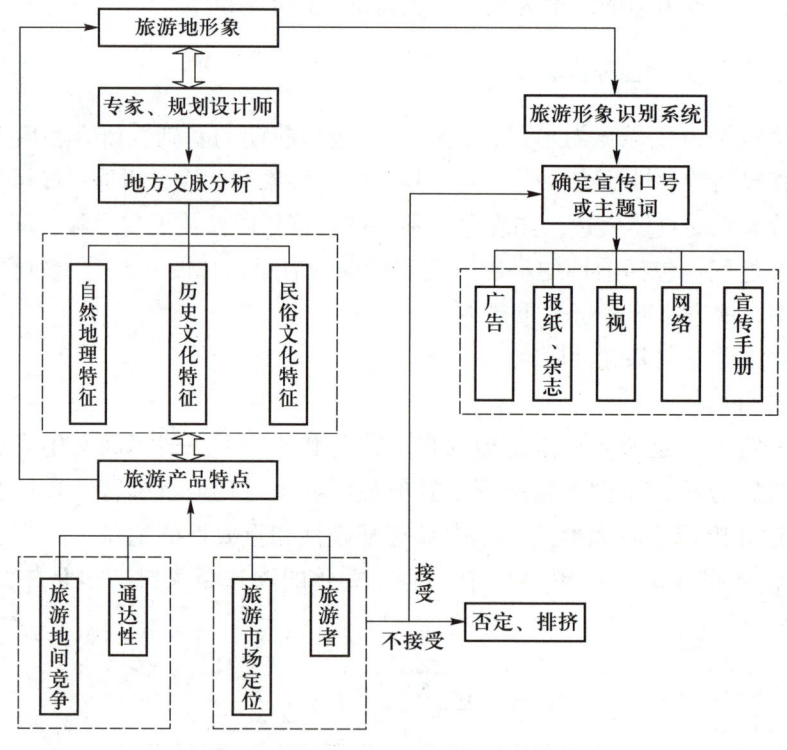

图4-6　乡村旅游形象定位模式图

2. 乡村旅游目的地品牌形象识别

乡村旅游目的地品牌形象识别是基于对乡村旅游目的地的整体规划，把视觉部分的调研分析和设计定位提升到品牌营造的层面，进行开发、策划、设计等一系列的过程。其核心是将品牌的经营理念、经营宗旨和经营项目通过视觉传达的方式，直观地表现出来。

旅游目的地品牌形象识别是一套严谨、清晰的识别系统，其构成要素由旅游目的地的基础项目与应用项目组成，基础项目包括名称、标志、专用字体、色彩、吉祥物、口号等；应用项目主要有宣传册、信纸、广告、包装、纸袋等。

3. 乡村旅游形象口号设计

形象定位的最终表述，往往以一句口号加以概括。口号是旅游者易于接受和了解旅游地形象的最有效方式之一。口号内容的设计要注意以下几点。

（1）地方特征。内容源于文脉，口号的实质内容来源于地方独特性文脉，要提取地方性的元素充实到主题口号中。

（2）行业特征。口号设计要充分了解游客的心理需求和偏好。

（3）时代特征。口号语言风格要紧跟时代，反映旅游业的热点、主流和趋势。

（4）广告效果。具有广告词的凝练和生动，能给游客留下深刻的印象。

> 关键词点击：乡村旅游形象定位　乡村旅游目的地品牌形象识别

4.2.3　乡村旅游地旅游形象设计

旅游地形象代表着区域内从自然环境到社会环境、从物质到文化、从地方整体到企业个体等多方面的综合形象，其形象系统构成比传统意义的企业识别要复杂得多。

对于乡村旅游目的地，其旅游形象的塑造包括以下五个方面。

一、物质景观形象

旅游目的地的物质景观形象包括背景景观形象、旅游区景观形象和乡村物质景观形象。

1. 背景景观形象

背景景观形象是旅游区的依托，无需太多的设计和改造。在旅游开发过程中，应尽可能维护和强化原赋资源的特色，避免环境污染和旅游资源破坏。

2. 旅游区景观形象

旅游区景观是指区域资源赋存和景观条件最突出的地段。旅游区景观形象的塑造要注意对原赋资源的保护，服务设施不仅要满足实用功能，还要充分体现艺术性和景观功能，优化旅游区的景观形象。如图4-7所示。

3. 乡村物质景观形象

乡村物质景观形象主要通过乡土建

图4-7　江西省上犹县桃花坞景观设计

筑、乡间小路、村民活动场馆、环境绿化等内容体现出来。

二、社会文化景观形象

当地居民的居住、生产、生活等活动构成旅游目的地的社会文化景观，例如地方风俗、民族文化、服务形象、居民行为等。

三、核心地段形象

凡是旅游者在乡村所到过和活动过的地方，都会影响他们对乡村形象的感知，这些地方给予游客的感受各有不同，有的地方感受比较强烈，有的地方则相对较弱。根据乡村内部各功能区对游客形成形象认知所起作用的差异，可以将其旅游形象的空间结构划分为核心区与边缘区，所谓的核心区包括以下几个方面：第一印象区、最后印象区、光环效应区、地标区等四类。核心区的视觉形象设计是旅游视觉形象设计的重点。具体分析如下。

1. 第一印象区

旅游者到达旅游吸引物、交通中枢或服务基地时最先感知到的地区。

2. 最后印象区

游客离开旅游地或者某个吸引物时，其最后所感知到的地区。

一般来说，第一印象区给游客好形象的意义大于最后印象区，最后印象区给游客坏形象的意义大于第一印象区。第一印象区与最后印象区在很多情况下会发生重合。

3. 光环效应区

指对旅游地整体形象具有决定性意义的地方。

4. 地标区

指旅游地中拥有唯其独有、标志性形象特征的区域。与第一印象区有着同等地位。

四、乡村旅游地行为形象

乡村旅游地行为形象设计包括对内行为形象设计和对外行为形象设计两部分要素。

（一）对内行为形象设计

1. 政府行为形象

政府行为形象是影响乡村旅游形象的重要方面。首先，旅游管理部门必须充分发挥其职能，保证旅游业的健康、持续发展；其次，全面整顿旅游市场秩序，加强行业管理，培育完善的旅游市场体系，引导旅游企业有序竞争；再次，帮助旅游企业解决实际问题，促使其不断提高经营管理水平，提高经济效益。

2. 企业行为形象

旅游企业行为形象的设计应反映了乡村旅游目的地发展理念的行为规范及规章制度，旅游企业员工从外在的仪容仪表到内在的精神风貌都应遵从一定的企业文化理念。

3. 居民行为形象

居民的地方性形象是乡村吸引旅游的重要因素，也是旅游满意水平的重要支撑，乡村居民不是以取悦旅游者为生存之目的但却又与旅游者满意度紧密相关，其形象是当地特性、当地精神的体现。

4. 其他旅游者行为形象

旅游者在旅游的过程中还会受到其他旅游者的影响，可以将其他旅游者划分为三类：与旅游者结伴同行的亲朋好友；团队旅游中的其他成员；旅游地中不相识的其他旅游者。这三种人在旅游过程中都有可能与旅游者发生相应的人际关系，从而影响旅游者的感受。

（二）对外行为形象设计

1. 旅游事件

旅游事件由于在事件发生期间出现的高强度、多方位、大规模的宣传活动以及由此所引起的广泛关注形成了巨大的轰动效应，能够使更多的人通过各种媒介或实地游览对乡村旅游目的地留下深刻印象，从而在短期内强化乡村旅游地的形象。

2. 公共关系活动

公共关系活动包括传播信息、联络感情、改变态度和引起行动等方式，如开业剪彩、周年纪念、庆功表彰、重要仪式、赞助活动、举办文化体育竞赛评选活动、企业开放日、名人示范举措、危机公关、新闻发布会等，其目的是通过这些活动树立乡村旅游地的旅游形象，提高旅游目的地的知名度和美誉度。

五、旅游地视觉识别符号系统

主要包括旅游地名称、旅游地标徽、旅游地标准图片、旅游社区的视觉形象、旅游企业的视觉形象等。

 同步案例

北京密云不老屯镇不老宴

不老屯镇现有80岁以上老人631人，90岁以上57人，是典型的长寿地区。要说"不老养生宴（如图4-8）"的由来，还得从这里储量一亿多吨的麦饭石说起。麦饭石在明朝李时珍所著的《本草纲目》一书中便有记载，它富含对人体有益的多种微量元素，可调节人体新陈代谢，增加食欲，促进循环，有助于排除人体内的有害物质，延年益寿。

史庄子村：清炖鲢鱼头、柴鸡炖山蘑

史庄子村，产有水库鱼、板栗、柴鸡蛋、山蘑等特色产品。这里的菜品少不了鱼，最地道的是清炖鲢鱼头，用麦饭石水和老式大柴锅炖制两三个小时，不仅味道鲜美，还能提供丰富的胶原蛋白，健脾补气。柴鸡炖山蘑也是一道特色菜，蘑菇是老乡们上山采来的，在自家院里晾晒，做出的菜口感纯正，气味醇香，内含丰富的蛋白质、维生素和钾、铁、钙、磷、

图4-8　北京密云不老屯镇不老宴

镁等多种微量元素。

黄土坎村：黄土坎鸭梨、鲜榨贡梨汁

来到黄土坎村，当然要尝一尝这里的"贡梨"——黄土坎鸭梨。这里日照充足、气候湿润、昼夜温差大，产的鸭梨含有丰富的微量元素，能抗氧化，咬一口放一夜后，仍不变色。这也让黄土坎鸭梨有了"梨中之王"的美誉，早在乾隆年间就成为进贡品。"鲜榨贡梨汁"不仅色泽诱人，入口甘甜，而且润肺清燥，非常适合在干燥的秋日饮用。

不老屯村：不老黄金面、柴锅大包子

不老黄金面用当地种出的玉米经筛选后加温轧制成形，轧出的面条劲道可口，再搭配上自选的农家卤，往往是吃了还想吃。不老屯村的云峰农庄研发出四款碗肉菜肴，包括鱼肉、猪肉、豆腐、干菜等系列。其中鱼肉系列将鱼唇、鱼尾、鱼头等分装到碗，不仅吃法新鲜，还有很高的营养价值。

（资料来源：中国美丽乡村网）

4.2.4　乡村旅游地形象管理

乡村旅游品牌形象树立之后，可能会出现许多新矛盾和新问题。若要实现品牌形象的长远发展，需开展严格高效以及长期性的品牌管理，加强营销和质量管理等工作，提升乡村旅游品牌形象，创造良好的社会价值和经济价值。

在实际操作中，乡村旅游形象管理部门应该从乡村旅游形象调查分析诊断、乡村旅游形象导向、乡村旅游形象定位、乡村旅游形象主题确定到乡村旅游形象的设计、传播、评价等方面，切实担负起监管的责任。主要包括以下四个方面。

一、常态管理——建立乡村旅游形象信息系统

乡村旅游形象信息是反映乡村旅游形象的外部和内部环境及形象营销、评价、管理的现状和特征的各类信息、数据的总称。

乡村旅游形象信息系统主要由4个子系统组成：内部报告系统、形象信息情报系统、形象信息调研系统和形象信息决策支持分析系统。①内部报告系统主要用于乡村旅游形象策划、营销、评价和管理人员提供乡村旅游形象内部运营的"结果资料"；②形象信息情报系统则用于向乡村旅游形象决策人员提供乡村旅游外部环境的"变化资料"；③形象信息调研系统用来设计、搜集、分析与乡村旅游形象特定营销环境有关的资料和研究结果，用以开展、修正和评估与乡村旅游形象相关的活动，监视乡村旅游形象绩效；④形象信息决策支持分析系统，是通过收集和解释形象经营及环境中的相关信息，并将之转化为现实的形象活动。在实际运作的过程中，这四个子系统从乡村旅游的内、外部环境中收集各种形象信息，形象信息经过信息系统加工后传输给旅游形象相关管理部门，作为形象决策的依据。

二、动态管理——追踪监测乡村旅游形象状态

在市场经济的动态竞争条件下，乡村旅游形象状态将会随着市场吸引力和竞争实力的变化而变化，会在较差状态、一般状态和良好状态三个状态之间相互转换。从经营战略管理的角度讲，旅游形象处于不同状态时采取的战略应该分别是扩张战略、稳定战略和收缩或撤退战略。

较差状态时，一是应该更新观念，调整形象战略，明确形象导向模式，采取切实可行的形象实施策略，实行有效的具体措施；二是进行战略性策划，以发展促调整；三是引入新的形象理念，创新形象发展模式。

一般状态时，一是应该审视乡村旅游目的地的旅游环境条件，进行总体形象战略的调整，增强旅游发展动力；二是强化旅游竞争机制，实行优胜劣汰，扶持优势产品、优势企业、优势功能区的发展；三是构筑新的乡村旅游框架，延伸旅游产业价值链，提高乡村旅游的综合实力。

良好状态时，则需要实施形象领先者战略，进行长期的战略性规划，积极培育形象品牌，扶持特色产品，将优质企业和优势项目做大做强，促进乡村旅游全面发展。

三、危机管理——避免和减轻危机事件的影响

乡村旅游形象的危机管理是针对乡村旅游形象危机信息和危机事件提出的，如公共卫生危机、恐怖事件、严重治安问题等。从危机产生的根源来划分，可以将乡村旅游形象危机分为旅游业受波及引起的危机和旅游业内部的危机两大类。旅游业受波及引起的危机，是指发生在其他行业里的危机产生的负面影响波及旅游行业，使旅游业客源骤减、乡村旅游形象受损，如战争、金融风波、恐怖主义、公共卫生危机等。旅游业内部的危机，是指发生在旅游业运营的范围内，直接对游客或旅游从业人员产生威胁、影响旅游活动的危机，如针对游客

的恐怖袭击、饭店火灾、旅游娱乐设施发生意外等。从总体上看，危机事件主要通过三个因素影响旅游业：安全性因素、社会经济性因素和物质性因素。

乡村旅游形象危机管理是指为减轻甚至是避免危机事件给乡村旅游形象带来的严重威胁，通过危机研究、危机预警和危机救治，以恢复旅游经营环境、恢复乡村旅游消费信心为目的，而进行的非程序化的决策过程。乡村旅游形象危机管理体系包括政府（主要是旅游主管部门）、旅游企业、旅游从业人员、公众（旅游者）等多个行为主体；危机管理主要途径包括沟通、宣传、安全保障和市场研究等多个方面。以下从4个方面来阐述危机管理的内涵。

1. 政府危机管理

政府是危机管理的核心。政府危机管理是指政府为预测和识别可能遭受的形象危机，采取防备措施，阻止危机发生，并尽量使危机的不利影响最小化的系统过程。具体说来，政府旅游形象危机管理包括以下几个阶段和主要任务：①在危机前兆阶段，致力于从根本上防止危机的形成和爆发，或将其及早制止在萌芽状态；②在危机紧急期和持续期，致力于危机的及时处理和化解；③在危机解决阶段，及时地进行危机总结。

2. 企业危机管理

实践表明，企业成功的一个重要因素就是有完善的危机管理体系。旅游企业的危机管理包括以下几个方面：成立企业危机管理的领导机构，建立企业危机管理制度；建立企业危机预警系统和危机应对处理机制；培养和强化企业管理人员与员工的危机意识；及时评价企业应对危机的计划、决策，建立完善的危机学习机制；与媒体和公众有良好、高效的信息沟通系统。

3. 从业人员危机管理

从业人员的危机管理包括：树立危机意识，正确认识危机；主动承担社会责任，积极参与政府和企业的危机救治；加强职业培训与学习。

4. 公众（旅游者）危机管理

危机事件不仅是对政府能力的挑战，更是对社会公众的考验。在通常情况下，社会公众是危机事件直接被威胁的对象（如图4-9）。因此，公众也应该成为危机管理系统当中的积极参与者，这样才能最大限度地吸纳各种社会力量，调动各种社会资源共同应对危机，形成完善的危机应对网络。

图4-9　旅游安全管理尤显重要

四、优化管理——提升乡村旅游形象功能

乡村旅游形象优化管理的核心体系是理念形象、战略形象与技术形象。理念形象是对形象体系、形象战略的归总和提升。战略形象是对乡村旅游形象的长期谋划和思考。技术形象是具体操作实施中的形象策略。

乡村旅游形象优化管理的最终目的是在让旅游者满意的基础上，让其拥有一次圆满、成功、值得回味的旅游经历。作为乡村旅游形象的管理者，应从乡村旅游形象认知调查的过程入手，积极发现现实形象中的各类问题，并找出关键问题所在，从而制定切实可行的有效措施，以提高旅游者的综合满意度。

项目三 宣传与提升乡村旅游形象

学习目标

1. 能够结合乡村旅游形象传播的特点，分析乡村旅游形象传播策略。
2. 能够全面地对某乡村旅游目的地提出旅游形象提升建议。

4.3.1 乡村旅游形象传播

特色鲜明的旅游形象，能建立起旅游产品与旅游者之间的需求关系，满足旅游者多种精神需求，使旅游品牌形象与旅游者认知相符，满足旅游者的期望，进而产生心理上的亲近与喜好。

乡村旅游形象传播，是旅游经营者通过各种宣传媒介和形式，对旅游地商品、服务和观念等信息进行群体化、社会化的传播，从而有效影响公众对乡村旅游地的形象认知，最终达到促成旅游地营销计划的活动。

一、乡村旅游形象传播特点

1. 系统性

乡村旅游形象传播作为一个系统，包含了五个方面的要素：传播者（传播主体、信息源、发信者）、受传者（潜在和现实旅游者）、信息、媒介和效果。乡村旅游形象传播完全符合传播学的"5W"模式，即Who（谁）、Say What（说什么）、Through Which Channel（通过什么渠道）、To Whom（对谁说）、With What Effect（取得什么效果）。

2. 连续性

根据旅游者的消费心理和行为特征，旅游地形象传播可以在旅游者旅游的不同阶段（游前、旅行途中、抵达旅游地），采取不同的传播载体（如广告、公关等）组合，进行旅游地形象的传播。旅游形象只有在不断的传播中才能得到进一步的提升。旅游目的地形象传播是一个有计划的完整过程。

3. 互动交流性

旅游目的地形象传播是一种双向信息交流与信息共享的过程。如图4-10所示。

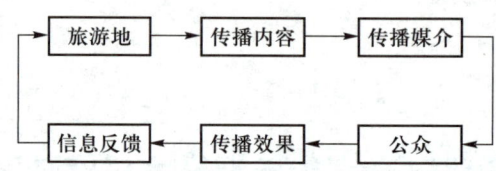

图4-10　乡村旅游目的地形象传播双向沟通图

二、乡村旅游形象传播渠道

乡村旅游目的地形象传播的主要途径包括网络传播、影视传播、新闻传播、节事传播、口碑传播等渠道。具体分析如下。

1. 乡村旅游形象的网络传播

乡村旅游形象的网络传播具有广泛性、开放性、交互性的特点。网络传播的方式主要有以下几种。

（1）全国大型综合旅游网。如携程旅行网、意高旅游网、中华旅游网、中国电子商务网、信天游等。

（2）以商务活动为主的网站。具体有以订票、订房、订团等商务活动为主的网站，如中国旅行顾问网、中华旅游报价网等。

（3）官方旅游网站。如国家旅游局官方网站和各地方旅游局的网站等为宣传官方旅游形象而制作的网站。

（4）旅游专门网站。如一些乡村旅游目的地为宣传自身形象，将自己的广告在各大门户网站进行宣传以扩大影响。

（5）综合性门户网站的旅游频道。如新浪网、搜狐网、网易和艺龙等综合性门户网站的旅游频道。

2. 乡村旅游形象的影视传播

乡村旅游经营者一般会把其旅游产品植入影视作品里面，借助艺术再现形式把旅游形象展示给普通观众以扩大知名度和影响力。这种传播方式能够将当地的旅游形象刻画得惟妙惟肖，具有非意识流的视觉美感；并且能够用一定的故事情节将观众带入具体情境之中，源于生活且高于生活地对旅游形象进行深化和加工，使传播范围较广，且持续时间较长，令观众印象深刻，有较大的吸引力。

3. 乡村旅游形象的新闻传播

乡村地区现在多搞生态旅游、观光农业及绿色旅游，在节能减排、低碳环保的倡议下，为了还原自然的本真面貌，乡村旅游常常会借助报刊、广播及电视等媒体手段来对其进行宣传报道，谋求受众对旅游地的深入了解。因媒体对信息的传播较为写实和全面，它在影响面和可信度上是可以获得加分的。另外，新闻媒体能够对果园、蔬菜棚、竹园、湿地、温泉等农业产业旅游进行深

图4-11 乡村旅游形象的新闻传播

入报道，具有浓重的官方权威色彩，可让受众及时地获取一手资料，更好地做出相应决策。如图4-11所示。

4. 乡村旅游地形象的节事传播

节事活动被认为是宣传乡村旅游地形象的有效方式，以互动来吸引眼球成为其有力卖点。尤其是在本土节事特色上进行有效挖掘，融入民俗民族的元素，这些具有不可复制和不可转移的项目使大家玩出精彩，领略风情，充分参与，拥有强烈的宾至如归的感受。同时乡村旅游纪念品和旅游土特产品也发挥着举足轻重的作用，主要在于实物可以看得见摸得着，被赋予了载体的功能，平添了淳朴之感。

5. 乡村旅游地形象的口碑传播

游客通过口碑传播的方式对景区景点的美誉评价进行推广，游客通过这种方式可以将自身对乡村旅游地形象的感受直截了当地表达出来，这样一来使旅游地的可靠性陡增。口碑效应是无穷无尽的，会给传播目标的最终实现提供无可比拟的内驱力支持。在交流过程中，经有心人一说，基于受众中心论，跟风实为必然。

总体上，对于乡村旅游目的地而言，在对形象传播渠道加以甄选的时候，应当考虑乡村旅游地自身的资源禀赋和既定传播目标以及受众的敏感性等因素的影响。

三、乡村旅游形象传播策略

1. 优化旅游形象传播体系，促进多样化传播

把旅游传播体系的构建放在首位，是乡村旅游发展壮大的生命线。

（1）利用手机传播，使得旅游目的地形象家喻户晓。比如，尝试创作乡村民谣，然后将其制作为彩铃，构成闲情逸致的精神食粮。还可通过移动网络运营商的平台，以短信和微信的方式进行广泛的宣传，让人们熟悉乡村旅游的热点，从而产生良好的社会效应。

（2）与国乡村旅游网、中国航空旅游网等多家媒体进行广泛合作，主动寻求帮助，利用现代媒体优势平台进行强势宣传，促使旅游形象的提升。

（3）融合纸质平面媒体与广播电视媒体进行立体宣传，与政府机构开展合作，增加必要投入，形成宣传的繁荣景象。

2. 从根源上改善旅游形象，提高传播声望

在纷繁复杂的现代乡村旅游大舞台中，要想谋求发展，必须突出优势并脱颖而出，吸引公众，制造"聚集效应"。据此，有关部门应当借鉴优质传媒机构的运作模式，优化传播软环境，增强传播信誉度，树立正面形象。无论是从旅游目的地本身的地理特征抑或民风民俗角度，都要做好主打旅游产品及配套的服务体系，推动乡村旅游向前迈进。

3. 树立乡村旅游整体形象，明确传播定位

树立乡村旅游整体形象，是增强旅游市场开拓能力和发展旅游业的关键所在。形象整体感的建立可以使传播环节愈加紧凑，这是一个长期而又艰巨的任务，但同时不失为减少传播障碍的一个极为有效的手段。建立好"人—地"感知以及"人—人"感知的乡村旅游整体形象，建立好针对游客、服务者和其他群体的三角系统，明晰目标受众的联结点，根据其特质和需求做好不同的传播定位。

 同步案例

临安"红叶指南"：打造"民宿+乡村旅游"样本

临安指南村素以秋景闻名，被誉为"江南秋景的代表"。2015年3月，临安市决定建设"红叶指南"特色小镇，打造"生态创意型"新乡居生活示范村和"中国摄影基地"，指南村华丽蜕变，成为临安乡宿"村落"中的代表。

乡宿是乡村旅游的升级版

那么，何谓乡宿？"乡宿是临安特有的旅游休闲住宿业态。是指利用临安地区特有的自然景观、乡村民俗文化传统和乡间农林渔牧生产活动，提供独具乡情乡韵的休闲住宿环境。"临安市旅游局有关负责人说。

如今，多元形态的乡宿风格，已在临安的多个乡村呈现。乡村田园风、青年旅舍风、精致唯美风、庭院野趣风、欧式洋楼风、现代简约风，清晰的山风掀起了临安乡宿的美丽衣裙。

"斐文野奢""僻地寒楼""许家11号""彼岸""棋盘山居""山行者""秘境"……这些已广受好评的"乡宿"犹如奇花异卉，在临安大地上迎着阳光灿烂开放；"竺云家苑""茶园里""田恬农家园""芯园"等精品农家乐则如山花野芳，风姿质朴，犹在成长；而"仙踪林养生度假庄园""一山九舍""紫薇创意文化园""中间桥""沃子堂""呼日村"等在建在筹项目，则如蓓蕾含苞欲放，楚楚动人。

"红叶指南"村落乡宿

村子不大，却被一棵棵大树包围，枫香、银杏、天目铁木、青岗树等三百多棵树龄都在

200年以上的古树，在四季的流转里，为山坡染上不同的色彩。如果你最近去的话，这里是红色的，秋霜一打，就成了一片红枫叶的海洋。如图4-12所示。

图4-12 临安"红叶指南"特色小镇

指南村秋景醉人，每年都会吸引大量游客前来，农家乐成了指南村的主导产业。农家乐已从当初的几家发展到现在的42家。"受利益驱动，村民增建房屋等情况不断出现。同时，游客一年比一年多，有时候还大大超过目前指南村的接待能力。"指南村支书朱文校说，游客的吃、住、行给村里带来了考验；违建与超负荷承载也破坏了指南村美丽的自然景色。

正值临安积极推进乡宿建设，太湖源镇以指南村村落为整体，重新设计规划，引进外来资本，助力"红叶指南"的新生。

（资料来源：杭州网）

4.3.2 乡村旅游形象提升

只有乡村旅游形象得到了提升，才能提高乡村旅游的核心竞争力，扩大乡村旅游知名度、可识度和吸引力，保证乡村旅游的长期健康的发展。

一、乡村旅游景观形象的优化提升

乡村旅游景观形象的优化提升主要是指景观的可意象性表达的提升，具体包括景观视觉要素设计、物质形态设计和景观生态设计三个维度。

景观视觉要素设计主要是从旅游者的感知行为规律出发，对乡村旅游景观空间结构进行定位；物质形态设计是对乡村旅游景观形象的实体形态进行定位；景观生态设计通过强调生态意识及遵循的原理，从可持续发展的宏观角度统揽景观形象的整体规控。对这三个维度的具体分析见表4-2。

表4-2 乡村旅游景观形象的可意象性设计要点

设计维度	具体要素	设计要点
视觉要素设计	道路	通过行道植被的选择，道路两旁建筑立面的处理等，串联多个乡村旅游点，使目的地景观形象成为一个连续的统一体
	边界	重要的线性景观要素，当相邻区域特征不明显时，可通过材质的对比、线条的凹凸、植被的特征等区分边界两侧；如果边界允许实现相互渗透，则它应该是将两个区域结合在一起的变换线
	标志物	主要作用是与周边背景形成对比，如低矮屋面映衬的高塔、石墙前的鲜花、土褐色街道上明亮的表面等；标志物的意蕴含义与其意象强度成正比，如某建筑是某历史时期的名人居所等，令人印象深刻
	节点	功能活动的聚集点，如交通中的停顿、富有表现力的道路连接点。若这些汇聚性的节点能以某种方式成为环境中的标志，则能够通过节点的辐射把四周很大范围的地区连成一片
	区域	具有相似特征的地区，如相似的建筑形式、建筑特征，在一定的区域内，这些特征相互重叠的越多，区域给人留下的印象就越深刻
物质形态设计	特异性	物质的界限鲜明、封闭。与其他物质在形状、密度、体量、功能、空间位置等方面形成显著对比
	连续性	与相邻的物质形成较为连续的统一体。这体现在两个或多个物质之间存在表面、形状或功能的相似和协调
	统治性	物质形态的某一部分因为规模大、密度高、重要性强的原因，占据统治地位
	形态简单性	可见的形态在几何意义上的清晰性和简单性
	连接清晰性	连接点和衔接处的高度可见性

续表

设计维度	具体要素	设计要点
生态系统设计	人工"斑块"设计	重点在于建筑与环境的契合，斑块设计中强调人工建筑物高度与面积和密度的控制，建筑物的设计形式以及建筑物的规划与内部设计等方面
	自然"斑块"设计	主要将旅游目的地作为园林系统进行设计和美化，以提升园林系统吸引力为目标，保持树木、鲜花、草坪的合理布局；保护具有装饰性的特色水域以及户外活动的其他区域
	廊道的景观	廊道系统在景观设计时，应强调注意道路景观的美化及舒适度。如果人行道与道路网主干线不平行，可以设计出更曲折的游径，以便将引人入胜的自然景色或周围的远景景色包括在视域范围之内

二、乡村旅游媒介形象提升

乡村旅游媒介传播形象是乡村旅游形象的内聚与强化，也是乡村旅游形象的传播者和助推器。当今社会人们时时身处大众媒体信息的汪洋大海之中，乡村旅游目的地必须超越时空距离将自身信息有效地传播给客源地受众。传播学认为，传播的关键在于形成传播者与受众之间思想、观念或态度的共鸣。传播本质上是一个目的地传播者通过信息编码将形象符号传至客源地受众，后者通过符号解读（信息解码）获得目的地形象信息的过程，亦即旅游目的地与客源地互动的过程，如通过举办节庆活动、大型体育赛事活动，借助活动的吸引力与影响力最大限度地展示城市形象，提升知名度。

三、乡村旅游品牌形象提升

品牌是一种无形资产，其价值不可估量。目前国内的各类乡村旅游遍地开花、名目繁多，大有泛滥之势，但是真正在国内和国际上具有影响力的乡村旅游品牌却寥寥无几。品牌形象不够突出已经成为当前绝大多数乡村旅游区发展的一大困境。乡村旅游地要想真正提高其知名度与人气指数，维持其长期健康的发展，塑造乡村旅游品牌是其必由之路，而塑造特色的品牌旅游形象可以从符号营销方面大下功夫。如图4-13所示。

比如，设计制作最能代表乡村形象的各种纪念品就是塑造和提升乡村旅游品牌形象的符号营销方式之一。这种纪念品可以是艺术品，也可以是日常生活用品，让游客不仅在旅游中，而且在日常生活中也能时刻回味乡村旅游的放松和快乐，让原

图4-13　四川大熊猫旅游品牌形象

生态、绿色、休闲和农耕等极具个性化的符号内化到乡村旅游品牌形象之中，体现乡村旅游的特色和价值。

同步案例

海南乡村旅游打造六大重点工程来提升乡村形象

拥有美丽乡村的海南岛，如何发展乡村旅游？《海南省乡村旅游总体规划（2012—2020）》提出，规划将会夯实乡村旅游基础、调整旅游产品结构，为海南乡村地区发展创造优良整体环境。重点打造包括美丽乡村公路、乡村旅游示范项目引领工程等六大重点工程。

美丽乡村公路建设工程将改善乡村旅游点对外连接弱、道路网络不完善等问题，打造富有海南气息的交通景观廊道，提升乡村地区旅游新形象。将在海口、三亚、万宁、琼中等地建设旅游公交枢纽，开通乡村旅游公交线路；将以旅游大项目建设为支撑，实行乡村旅游示范项目引领工程，重点打造15个乡村旅游示范性项目，主要在规划、管理、发展模式、农民增收等方面起到示范效应，为全省其他同类型的乡村旅游项目建设探索新路；以建设国家乡村度假公园为目标，采用网络营销工具推介海南乡村旅游。

针对海南乡村旅游目前从业人员素质较低、管理和服务水平受限等实际问题，实行海南乡村旅游千名骨干人才培训工程，依托现有的旅游人才培训机构，为乡村旅游和相关现代服务业培训千名经营管理、特色生产等方面的专业技能人才；精心策划一系列具有轰动效应的大型节事活动，进而提升海南乡村旅游市场知名度；设立海南乡村旅游产业发展专项基金，加大财政投入，强化资金保障。

[知识拓展]

一、乡村旅游形象的地方性

乡村旅游形象的地方性首先表现为乡村旅游产品的乡土性。其本身强调的是与城市截然不同的悠闲、自在的生活方式和宁静祥和的生活氛围。保持乡村旅游产品乡土气息的浓郁性和真实性是乡村旅游魅力不减的基础。

其次，表现为乡村资源的文化性。我国地大物博，乡村旅游资源中既有反映人与自然依存和延续、形态独特的乡村聚落，也有反映我国数千年的传统文化、宗教理念、社会组织形式和家庭关系、古朴典雅的乡村建筑，除此之外，还有浓厚文化底蕴的乡村节庆、农作方式、生活习惯、趣闻传说等。

因此，在乡村旅游形象的塑造过程中，还需要充分探寻乡村发展的文脉、生活习惯演变、民俗风情沿革等，在保护的前提下，开发出具有浓郁乡土气息的乡村旅游产品，让乡村旅游更有魅力。

二、乡村旅游形象的综合性

乡村旅游形象的综合性，首先表现为乡村旅游本身强调的是一种整体氛围，这种整体氛围的体现需要对内营造和对外宣传两方面结合才能完成。

鲜明的乡村旅游形象，包括其乡村的物质表征和社会表征。物质表征包括乡村旅游景观、乡村旅游环境、乡村旅游服务、乡村旅游趣味条件等；而社会表征，最具有代表性的为旅游与社区的关系，如何协调二者关系，塑造良好的旅游形象，是乡村旅游关注的重要问题。

三、我国乡村旅游形象塑造中存在的普遍问题

良好的旅游形象不仅是吸引游客前往的拉动力，也是旅游地区持续发展的重要保证，其影响着旅游地区旅游发展的前景、规模和水平。我国许多乡村地区文化底蕴深厚，旅游资源富集，然在其旅游发展的进程中，因地方开发力度不够，交通等基础设施建设落后，旅游产品单一，旅游商品层次低下等多方面原因，导致其旅游形象、特色不突出，代表性不强，内涵狭窄，游客感知度差，旅游核心竞争力低下。以下对存在的问题进行进一步分析。

1. 基础设施落后

多年来，乡村旅游注重"直观"效益，偏向于景区、景点建设，忽视了旅游设施、城市配套基础设施的规划和建设，导致旅游业快速发展与当地接待能力之间的矛盾日益突出。许多地区虽有引人入胜的风景，但因为基础设施不足，接待游客能力弱而陷入停滞。经营者过于考虑眼前利益而忽视了乡村旅游的持续发展，甚至连一些道路标示、停车场配置也都不完善。小作坊和家族式经营在乡村旅游中占有很大比重，其住宿设施卫生情况较差。由于政府、企业实施"走出去"战略以及节事节庆活动的举办及影响，并且随着每年游客接待数量日益攀升，乡村的旅游接待能力在规模有限的旅游服务接待设施之下，更加显得力不从心。而乡村城区以及通往景区、景点的交通路段，通行条件差，路面损坏严重，道路交通标识不清，交通秩序混乱等一系列问题，严重影响了乡村的旅游形象。这也是乡村旅游"留不住客"的重要原因，使得游客对乡村地区的感知形象更加负面。

2. 乡村旅游品牌质量较低

许多乡村旅游开发仍处在较低层次。开发时并未统一规划和统筹安排，而是由经营者盲目开发和投资，存在严重的低质量建设。因为缺少科学规划，乡村旅游建设的水平低、档次低、形式单一。致使旅游客源不断减少。一些经营者为自身利益，过度开发资源，破坏了周边生态环境，使得原本良好乡土特色和自然资源遭到严重破坏。另外，乡村旅游业纯观光旅游产品仍然占较大比例，这些是典型的缺乏竞争力的初级产品。"一日游""半日游"仍然是各家旅行社的主打产品，有时因时间和利益的关系，短短一天、半天的行程还被压缩。风味小吃、民族文化风情等成为乡村旅游地区的招牌产品，但总体上层次低、品种少、特色不鲜明，形成不了规模（多为小作坊，单打独斗），使旅游业的产业拉动效应不能充分发挥，效果微弱。

旅游者享受旅游服务是长期的过程，旅游业品牌形象树立也是需要投入较长的时间、财力和物力。一些乡村旅游最初阶段并未投入大量的时间、财力和物力，而是急于求成，追求短期最大化利润。还有一些乡村旅游产品开发过于单一，忽视了地方文化内涵和特色。因旅游者个性化的需求和消费心理，使这些大众化的乡村旅游产品无法吸引眼球，满足不了旅游者多样化和多层次旅游消费需求。

3. 政府主导力度不够

政府缺乏"大旅游""大营销"战略眼光，对旅游产业的分析研究相对滞后，旅游业整体发展规划不能及时出台，没有从总体角度认真对旅游地区形象进行科学的分析、定位和设计策划，缺少对营销策略、旅游环境、管理模式、产品结构、产品开发等方面深层次的研究；旅游相关部门管理、协调职能弱，难以真正有效地担当起规划、建设和管理旅游行业的职责。缺乏扶持旅游业发展的政策措施，导致一些旅游企业发展难，甚至难以做大做强；虽然政府部门对旅游业高度重视，但一直未能形成科学合理的整合协调发展机制，资源整合度差，各家旅游企业散兵游勇、单打独斗，甚至相互恶性竞争，一定程度上损坏了旅游业的整体形象。

4. 乡村旅游服务质量和形象较弱

乡村旅游服务质量由从业人员的综合素质决定。从事乡村旅游的人员多是当地农民，缺少有效、系统的培训。当地农民的职业技能、职业素质和服务意识跟现代旅游业的需求脱节，这就需要专业的培训、指导和政府的引导，培养他们热情服务、规范服务的意识，结合当地特色，加强礼仪培训，为游客提供个性化的乡村旅游服务。

[案例分享]
案例1

在泸沽湖畔，这些民宿比《亲爱的客栈》还要美！

随着电视节目《亲爱的客栈》的热播，泸沽湖的美景再一次为人们所惊叹，多彩而原生态的猪槽船恍然间让人宛如进入仙境；还有令人惊叹的雅致高端的湖景玻璃民宿，让人燃起必须要住一次湖景民宿的欲望。

泸沽湖沿湖分布着很多大大小小的村落，每个村落都有一些不同的湖景客栈，这几年随着泸沽湖的发展，又正值民宿崛起白热化的阶段，但泸沽湖大落水、里格、大足等区域前些年都被湖景酒店占据了，所以这些新兴的民宿就全部集中到了一块新开发地上——滇放，因此滇放也就集中了泸沽湖最多的高端客栈。然而，其他区域也有很多湖景客栈，湖景的景致大同小异。

泸沽湖分布在四川和云南交界处，其中泸沽湖的博凹湾属于四川，背靠山坡，前方就是王妃岛，超级安静，湖心时而会有开往王妃岛的猪槽船，山坡上偶有几个徒步者，山林里时而会传来小鸟的叫声和窸窸窣窣的虫鸣声，偶闻山脚水边农人在说话，宛如世外桃源。湖光倾晨客栈作为离湖零距离的湖景客栈，正对王妃岛、后龙山、女神山，门口是一片格桑花海，也精心布置了很多拍照道具：玻璃球、秋千椅等。客栈一共拥有24间客房，其中包括17间全湖景房，厨房用品一应俱全，也有自己的餐厅。如果不想出去的话，在客栈就可以呆一整天。

（资料来源：云南旅游信息网）

案例分析：随着《亲爱的客栈》节目的热播，推动了泸沽湖畔的乡村旅游发展，民宿也逐渐成为重要的旅游目的地，成为游客休闲度假的好去处。在乡村旅游区，旅游形象的建设与提升至关重要，可以通过专业媒体和新兴传播平台，推广传播品牌形象，提升旅游区知名度。

案例2

江西乡村旅游提升年

——"一条主线、五个阶段、一大平台"提升"江西风景独好"品牌

2016年1月22日，"美丽中国、寻梦江西"新闻发布会在南昌举行，确定2016年为江西省乡村旅游提升年。在乡村旅游提升年，开展了"一条主线、五个阶段、一大平台"的系列活动，乡村旅游"151工程"助推旅游强省建设。

"一条主线"，即由省旅发委牵头、由各地旅发委参与，组织开展贯穿全年的一系列丰富多彩的乡村旅游活动。据统计，2016年各地的乡村旅游主题活动共有242项，乡村旅游点189个，乡村旅游线路140条。主题活动包括"赏花采风，品味乡情""水果采摘，品尝乡果""农家美食，寻找乡味""特色节庆，追忆乡愁""醇厚民风，体验乡俗""运动健身，乐享乡趣"等丰富多彩的活动。

"五个阶段"，是指省旅发委联合相关设区市，共同主办阶段性乡村旅游大型创意营销活动。全年计划以"过年""春景""夏味""秋声""冬播"为亮点，融合"乡村旅游+"的概念，在春节及春夏秋冬4个季节策划推出系列创意活动，内容主要有艺术采风、旅游创客大赛、乡村音乐节、乡村旅游美景美食评选等活动。

"一大平台"，是指江西乡村旅游电商平台。为推动江西旅游市场营销工作更好地"贴近市场、贴近游客、贴近需求"，顺应电商下乡的热潮，有关部门将整合阿里巴巴与新浪网的优质平台，支持建设"江西乡村旅游阿里旅行旗舰店"及"江西乡村旅游特产天猫旗舰店"，实现乡村旅游营销推广与电商效果转化的结合，让传统的旅游宣传工作升级成"宣传+购买"的营销闭环，促进乡村经济发展。

据悉，全省有80%以上的旅游资源集中在乡村，拥有125个中国传统村落、116个省级以上历史文化名村名镇、121个A级乡村旅游景区，省内游、周边游、短程游的市场份额大约占了江西市场的60%，乡村旅游是江西省推进旅游强省建设的一大潜力和动力。2016年是江西乡村旅游提升年，充分凝聚了国内外各类旅游组织、新闻媒体以及宣传策划机构的力量，形成强大合力，不断营造亮点，以乡村旅游的全新形象，进一步提升"江西风景独好"品牌的影响力与知名度。

案例分析：江西借助乡村旅游提升年，主要是通过一系列丰富多彩的乡村旅游活动、创意营销活动及借助电商平台"宣传+购买"的营销闭环等，从不同角度综合打造强化其乡村旅游品牌。显然，江西乡村旅游提升年的活动主要是以政府（省旅发委）牵头进行的。

[创新思维]

1. 乡村旅游目的地旅游形象设计有什么重要的意义？

2. 乡村旅游目的地旅游形象设计的基本原则和流程是什么？

3. 在乡村旅游目的地形象设计的基础上，如何打造旅游品牌？

[创新实践]

1. 请以你的家乡或你熟悉地域的某个乡村旅游点为例，对其已有的旅游形象进行分析，指出其优点与不足。

2. 请选择一处乡村旅游目的地，为其进行旅游形象定位。

模块五
调兵遣将——乡村旅游投资与管理

模块概述

　　我国作为农业大国，传统的耕作生产方式已经不能适应农村经济发展的要求。致力于休闲农业与乡村旅游的开发，做好休闲农业与乡村旅游的管理和经营，对于进一步深化农村体制改革，改变农村生产生活方式，加快农村经济发展，具有长远而深刻的历史意义。本模块从投资与管理模式、经营、游客服务三个方面讲解乡村旅游投资与管理的机制、问题以及相应管理策略。

学习目标

　　1. 理解乡村旅游投资模式、管理模式的不同形式及每种模式的特点。

　　2. 能够结合乡村旅游发展实际，理解并应用乡村旅游经营管理策略。

　　3. 充分理解游客管理在乡村旅游管理中的重要性，学会运用乡村旅游游客管理的手段。

乡村旅游游客
管理

案例导读

丰都仙女湖镇：投资960万元，打造乡村旅游精品示范点

重庆市丰都县仙女湖镇卢家山村的山蹬坡泽丰桃园基地筹资960万元，按照AAA级景区的基础设施配套标准，打造全县集观光、采摘、休闲于一体的乡村旅游精品示范点。

泽丰桃园基地于2015年建成，项目一期完成投资300余万元，栽种苹果桃41 500株，去年实现全面挂果，产出"苹果桃"10万kg，以土地租金、务农工资等多种收益方式带动当地46户179人实现人均增收1 500元以上，吸引4万余人次参与赏花、"苹果桃"采摘等活动。

"未来三年，基地拟新修500m³冷链物流库1座、游客观光步道2.5km、机耕道2km、观光亭4座、停车场4 000m²、旅游厕所2座、改良桃树300亩、巩固提升750亩，实现经济效益、生态效益、旅游观光效益等多种效益叠加，助推高山片区休闲纳凉避暑产业蓬勃发展。"该镇镇长王东信心满满。

（资料来源：华龙网）

[思考] 1. 丰都仙女湖镇乡村旅游投资采取了哪些模式？
2. 丰都仙女湖镇在乡村旅游管理中应注意哪些问题？

项目一　理解乡村旅游投资模式

学习目标

1. 理解乡村旅游投资的类型与模式。
2. 理解八种乡村旅游经营管理模式，能够分析异同点。
3. 能够结合乡村旅游发展实际选择最佳乡村旅游投资模式与经营管理模式。

旅游投资是一定时期内根据旅游业发展的需要，把一定资金投入到发展项目之中，以获取比其投入资金数量更大的产出。旅游投资具有长期性、复杂性、综合性、连续性、敏感性、投资回收的不确定性等特点。

5.1.1　乡村旅游投资的利益相关者

乡村旅游的发展，同样依赖于乡村旅游投资的不断增加，它是一个国家或地区乡村旅游经济发展必不可少的前提条件。

一般认为乡村旅游开发利益相关者主要包括当地政府、社区居民（村民）、旅游企业和旅游者。如图5-1所示。下面对前三项逐一分析。

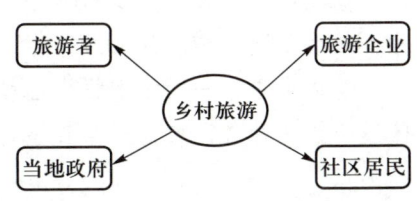

图5-1　乡村旅游利益相关者分析图

1. 政府部门

乡村旅游开发涉及的政府部门，从层级上看主要有省、市、县、乡等层次，关键在县、乡；从职能上看包括了旅游、农业、林业、水务、环保、建设、国土、宗教等部门。不同职能不同层级的政府部门之间，凭借不同的权力、按照不同的方式对乡村旅游发展施加影响，反过来，乡村旅游的发展也从不同方面影响到政府部门决策的制订。有时候当地政府又充当旅游开发商的角色，通过具有政府部门背景的旅游开发公司进行乡村旅游开发。

2. 社区居民

在乡村旅游开发过程中，村民大多有一定程度的参与，但参与方式较为单一。大多数社区居民并没有参与到比较高层次的旅游活动中，如参与旅游开发与规划、参与旅游决策和旅游企业的经营与管理等。但实际上当地居民在乡村旅游目的地形象确立中扮演着十分重要的角色，既是形象的传播者，也是形象的主体，他们的态度和行为直接影响着旅游者的体验质量以及对旅游目的地的感觉和印象。

3. 旅游企业

直接参与乡村旅游开发与经营的企业基本分为三种类型：第一类是与投资管理部门合二为一或者由政府部门衍生出的旅游企业；第二类是外来的投资者所投资和经营的企业；第三类是当地社区居民开办的个体户或者集体所有制的旅游企业。这些企业在参与经营过程中，所占用的资源不同，提供的服务类型也不同，获得的收益也不同。

关键词点击：旅游投资

同步案例

2016年度上半年旅游投资报告：乡村旅游投资成为亮点

据相关统计显示，2016年1—6月，全国在建旅游项目9 944个，实际完成投资4 211.5亿元，较去年同期增长约30.5%。

总体上看，全国旅游投资继续保持快速增长态势，民营投资主体地位更加稳固，西部地区投资快速升温，旅游产品转型升级趋势明显，度假类产品、乡村旅游、文化旅游等成为投资热点。

有关负责人表示，当前全国旅游投资呈现以下新特点。

一是旅游大项目投资增速。1—6月全国旅游投资100亿元以上的项目206个，实际完成投资794.6亿元，比去年同期增长34.4%。

二是民间资本持续活跃。上半年民营企业实际完成投资2 412.8亿元，同比增长27.1%，增幅比去年提高一倍。

三是西部投资快速升温，东部地区投资集聚。西部地区实际完成投资1 132.8亿元，同比增长56%，占全国比重为26.9%，超过中部地区占比。其中，四川、贵州、重庆、陕西四个省份实际完成投资均超过百亿元，成为西部热点区域。东部地区实际完成投资2 277.8亿元，同比增长33.2%，占全国的比重为54.1%。

四是旅游产品转型升级态势明显。度假旅游投资比重占41.3%，观光旅游投资回落明显，占比从54.3%下降到39.6%。

五是乡村旅游投资成为亮点。乡村旅游实际完成投资1 221.3亿元，较去年同期增长62.3%。

5.1.2 乡村旅游投资模式

一、政府主导的投资模式

在乡村旅游开发之初，旅游区基础设施建设一般是由政府出资建设的，如政府投入资金建设景区公路、环保设施以及游步道和环境治理等。

政府对旅游业的投入一般有以下几个方面。

（1）基础设施建设，改善基础设施条件。

（2）旅游营销宣传方面的投入。

（3）区域旅游规划方面的投入。

（4）旅游开发初期，政府直接参与乡村旅游区的建设和经营。

二、企业主导的投资模式

有实力的旅游企业（旅行社、饭店）与具有一定旅游资源的乡村合作，共同开发乡村旅游区。这种方式把城市旅游企业的资金、市场和经营管理人才与乡村的景观资源、人力资源和物产资源结合起来，适合开发中型或大型旅游景区和度假村，是以城带乡、旅游支农的一种新形式。

一般来说，旅游企业往往把追求最大限度的盈利放在首位，而农、牧民往往看重自身的眼前利益。因此，处理好旅游企业与当地居民的利益关系，调动双方积极性，实现共赢是乡村旅游可持续发展的关键。

三、乡村农民自筹资金的投资模式

随着乡村旅游迅速的发展，受乡村旅游发展带来的良性经济效应的影响，当地村民积极加入旅游开发投资的行列。当地居民投资开发乡村旅游可以产生较大效益，主要体现在以下几方面。

（1）提高就业率，许多在外地务工的村民回乡参与景区开发经营。

（2）增加农村村民收入，改善福利。

（3）乡村集体组织扮演重要角色，通过将村民分散的资金集中进行投资，克服一家一户小农经济的弱点。

四、政府—企业—村集体合作的投资模式

地方政府通过出让经营权的方式吸引社会资金，引导企业和农村集体加入，共同开发景区，较好地解决了发展旅游产业资金短缺的问题。如凤凰古城旅游开发投资初步形成多元化投资体系，不同的参与主体扮演着不同的投资角色，表现出较强的市场化运作特点：政府的投资集中在基础设施方面；企业投资于大型的旅游经营性项目，而当地社区居民则通过组织，投资小型经营性项目，取得较好的投资效率。

五、其他合作经营模式

公司+社区+社区居民的合作方式；公司+社区居民的合作方式；政府+社区居民的合作方式；协会+社区居民的合作方式等。

 同步案例

唐乡——第四代乡村旅游的典型案例

村庄房地产是房地产市场开发在新农村建设过程中的一种有益尝试。如在新农村建设过程中形成的教授村、画家村这些专业村，既是新农村建设的显著特征，也是乡村的旅游点。

图5-2　唐乡院落一景

唐乡是这方面的典型，被称作是第四代乡村旅游"乡村生活"的先锋代表，是农民闲置宅基地、住宅资产化、市民度假需求相结合的产物。

唐乡的经营理念是在全国范围内通过租赁或收购的方式，对农民闲置住宅进行创新利用，为其注入全新休闲度假、养生养老等功能，盘活农民闲置资产，为市民提供全新的乡村生活设施和空间。

本着将农民闲置院落旅游功能化复活、农民闲置资产资本化注入和美丽乡村建设等原则进行建设，并在建成后负责这些设施的经营、管理和客源市场的开拓等。依托原有的淳朴老瓦、老砖、老窗，外观保持完好的院子、房屋，在尊重传统建筑文化、保持原有建筑风格的前提下，针对都市人的度假生活需要，打造"外朴内秀"的乡村度假服务酒店。

图5-2所示的是一个叫"果岭上"的院子，也是唐乡仅有的一间取自外来文化的主题院落，"百里不同风，千里不同俗"，该院子的旅游形象有"在绿地和新鲜阳光美好生活"的寓意，"果岭上"则有临近葱山林地和鸟语花香的含义。

不同于以往乡村旅游蜻蜓点水似的短时间体验，"唐乡"提供的是常住型和私人定制化的乡村度假服务。紧紧抓住"乡村"的文化要素，维护好乡村的休闲生活气息。

项目二　实施乡村旅游经营管理

学习目标

1. 掌握乡村旅游经营策略、业务管理策略以及运营管理策略。
2. 结合乡村旅游发展实际，形成对乡村旅游经营管理策略的应用能力。

5.2.1　乡村旅游经营策略

一、经营策略的意义

在市场经济条件下，企业经营策略就是企业竞争策略。竞争策略，其核心内容是寻找在某一特定产业或市场中建立竞争优势。竞争优势是指企业具有某种其竞争对手没有或相对缺乏的特殊能力，有竞争优势的企业能更有效、更经济、更快捷地为顾客提供所需的产品和服务。美国策略专家Michael Porter认为，产品或服务胜出的特色有二：一是独特性（uniqueness）；二是顾客感到有价值（valued by customers）。企业可运用两种策略来提高竞争优势：一是低成本策略；二是产品差异化策略，或者称之为创新策略或者高品质策略。

图5-3 乡村一景

二、乡村旅游经营策略

按照Porter的企业竞争策略思考架构，乡村旅游的经营策略设计可有以下6个方面。

1. 以农为本的策略

在谈这个策略之前，先要了解"三农"和"三生"的概念。三农指农业、农民、农村；三生是指生产、生活、生态。

乡村旅游应该以三农为体，三生为用，结合农业生产利用、农民生活文化、农村生态环境，让游客体验农村与农业的特色所在。因此，乡村旅游不应以机械设备的游乐活动为主，不应有太多的水泥硬体的城市建筑设计，而应强调自然田园风光以及农林渔牧经营的乡村本质。如图5-3所示。

2. 建构特色的策略

乡村旅游经营必须有特色，特色来自于农业与农村资源的特性。农业资源具有季节性、地域性、生长性、活动性、景观性、实用性、知识性、生态性、文化性等特性。农村资源具有产业性、传统性、情感性、审美性、文化性等特性，都是营造特色的素材，足以创造游憩产品与服务的差异性体验。因此，休闲农场要善用不同的优势资源，运用农业与农村资源营造特色。比如，有的强调乡村优美景观的特色，有的强调农林牧副渔产品的特色，有的强调自然生态理念的特色，有的强调乡土文化体验的特色等。

3. 体验参与的策略

乡村旅游要让游客感到有体验价值，就是要让游客满意。游客的满意来自于美好的心理感受，所以要设计乡村旅游体验活动，吸引游客参与，让游客有获得感和满足感。乡村旅游设计的体验活动，应该让游客双眼看美丽的田园山林；双耳听虫鸣鸟语，泉涌波涛的天籁之声；鼻闻花香、草香、蔬果香；品尝新鲜野菜的美味；触摸果实或动物的体态。随着体验经济的到来，设计能够让游客参与的体验活动是尤其重要的经营策略。

4. 提高服务品质的策略

乡村旅游提供的服务内容可大体分为餐饮服务、住宿服务以及一般服务三方面。随着游客游憩需求的提高，产业竞争的加剧，改善乡村旅游服务品质成为最基本的营运策略。在餐饮服务方面，应做到安全卫生、整齐清洁、服务专业和周到等；住宿服务方面，应注意安全卫生、环境优美、经营合法等；一般服务方面，应做到亲切、诚恳、实在、效率等。

5. 创新的策略

在竞争激烈的背景下，创新是建立优势的有利策略，不论在体验设计还是在各项服务措施环节都应融入创意。只有表现出与众不同的优势，才能吸引游客重游。农业具有季节性，生物具有成长性，都是乡村旅游创新的有利资源。在经营管理措施上，也要运用创新策略，开发新市场，使用新方法，求新求异，使游客真正感受到乡村旅游的独特魅力。

6. 合理化经营的策略

乡村旅游应当重视合理化经营，以有效利用资源，控制成本，提高效率。乡村旅游经营不仅要正确处理好物与物、人与物的关系，也要处理好人与人之间的关系，这已超越一般农业的营运范围。乡村旅游要大力运用互联网技术，建立网页，分析市场特性，加强顾客关系，以提高营销效果。人力资源管理以及财务管理等内部管理，亦是乡村旅游合理化经营的重要环节。

 同步案例

"美食+采摘"，乡村旅游业驶入"快车道"

贵阳市乌当区新堡乡王岗村，又称为"庵汤第一村"。如今，这个曾以庵汤美食而闻名的布依村寨，又有了新的变化：面积达250亩的草莓园建成，在为当地民众开辟新的致富道路的同时，也为王岗村开启了发展乡村旅游产业、壮大村集体经济的新路。

按照乌当区"宜工则工、宜农则农、宜商则商、宜游则游"的发展村集体经济的指导意见，王岗村结合本村"春赏花、夏避暑、秋摘果、冬泡汤"的乡村旅游发展思路，组建了安华草莓种植合作社，大力发展草莓种植。

借着乡村旅游发展的"东风"，王岗村又在谋划新一轮更大规模的乡村旅游产业升级，计划进一步完善"赏花、餐饮、避暑、观光、摘果"的旅游产业链条，为王岗村的乡村旅游注入新的活力，实现壮大村集体经济、带动农户增收致富的目标。

（资料来源：贵阳日报）

5.2.2 乡村旅游业务管理

一、生产管理

乡村旅游以农、林、牧、副、渔产品为体验的核心资源，所以农、林、牧、副、渔的生产管理（production management）对乡村旅游的运营来说就显得尤为重要。生产管理是针对农产品的生产流程加以规划与控制的活动，包括以下内容。

1. 乡村旅游区规划

规划应兼顾工作效率与田园景观的美化，除了主体规划内容外，公路、灌溉渠道、农舍设施也应该成为综合规划的内容。

2. 田园规划

田区、果园规划应考虑游客体验的需要，每块田区面积不宜过大，排列不必方正，布局线条要有美感。果园栽植果树不宜过密，保留解说及游客拍照的空间。区域内要有透光性，园中环境要给游客舒爽的感觉。

3. 完善农业设施或机械设备

现代化的设备以及先进的机械器具，具有对游客进行农事教育的作用。

4. 设定生产制度

农产品由特殊的生产制度，如轮作制度、差异化生产制度或专业化生产制度。为保证农作物的四季生产和收获，应妥善规划生产制度，乡村旅游区可以对游客详细解说这些生产制度。

5. 品种资料分析

品种资料包括农产品种类、来源产地以及产品的市场定位，都可以成为对游客解说的材料。休闲农场可根据不同主题，选择单一品种的专业化生产或多品种的多元复合式生产。

6. 栽培管理

追求高品质、高产量的农产品，在满足市场的需求的同时，必须注意经济性。因此，应加强栽培过程的适时、适料、适量控制，并注重降低成本，栽培管理的各个阶段都可设计游客的体验活动。

7. 收获管理

农产品的品质重点在新鲜度、安全性、美观性和消费者口感上，因此应加强收获前相关因素的控制，包括收获技术、产品分级、包装及必要的保鲜处理或加工、收藏及运输等问题。农产品的采收是游客参与的高潮，乡村旅游可借此举办节庆活动招揽游客。

二、餐饮管理

田园餐饮以提供乡土口味的菜肴与当地土产为主，因此田园餐饮较具地方特色。以下从四个方面对餐饮管理做具体分析。

1. 餐饮管理的概念

乡村旅游提供的餐饮主要是地方风味餐饮，亦即田园餐饮。餐饮管理是指在游客满意及实现经营效益为目标的指导下，提供特色餐饮服务的计划、执行和考核的过程。

2. 餐饮服务的特点

（1）是乡村旅游极其重要的营业项目。

（2）是乡村旅游主要经营活动的辅助服务。

（3）是乡村旅游区声誉的重要保障。

（4）卫生安全、服务态度与菜色是餐饮服务成功的关键。

3. 餐饮作业管理

（1）餐饮作业流程。食物送至客人桌前会经过以下流程。

- 采购。以最合理的价格购买适当的食材为原则。
- 验收。每次采购的食材入仓前，均需对其品质、数量进行检查。
- 储存、发放。对购进的食材妥善加以储存，并依先进先出的原则加以利用。
- 准备。每次菜肴在完成前，均需经过处理、挑拣、洗涤、切割等流程。
- 菜肴成品。将准备好的菜肴烹调为成品。

（2）作业标准化。包括配方标准化、采购规格标准化、烹调程序标准化和建立标准食物分量。

（3）厨房卫生。厨房应区分为烹调区、准备区及清洁区，并保持各区整洁卫生。

（4）安全与消防。厨房是最易发生意外事件的场所，故餐饮从业人员应特别重视厨房工作安全与消防安全。

4. 经营成功的要素

（1）建立持久性竞争力。建立独家口味；建立特有的服务系统；卫生安全值得游客信赖；改进菜肴口味并不断推出新菜系。

（2）稳定既有客源并不断开发新客源。

（3）控制餐饮成本。做好餐饮成本分析；寻找降低餐饮成本的办法。

三、住宿管理

1. 住宿管理的概念

住宿管理是指乡村旅游在游客满意及经营效益的目标的指导下，提供住宿服务的计划、执行和考核的过程。

2. 住宿经营与管理的流程

（1）确定经营动机。确定是副业经营还是主业经营；是季节经营还是全年经营。

（2）农家内部资源与社区环境分析。分析经营住宿业务资源的优势与弱点，确定有利与不利于住宿发展的环境因素。

（3）投资评估。预估全年住宿人数及营收；预估住宿房间数及投资额；估算投资回报率；评估投资可行性。

（4）选择经营策略。根据市场信息，确定经营策略，或经营低价位的经济型住宿，或经营高格调、高价位的高端住宿，或经营主题风格住宿。

（5）制订发展计划。制订住宿业务中长期发展规划和年度营运计划。

（6）营销管理。通过市场调查，游客行为分析；同业调查，市场地位分析；从定价方式、游客订房方式、广告宣传（含架设电脑网站）、同业组织（如休闲农业区或地方民宿协会）等方面进行住宿营销。

（7）服务管理。制定住宿服务的项目和各项服务的水准，包括居住环境整理、客房卫生管理、住宿安全维护、废弃物及废水处理、同业组织（如休闲农业区或地方民宿协会）服务事项的协力等。

（8）人力管理。确定住宿业务的员工和员工调配，教育训练员工，采用激励与考核机制。

（9）财务管理。编制财务报表，实施财务分析。

（10）绩效评估。根据各项营运指标，实施住宿业务的绩效评估；实施经营诊断，研究住宿业务营运改善方案。

3. 住宿经营成功的要素

（1）整合农村住宿资源，引导游客参与乡村旅游住宿的体验，凸显乡村住宿的特色。

（2）以极富创意的营销计划，抓住游客的心。特别是制作精美的移动互联网广告，最能吸引年轻客群。

（3）亲切温馨的服务态度，让游客有回家的感觉。

（4）别具一格的乡土特色，如传统建筑、地方文化、民俗风情，生态景观、绿色建筑等。

（5）高效的企业化管理，有效运用人力、物力、财力资源控制成本，追求适当利润，实现永续经营。

 同步案例

乡村旅游背后的民宿商机

在黄山风景区西南方向约36km，便是保留最为完整的黟县宏村徽派建筑古村落群，这里有塔川秋色、有雷岗夕照、有月沼春晓，加上独具特色的马头墙、小青瓦，以及精湛绝伦的雕镂，每年、每季都吸引着大量的游客、摄影爱好者驻足。如图5-4所示。

图5-4　画中客栈

在徽派建筑云集的宏村景区，有这样一间民宿，它有一个好听的名字叫"画中客栈"。名副其实，客栈确实坐落于一家名为"黄岳"的画院之中。而这家画院所处的古宅已有将近300年的历史。

改造这个古宅确实花了一番心思，客栈老板告诉记者，既不能改变古徽州建筑的风格，又得满足现代人的居住要求、生活习惯，"光是外墙的修旧如旧就耗费了大量的资金成本。"

有投入自然得追求回报，要想有回报首先得让人知道。客栈老板想到了互联网，并成了乡镇上最早一批利用互联网平台推广民宿的"吃螃蟹的人"。

画中客栈由大、中、小三个院落所组成，中庭院落为古徽州300年的农家原生态庭院，有残墙古门、小桥流水，老柿子树、枣子树、罗汉松散布其中。

记者注意到，在客栈的各个墙面上都挂着风格各异的装饰品，有木雕、地契、钱币、税票等，悉数为真品原作。

客栈并不大，各种客房共计只有28间，经营者花重金按照徽派建筑的风格对外部进行了修建如旧，内部则按照商务宾馆的标准规格，结合历史文化装饰一新，其中仿古标准间15间，特色单间13间，有传统老床房，仿古大床房、老屋架房、山村观景房等。

（资料来源：新华网）

5.2.3　乡村旅游运营管理

运营管理，是指对运营过程的计划、组织、实施和控制，是与产品生产和服务密切相关的各项管理工作的总称。简单地说，运营管理是把投入的资源（生产要素）按照特定要求转换为产出的过程。

乡村旅游的运营管理大致包括人力资源管理、财务管理、资讯管理及经营诊断等项。

一、人力资源管理

人力资源管理是指在经济学和人本思想的指导下，通过招聘、甄选、培训、报酬等管理形式对组织内外相关人力资源进行有效运用，满足组织当前及未来发展的需要，保证组织目标实现和成员发展最大化的一系列活动的总称。

乡村旅游人力资源管理的主要内容如下。

（1）合理设置工作职位。将乡村旅游所涉及的所有职位，按工作性质、难易程度、职责轻重和所需资格等标准，加以分类整理，使工作人员相互搭配，赋予各职位相应的权利与义务，便于进行管理。

（2）工作分析。目的在于了解乡村旅游所涉及各项工作的性质、内容、方法、程序、责任等，确定担任农场内各项工作的人员所应具备的条件及资格。赋予各职位应有的权利与义务，以便进行管理。

（3）员工甄选。为配合乡村经营业务扩张的需要，或为补充员工因离职或调动造成的缺额，进行员工甄选的工作。

（4）员工训练。培养员工知道如何去工作，如何用更好的方法工作，包括对新进员工的职前训练，对原有员工的在职训练。

（5）员工薪资。制定合理的薪资制度，使员工安于其位，减少人员流动，提升士气和效率。

（6）员工福利。员工福利制度包括，奖金、休假、社会保险、子女教育补助、员工生涯规划、住房补贴、养老金等。

（7）员工考核：对在职员工进行定期评估，以了解其工作效率与态度，作为管理者对员工惩奖的依据，激励员工提高积极性。

二、财务管理

财务管理，是指从事收支记账、会计编表、成本分析、损益计算以及投资决策、融资决策，以配合企业的产销活动，实现企业资产保值增值的管理活动。乡村旅游财务管理工作包括以下几方面。

（1）投资分析。投资分析是比较及决定多种投资方案的过程。乡村旅游投资数额巨大，动辄数十万或上百万，需先做投资分析，方能确保最适投资。常见投资评估的方法有回收期间法、简单报酬率法、净现值法、内部报酬率等方法。

（2）财务预测。是指以乡村旅游预期产销及投资活动为基础的，预计事件可能导致资金收支的金额，预测的方法有游客人数百分比法以及回归分析法。如果资金不足以应付支出时，必须向外筹集资金。

（3）利润规划。利用损益平衡点分析于利润，以计算获取目标利润的游客人数。

（4）财务分析。通过编制损益表及资产负债表，分析各项财务指标。

（5）资产管理。通过适当的控制方法，提高运用效率，达到财务管理的目标。

（6）资金筹措。是在国家当前法规和政策许可的条件下，以财务费用最经济的原则，探索寻求和比较分析资金的各种来源，力求能最合理、最经济地配合项目各个时期的现金流量进行借款、使用和偿还的整个过程。

（7）财务控制。对企业的资金投入及收益过程和结果进行衡量与校正，目的是确保企业目标以及为达到此目标所制定的财务计划得以实现。

三、资讯管理

乡村旅游资讯管理，是指将乡村旅游的资讯进行收集、分析、储存和应用，以提高经营效率，改善服务品质，增加游客的满意度。主要有以下几方面。

1. 资讯网的应用

充分利用资讯网共享开放的优势，通过向网络及时提供各类乡村旅游讯息，达到广告促销的目的。

还可利用资讯网与游客直接互动，提供个性化的服务，如提供行程建议服务、行程安排服务和订房服务等。

2. 社交网络应用

社交网络是一种涵盖以人类社交为核心的所有网络服务形式。通过互联网这一相互交流、相互沟通、相互参与的平台，来交流、传播和推送乡村旅游信息。

3. APP应用

设计专属乡村旅游APP，可发布农场介绍、体验活动项目、不定期的优惠项目、农场娱乐旅游、交通资讯、邻近游憩点介绍等。

四、乡村旅游经营诊断

乡村旅游经营会受到外部的诸如自然环境、市场、社会、产业、法规等因素影响，同时也会受内部环境诸如员工、资金、设施等因素影响，所以经营环境充满风险与不确定性，难免会发生经营不利的问题。因此，乡村旅游应借助专家对问题进行研究分析，提供改进建议，以促进健全科学经营。

以分析问题为手段，以解决问题为目的，乡村旅游诊断可从以下程序实施诊断。

1. 收集资料

包括现有资料及需要调查的资料，前者以乡村旅游的记账资料以及经营记录为主，诊断小组可采用观察法、访问法、问卷调查法、实验法收集必要的资料。

2. 分析资料

包括财务分析及统计分析，通过财务分析确定整体运营的情况，统计分析包括游客量预测、游客需求调查分析及经营资料分析等内容。次数分配法、平均数法、百分比法、卡方检定法、相关系数法、回归分析法等，都是常用的统计方法。

3. 研判问题症结

探讨问题成因，指出改进的方向。

4. 研商改进方案

研商经营改进方案，须经全体诊断人员协商，并与经营者商谈，以激发思考，出台改进的方案。

5. 提出诊断报告

诊断报告包括改进的建议方案。建议应切实可行，必要时分短期与长期的改进目标。

 同步案例

横溪乡村智慧旅游服务系统建设

横溪乡村智慧旅游服务系统为南京江宁横溪乡村智慧旅游服务建设，通过对横溪乡村旅游资源的深度挖掘，将游客吸引至横溪旅游并提供在横溪当地的贴身导游服务。

系统主要为游客提供从任何地方到南京石塘人家的一键导航；石塘景区电子地图浏览；到商业街、古井、狮背伞、王氏宗祠等各个景点的游览路径生成、步行路径引导；石塘人家传说、历史和现状介绍；提供游客中心、停车场、洗手间、主要农家乐土菜馆、主要商店、茶社酒吧的查询和引导功能。图5-5为横溪智慧旅游服务系统APP。

图5-5 甜美横溪APP

（资料来源：南京汉图信息技术有限公司）

项目三　开展乡村旅游游客管理

学习目标

1. 理解游客管理在乡村旅游发展中的重要性。
2. 掌握乡村旅游游客管理的方法。

游客管理是旅游管理部门或机构通过运用科技、教育、经济、行政、法律等手段组织和管理游客行为的过程。通过对游客容量、行为、体验、安全等的调控和管理来提高游客体验质量，实现旅游资源的永续利用和旅游目的地经济效益的最大化。

乡村旅游的游客行为特征区别于传统景区的游客行为特征，表现为：乡村旅游多属于近距离游玩、双休日出游、亲友结伴式旅游；乡村旅游游客停留时间较短；乡村旅游游客的忠诚度较高、游客的重游率偏高，以自发的形式出游为主，注重出游的休闲体验性，旅游信息的获取途径以口碑传播为主等特点。这些特点也进一步说明了乡村旅游游客管理的重要性。

5.3.1　乡村旅游游客行为管理

一、游客行为管理的含义

游客行为是指在旅游中游客的行为，是作为个体的游客在认识、购买、消费和评估旅游产品的全过程中所反映出来的心理过程、心理特征和表现行为。游客行为一般涵盖四方面的内容：一是游客的出游特征；二是游客的态度与偏好；三是游客的动机；四是游客的行为差异。

二、乡村旅游游客行为的管理方法

1. 服务型管理方法

服务型管理方法是一种"软"性的管理方法，是指通过管理者对游客提供人性化的服务，间接地引导、改变影响游客意愿和行为的因素，使游客自觉地遵守景区的各项规章制度，以实现管理的目的。

2. 控制性管理方法

控制性管理方法是一种比较直接的管理方法。旅游景区通过制定各项规章制度来规范游客行为，以达到管理的目的。

三、针对游客不文明现象的管理举措

在乡村旅游目的地，游客不文明现象表现为两大类：一类是游客在景区游览过程中随意丢弃各种废弃物的行为，如随手乱扔纸、皮、塑料袋、饮料等；另一类是游客在游览过程中不遵守旅游景区相关游览规定，如乱攀乱爬、乱涂乱刻、违章拍照等。针对游客不文明现象，多采用引导式的游客行为管理方式，主要包括以下几种。

1. 宣传、教育引导

如在旅游景区利用广播、LED显示屏、温馨提示牌、活动宣传海报、宣传单页、展板等形式，通过宣传、教育、提示的方法引导游客的行为。景区内如果有游客乱扔废弃物，清洁人员采取上前跟随的方式清扫，通过及时的保洁服务为游客营造优美、舒适的游玩环境。

2. 景区内通过提供设施设备引导

在旅游旺季，游客等候时间较长，会出现插队现象。插队现象不仅影响排队秩序，也容易引起其他游客不满，产生抱怨、投诉、甚至打架斗殴事件，造成安全隐患，可以通过在游客排队区加盖遮阳篷、增加座椅等方式使游客正常有序排队，有效避免插队现象的发生。

3. 旅游景区示范引导

在乡村旅游区倡导人人是旅游景区的形象大使。只要是景区运营公司的员工，不管是保洁员、导游、服务员，还是公司领导，只要看到垃圾，就第一时间捡起。通过员工个人的行为来影响游客，让大家共同遵守景区的规范。

> 关键词点击：游客行为　游客行为管理

 **同步案例**

网民评出十大旅游不文明行为

中央文明办、原国家旅游局公布了经归纳整理的、民众反映比较普遍的不文明行为，这些不文明行为如下。

（1）随处抛丢垃圾废弃物，随地吐痰、擤鼻涕、吐口香糖，上厕所不冲水，不讲卫生留脏迹。

（2）无视禁烟标志吸烟，污染公共空间，危害他人健康。

（3）乘坐公共交通工具时争抢座位，购物、参观时插队。

（4）在车船、飞机、餐厅、宾馆、景点等公共场所大声接打电话、呼朋唤友、扎堆吵闹。

（5）在教堂、寺庙等宗教场所嬉戏、玩笑，不尊重当地居民风俗。

（6）大庭广众之下脱去鞋袜、赤膊袒胸，把裤腿卷到膝盖以上、翘"二郎腿"，酒足饭饱后毫不掩饰地剔牙，卧室以外穿睡衣或衣冠不整。

（7）说话脏字连篇，举止粗鲁专横，遇到纠纷或不顺心的事大发脾气，恶语相向，缺乏基本社交修养。

（8）强行拉外国人拍照、合影。

（9）涉足色情场所、参加赌博活动。

（10）不消费却长时间占据消费区域，吃自助餐时多拿浪费，离开宾馆饭店时带走非赠品，享受服务后不付小费，贪占小便宜。

5.3.2　乡村旅游游客安全管理

一、乡村旅游安全管理的含义

"没有安全就没有旅游"。旅游出行安全影响到潜在旅游者的出游动机。旅游安全事故不仅给旅游者带来伤害，也会给旅游地、旅游企业带来重大损失。旅游安全管理是指为了确保旅游景区和游客的安全，从而有目的、有计划地对目标景区进行旅游安全保障、应急救援、危险预警等方面进行综合管理。

由于乡村旅游具有活动区域和活动对象的乡村性以及旅游活动的季节性与地域性等特点，乡村旅游安全问题在某些方面更为突出。对于乡村旅游而言，一般认为容易出现安全问题的环节依次是餐饮、住宿、交通以及游览。餐饮方面的安全问题如食物中毒；住宿方面的安全问题如偷盗、火灾等；交通方面的安全问题如交通事故；游览安全方面的问题如疾病、游览事故等。

二、乡村旅游安全问题产生的原因分析

1. 行业标准不完善

目前很多的乡村旅游点都没有针对当地乡村旅游完善的行业标准。针对旅游活动的食、宿、行、游、娱、购也没有具体的规定，致使行业的管理、服务工作没有标准可依，责任分工不明确。如对于住宿的设施设备，卫生标准没有统一规定；对于饮食卫生、服务程序也没有相应的标准。

2. 安全培训待加强

乡村旅游地的管理人员对相关从业人员入职前的安全培训不到位，致使他们不知道如何防范经营过程的安全隐患。如餐饮卫生安全问题，因为从业人员没有接受原材料的采购、储存、加工制作、食物搭配等一系列的饮食经营、生产培训，所以在实际操作过程中容易出现卫生安全问题。

3. 行业安全意识淡薄

（1）从管理者角度分析。

管理者的行为对景区的安全保障有至关重要的影响。管理者通过自身的行为影响服务人员和旅游者的行为。但是，很多乡村旅游景区的管理者却没有起到模范带头作用。对于服务人员，管理者没有对他们的行为进行有效的监督和指导；对于旅游者，管理者没有向他们传递有效的旅游安全信息。

（2）从服务者角度分析。

乡村旅游的活动项目强调乡村性，吃的是农家饭、住的是农家房，服务人员也是农家人。由于他们很少甚至从未参加过服务工作。因此，他们的安全意识淡薄，服务技能缺乏。如他们在服务过程中不注重自身的卫生，缺乏关于各种食物的贮藏、生产等知识。此外，他们处理紧急事件的能力也有限，对于某些突发事件，不能在第一时间采取应对措施。

（3）从旅游者角度分析。

一般乡村旅游属于短线旅游，很多旅游者往往不会事先做详细的计划，也不会及时获取旅游目的地信息，这就在无形中增加了安全隐患。此外，有些旅游者为了寻求刺激而另辟蹊径，无形中却将自身的安全置之度外。

4. 行业硬件设施落后

景区的硬件设施是景区经营的前提条件，但是很多乡村景区受其经济发展水平的制约，各项硬件设施建设不完善。如急救医疗方面，很多乡村旅游景点没有相关的急救器械、急救队伍，也没有救护车或担架之类的设施。一旦事故发生，景区无法迅速进行救援。有些乡村旅游地的防盗和防火设施也有待进一步完善。

三、乡村旅游游客安全管理措施

通过对乡村旅游安全问题产生的原因分析，可以采取的对策主要有以下几点。

1. 完善硬件设施

硬件设施设备是景区旅游活动正常运营的基础，也是保障旅游安全的重要因素。乡村旅游地的硬件设施建设主要从以下方面入手。

（1）交通设施。

景区的交通设施主要从防护栏、警示桩、交通标志、停车场等方面进行完善。比如对于停车场，应适当扩大停车场面积、改善停车场环境、增加摄像头等，还可以安排现场指挥和看管人员等。旅游旺季时，景区交通适当增派现场指挥人员，维持现场秩序，避免混乱。必要时，适当控制人流，以保证游客的安全。

（2）游览设施。

景区的游览设施主要从景点的线路、标志、警示牌等方面进行改善。第一，景区内坑坑洼洼的道路要及时修缮。第二，一般乡村旅游地的游览道路比较狭窄，旅游旺季时很容易发生堵塞和拥挤，所以景点可以设计多条旅游线路。第三，景区内的每一个景点都应该设置明显的景点标志，在危险地带设立安全警示牌。

（3）食宿设施。

食宿安全是乡村旅游中游客最关心的方面，也是最容易发生安全问题的方面。餐饮方面，每一个经营餐饮的农家应该配置一间独立、干净的厨房，设有消毒柜、冰箱、保险柜、吸油烟机等配套设施。已经损坏或沾有污渍的餐具要及时更新，保证用餐环境的干净、卫生。

（4）急救医疗设施。

在旅游活动中，由于天气、人为等原因引起的旅游安全事件层出不穷。当发生安全事件时，及时的救助可以在一定程度上降低伤害，所以景区应该配置必备的急救医疗设施，如常用的药物、担架、急救车、消防器材等。同时，还应该配备一定的急救人员，无论景区内发生任何类型的安全事件，景区内的救援人员都可以第一时间出发，开始救援行动。

2. 提高旅游者的安全意识

旅游者是旅游活动的主体。所有的安全问题都围绕着旅游者而产生。可采取以下两方面的措施。

（1）加强对游客的道德宣传。

通过对游客的道德宣传，引导游客相互谦让、互尊互爱、礼貌待人。

（2）强化安全信息传递。

通过旅游宣传册、旅游指南、告示等多种渠道加强对旅游者安全信息的传递。

3. 加强行业安全管理

（1）建立安全预警机制。

乡村旅游景区根据气象部门的预告，及时获取关于台风、地震、大风、暴雨等各种灾害性的天气预警信息，也可以根据以往突发性事件的经验进行统计预测，并把这些相关的信息告知游客。

（2）严格行业准入制度。

旅游行业是一个服务性的行业，从业人员应该具备相应的知识和技能，如餐饮的从业人员应该参加食品卫生安全培训，同时餐饮企业需要办理相关证件等，如员工健康证、营业执照、卫生许可证等。图5-6所反映的社会现象应引起重视。

（3）建立跟踪考察制度。

在日常的经营管理活动中，管理人员应对相关的经营场所、从业人员的卫生、安全制度遵守等情况进行定期检查及不定期抽查。对于表现优秀的进行奖励，对于检查或抽查不合格者，责令马上改正或停业

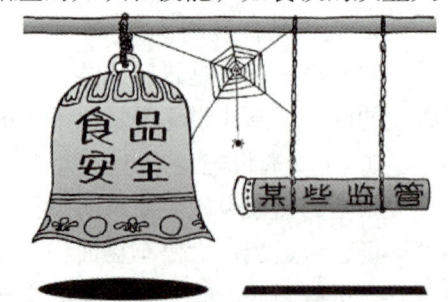

图5-6　漠视食品安全问题

整顿或直接撤销营业执照。

（4）加强信息沟通。

乡村旅游景区发生的安全事件应第一时间向社会公众发布。一方面加强游客的旅游安全意识，提高警觉；另一方面可以避免社会公众的疑虑，防止以讹传讹，损害旅游地的市场形象。

（5）建立行业反馈机制。

可以通过旅游服务接待中心、游客调查问卷、网络论坛等多种形式获取游客对乡村旅游地的看法，建立反馈机制，听取游客的建议，不断调整和完善景区建设。

> 关键词点击：旅游安全管理

 同步案例

安全生产宣传走进江宁美丽乡村

2018年6月是第17个全国"安全生产月"，主题是"生命至上、安全发展"。16日，江宁区安监局联合江宁区谷里街道开展安全生产主题宣传，安全生产走进美丽乡村主题教育活动启动。

当天上午，江宁区安监局工作人员给社区居民和游客开展了安全防护知识讲座，街道消防中队进行了消防器材的集中展示和现场教学。在发生自然灾害时怎样自我保护，发生火灾时怎样正确使用灭火器，怎样逃生，通过现场演示，为居民上了一堂生动的安全生产教育课。

除了走进美丽乡村，当天江宁区安监局还在景枫广场开展了广场咨询活动。现场，区安监、交通局、住建、建工、教育、市场监管、公安分局等19家单位准备了安全教育展板供市民学习安全知识，设立咨询台为群众解惑答疑，同时向公众普及2018年安全生产月主题并发放宣传资料2 000余份。

除了线下的现场宣传，江宁区安监局也不忘线上的安全教育。从6月1日起，"江宁安全生产"微信公众号每天推出"安全生产月"专题，向受众推送安全宣教视频、安全生产小知识等。只要动动手指，市民便可在公众号里学习相关的安全教育知识，并可以获知江宁安监的动态。

（资料来源：中国江苏网）

5.3.3 乡村旅游游客体验管理

一、乡村旅游中的游客体验

美国学者阿尔文·托夫勒1970年在其著作《未来的冲击》一书中预言："服务经济的下一步是走向体验经济，商家将靠提供这种体验服务取胜。"20世纪60年代，旅游体验这个名词就已经出现，到目前国内外并无一致定义。谢彦君在《基础旅游学》中研究了旅游的概念，他认为旅游体验是指旅游个体通过与外部世界取得联系，从而改变其心理水平，并调整其心理结构的过程，是旅游者的内在心理活动与其心理结构调整的过程，是旅游者的内在心理活动与旅游者所呈现的表面形态和深刻含义之间相互交流或相互作用后的结果，是借鉴于观赏、交往、模仿和消费等活动形式实现的一种时序过程。乡村旅游作为一种发生在乡村区域的旅游现象，它的内核同样也是旅游体验。

二、乡村旅游中的游客体验动机

游客之所以参与乡村旅游活动，无非有两个方面的力量，即推力和拉力。所谓推力，就是外界环境给城市居民带来的压力，生活在钢筋混凝土丛林中的城市居民面临的是一个高节奏、压力大的城市生活，他们时刻要面对升学、升职、就业、家庭、人际关系方面的种种压力，在这种巨大的压力之下，相当一部分居民就会产生规避这种环境压力的欲望，而对于城市居民来说，体验一种安静祥和的乡村生活应该来说是规避城市环境压力的最优选择；所谓拉力，就是外界未知世界对城市居民的吸引力，人类有天生和本能的扩张欲望，有着对外界未知世界的求知渴望，区域的概念从地理空间上大致可分为城市和乡村两种区域，对于城市居民来说，外界未知世界主要位于乡村地区，也就是说，乡村对城市居民有着极大的吸引力。根据乡村旅游推力和拉力强弱的不同可以得到4种组合（如图5-7）。

在图5-7中，组合Ⅰ和组合Ⅲ游客不会产生乡村旅游动力，只有组合Ⅱ和组合Ⅳ才会使游客产生乡村旅游体验动机。组合Ⅱ表示推力和拉力都强烈的组合，在这种情况下，游客有强烈逃离原有环境而探寻未知世界的心理倾向，这种

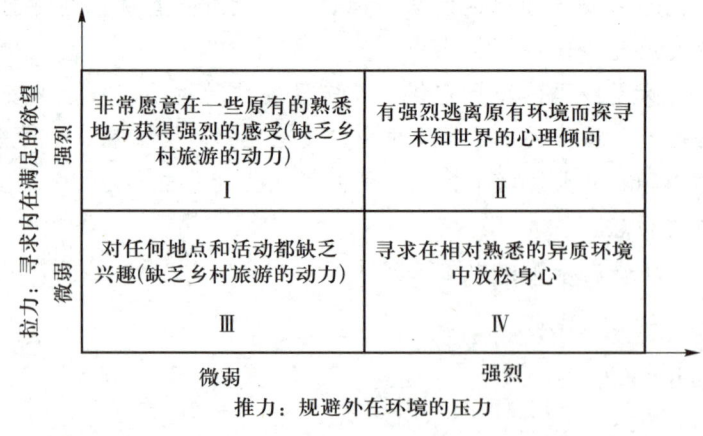

图5-7 乡村旅游推拉力分析

希望能够体验到新奇的心理，我们称之为乡村旅游中游客的新奇体验追求动机。组合Ⅳ表示推力强烈而拉力微弱的组合，在这种情况下，游客没有探寻未知且不熟悉环境的欲望，但是他们仍然有强烈逃避现实环境的动力，这种类型的游客来到乡村主要是希望能逃离现实、放松身心，我们称之为乡村旅游中游客的环境规避体验动机。

三、乡村旅游中的游客体验类型

对于乡村旅游中的游客体验分类，可以借鉴B.Josephpine和James H. Gilmore对体验类型的界定。他们根据人的参与程度和人与环境相关性的不同，把体验分成四种类型，即教育（education），娱乐（entertainment），逃避（escape）和审美（estheticism），并认为最丰富的体验是包含所有四种类型的体验。相类似的，乡村旅游中的游客体验也可以分为这四种类型。

1. 教育体验

对于城市居民来说，农村是一个充满未知的新奇世界，传统的农事活动、建筑风格及空间布局、淳朴的人际关系、民风民俗等都使城市居民充满好奇，对其有着强烈的认知意愿。游客通过积极地参与，在乡村旅游轻松愉快的氛围中实现了求知的欲望，从而得到了精神上的充实、自豪与愉悦。如图5-8所示。

图5-8　乡村旅游教育体验

近年来许多乡村旅游地开发了多种教育项目，成为研学旅游的重要类型。城市里的父母往往会利用这些项目来完成对子女劳动技能和吃苦耐劳精神的教育，通过让孩子参与各种农事活动，如放羊、喂鸡、种植蔬菜、采摘水果和砍柴等，使这些孩子学习劳动的知识和体验劳动乐趣，从而实现了教育的目的。

2. 娱乐体验

娱乐体验指的是游客在乡村旅游中通过观看各种演出和参与各种娱乐活动，利用感官所获得的精神愉悦。许多乡村旅游地都有着传统的文化体育活动（如各种地方剧目、斗鸡、斗牛等），可以考虑把这些活动搬上舞台，以供游客在旅游之余观赏，从而达到消遣的目的。此外，乡村旅游地也可以另外开发一些有乡村情趣的表演活动，如笨猪赛跑、野鸭放飞、松鼠散果等，以尽可能给游客带来更多的娱乐体验。

3. 逃避体验

游客在城市深受工作及生活压力之苦，在渐渐迷失自我的同时他们急需找到精神上的家园，来实现心理上的缓解和精神上的补偿。这些游客希望通过逃离城市，在乡村纯朴自然的环境中放松自我，与自然融为一体从而达到自由、超越和解脱的精神状态，这种体验成为游客寻找精神家园和实现梦想的一种方式。游客到农村体验田园生活，可以使自己在相对淳朴的人际关系中放松自我，在恬淡、与平常生活相隔绝的田园世界中把自己从日常的紧张状态中解脱出来，在无牵无绊的状态下，使自己的身心自由融入这片纯净的世界，最终得到彻底解脱后的舒畅、愉悦。乡村旅游地要为游客带来良好的逃避体验，一定要保持乡村的自然风貌，为游客营造一种纯朴、轻松、与世无争、远离凡尘的乡村氛围。

4. 审美体验

审美体验需要游客的主动参与和全身心的投入，从而也获得了其他几种类型体验所无法比拟的超凡情感历程，甚至达到一种忘我的境界，这是乡村旅游当中最高层次的一种体验。游客在乡村旅游中的审美对象包括农村自然生态环境、农民的生产生活、农村特有的民俗文化等，只要游客有一个良好的心态，就能在这些审美对象身上处处得到美的感受，获得审美的愉悦。小桥流水，渔舟唱晚，乡村处处荡漾着美的影子，只要游客用心感受，就能得到这种令人难以忘怀的审美体验。

四、乡村旅游中的游客体验管理

所谓游客体验管理是指乡村旅游地管理游客对旅游地全面体验的过程。要使游客在乡村旅游地获得全面并且高质量的旅游体验，采取必要的步骤及措施对游客体验进行全面管理是必需的。主要包括以下几个步骤。

1. 确定游客体验管理目标

实现游客的体验最大化是管理者比较容易想到，也是最理想的目标，但是由于信息的不充分及决策行为的非完全理性，游客体验最大化目标在游客体验管理过程中很难被有效执行，因此，乡村旅游地在对游客体验管理过程中确定一个可以执行的管理目标是非常重要的。例如，设定一个游客能够接受的最低体验下限，然后寻找一些合理指标来反映这个最低体验下限，并且把这些指标作为游客体验管理目标可能更为合适。

2. 分析游客的体验需求

乡村旅游游客体验动机的推拉模型揭示了乡村旅游的游客大致可分为两种类型，一种是持有新奇体验追求动机，这种类型的游客主要包括那些从未体验过乡村生活而且有强烈体验欲望的城市中的成年人和对未知事物有强烈求知欲望的城市儿童；另一种是持有环境规避体验动机，这种类型的游客主要包括那些处于城市环境压力之下但又对乡村生活相对熟悉的城里人，如童年在农村度过的城里人及一些知青等，这些人群在相对熟悉并且纯朴的乡村环境能得到最大程度的放松。前面一类游客从事乡村旅游活动主要出于求知、求奇、求乐的体验需求，而后一类游客参与乡村旅游主要出于逃避与放松的体验需求。

3. 建立游客体验供给平台

游客持着各种体验需求来到乡村旅游地，乡村旅游地应能形成有效的体验供给能力，以满足游客的体验需求，而要形成有效的体验供给，建立多样化的游客体验平台是重要的途径。乡村旅游地能够提供的游客体验主要包括四种类型，即教育体验、娱乐体验、逃避体验及审美体验。不同类型的游客体验可以用于满足游客的不同体验需求，如乡村旅游地可以通过提供教育体验、娱乐体验及审美体验等体验产品来满足游客的新奇体验的需求，而逃避体验产品则符合游客环境规避体验的需求。但前提是乡村旅游地必须先把各种体验要素组合起来，形成多种类型的游客体验产品，建立起完善的游客体验平台。

4. 与游客保持密切接触

当前的游客体验平台提供的体验产品能否满足游客的体验需求？多大程度上满足了游客的体验需求？游客体验水平有没有达到体验管理目标？这些都需要管理者建立与游客的接触机制，这个机制让游客把实际得到的体验水平反馈给管理人员，从而为管理人员对体验产品进行创新或采取下一步的管理措施提供依据。这种接触可以通过管理人员与游客面对面的访谈和交流来完成，也可以通过设计、发放及回收游客体验调查问卷的方式来完成。借助这种接触及沟通，管理人员实际上完成了对游客体验质量的动态监测。

5. 游客体验产品的创新

一旦发现乡村旅游地原来提供的体验产品无法满足游客需求或游客体验水平低于事先设定的游客体验管理目标后，乡村旅游地要致力于游客体验产品的创新，使新的游客体验平台能更好地满足游客的需求。通过这种不断创新的机制，乡村旅游地总能给游客提供一种超乎想象的体验，游客总能在这里找到新的感受，这必将大大增强游客的忠诚度和回头率，从而使乡村旅游地能始终保持旺盛的生命力，乡村旅游地走向衰弱的趋势也能够得到扭转。

> 关键词点击：旅游体验

 同步案例

乡村旅游成为投资新热点

乡村游投资前景十分广阔；在中国发展逆城市化的现状下，乡村旅游赢得了一个宽松的投资环境。在这种环境下，规范乡村旅游市场，打造更多类似于"美宿小镇"的特色旅游目的地，是投资人必须考虑的投资方向。

在此大背景下，多个酒店尝试乡村旅游发展之路，长兴开元芳草地乡村酒店和驿捷度假连锁酒店就是其中两个。长兴开元芳草地乡村酒店位于长兴原生态徽州庄村，被称为"距都

市不远，离自然很近"的度假胜地。而驿捷度假连锁酒店已在全国布局19个特色村落，以"美食、度假、生活、特产"为主的品牌概念深受欢迎。

[知识拓展]

庄园经济热与庄园综合体发展趋势——升级版乡村旅游发展模式

近来，庄园成为投资的新热点。一些名人纷纷进军酒庄领域：例如，收购美国纳帕谷酒庄、购买法国葡萄酒名庄、收购法国的乐朗酒庄。同时，国内也涌现出庄园建设热潮，不少地方政府和开发商开始关注和推进庄园建设计划。

2013年，云南省就提出要整合产业基地、农业园区、种养大户和龙头企业资源，突出发展现代庄园经济，力争5年内在烟草、茶叶、咖啡、花卉、药材等一批优势特色产业中建成100个现代特色农业精品庄园。

在这样的背景下，如何通过发展庄园经济带动农业产业升级，提升农产品附加值，增加农业经营收益，促进区域社会经济发展？如何通过庄园综合体的建设，实现农业与旅游、文化等相关产业的整合，实现资本价值的最大化已经成为推动农业现代化升级的热点课题。

1. 庄园经济与庄园综合体

庄园，起源于中世纪的欧洲，是当时贵族的居所，拥有豪华的城堡和美丽的田园风光，同时它也是一种多功能的经济、社会、政治及文化的有机体。我国历史上以封建时代的皇室、贵族、大地主、寺院等占有和经营的庄园最为典型，它们大多雇佣一定数量的不占有土地和生产工具的贫农进行农业生产。可以看出，最初的庄园是贵族阶级地位与财富的象征，是一个以农业生产为基础的经济社会有机体。

随着城市化和人们生活需求的发展，庄园开始走向现代化、专业化、多功能化，于是出现了红酒庄园、花卉庄园等一系列特色庄园形态，也逐步衍生出了具有农产品加工与旅游服务的功能。我国现代化意义上的庄园产生于1978年十一届三中全会以后，家庭联产承包责任制的推行调动了农民生产的积极性，在广东等经济发达的地区，农民依靠家庭的力量进行适度规模经营，并根据规模大小雇佣数量不等的劳动力，农业生产从自给自足经济向商品化生产转变。

近年来，随着经济形势变化和农村土地政策的放开，一些地产、能源投资商开始转向农村寻找新的投资机会，旅游市场的快速发展也在吸引一批农业企业向旅游产业延伸；同时，中产阶级的崛起提升了对农业与旅游市场的品质要求。经过多年的发展，乡村旅游也从原来的自发发展、低水平重复开发、农民自主经营、服务设施落后、旅游产品单一，向标准化引导、市场规范、规模提升、生态升级发展，现代庄园经济应运而生。

现代庄园经济的发展改变了农业与消费者的关系，它提供了一个与消费者互动交流的平台，可以切入到消费者生活的方方面面。与此同时，现在农业庄园正在从单一的农业种植（养殖）向一个更加系统化的多功能有机体演变，其中包括依托于农业基础的农副产品加工、依托于自然生态景观的观光休闲、依托于优质生活环境的旅游度假、依托于健康生活方式的养生养老、依托于有机绿色农产品的生产基地和依托于文化内涵的交流平台，我们把这样一个复合型的经济主体称为——庄园综合体。

2. 庄园综合体的特征

庄园综合体是一种以农业为基础，以旅游为核心，融合农业生产、观光休闲、科学教育、娱乐餐饮、养生度假、商务会议、居住和交通多种功能于一体，满足都市人回归自然、回归田园需求，强调游客体验的升级版乡村旅游发展模式。它可同时是农业生产场所、农产品消费场所和休闲度假旅游场所。庄园综合体有以下几个特点。

（1）规模化的农业基础。不同于一般的农家乐与休闲农业园区，现代庄园更强调有一定规模的农业基础，包括建立在规模经济基础上的种植与养殖、建立在种植与养殖基础上的农产品加工、更广阔的乡村景观、更丰富的乡村旅游体验等。

（2）品牌化的质量保障。品质是现代庄园综合体的必要条件，一个庄园一定是在某一方面有影响力的，如法国的普罗旺斯薰衣草庄园依托于美丽的农业生态景观，波尔多的红酒庄园依托于高品质的葡萄和葡萄酒等，依托一个基础品牌（可能是更优美的自然生态环境、更有机的农产品、更舒适的旅游度假体验等）延伸出农产品加工和休闲旅游品牌，进而形成一个综合性的农业旅游品牌。

（3）综合性的功能系统。首先，庄园综合体是一个集农业生产、农业科研、农副产品加工、观光休闲、旅游度假、商贸物流、会展博览、庄园地产等多功能于一体的有机体；其次，庄园综合体是一个完整的要素系统，各个要素之间构成共生互补的能动关系，是彼此相互依存、相互助益的复杂大系统；最后，庄园综合体是以一产为基础，以二、三产业整合发展的产业综合体，以旅游服务业主导的第三产业将占据越来越重要的地位。

3. 庄园综合体发展趋势

（1）规模化、集约化。庄园是以农业产业为基础的，这里的农业不同于传统的农业，它是建立在规模生产和产业链延伸基础上的规模化的农业生产与农产品加工。

（2）精致化、特色化。庄园的品质要求决定了庄园要有精致化的景观小品，设计中要体现庄园的文化内涵，要有独特新颖的项目。

（3）平台化、网络化。庄园创造了一个交流的平台，俱乐部、会员卡等形式将更多的人汇集到庄园这个平台上，他们有着相似的兴趣爱好、相近的知识背景，来庄园旅游的人构成了一个庞大的社交网络。

（4）创意化、时尚化。在庄园综合体的规划设计中，要把握时代的发展趋势和旅游者的消费需求，更多时尚创意体验元素的加入，将拉近庄园与消费者之间的距离。

（5）多功能、综合化。庄园综合体是一个以农业为基础的多功能有机体系，随着庄园经济的进一步发展，更多功能将融入庄园的建设中，旅游正成为庄园综合体越来越重要的功能，甚至是主要功能。

[案例分享]

人人参与，户户受益
——玉湖乡村旅游开发的有益探索

玉湖是丽江市玉龙县白沙乡的一个村，纳西语称为"巫鲁肯"（意为玉龙雪山下第一村），又名雪嵩村。玉湖是一个湖泊如镜、清泉环绕、绿树掩映的美丽古村落，村东有玉湖天然生态公园"龙女湖"，西有玉柱擎天风景区，背靠玉龙雪山，村野田畴与玉龙雪山紧紧相连，相互依托，相互辉映，构成"阳春白雪"的世间奇观。玉湖村至今还保留着最初纳西族的石木结构、石块垒砌墙体的民居建筑风格。当年丽江的土司木老爷曾在这里建有夏宫，成为他消暑度假的好地方。然而，守着这块美丽富饶的土地，玉湖人始终没有走出贫困与落后的局面，他们曾经砍过树，开过金矿，开采过沙石等自然资源，对环境造成了很大影响，却依然没有富起来。

2004年村改以后，通过组建旅游开发合作社，大力发展乡村旅游服务业，经过几年发展村民的收入大幅度增加，各项社会事业也得到了较快发展，"文明村""小康示范村"等桂冠纷纷加冕……玉湖旅游合作社是一个真正以社区为基础的草根组织，以村民代表会议和全体村民民意调查的形式集思广益，进行组织的健全和制度的完善，真正体现村民的意愿，提高了社区的自我组织、自我管理能力。其成功的关键在于因地制宜，侧重于发掘社区的内生力量，成立具有地方特色的旅游合作社，有针对性的满足社区需求，以合作社作为组织方式确保了以社区为主导的旅游开发方式，充分体现了"资源共有、利益共享、人人参与、户户受益"的"和合"理念。

案例分析：随着"三农"问题越来越受到社会的关注，多数人认为分散的农民难以适应经济发展的要求，合作社是一条出路。玉湖依托丽江旅游发展的大市场，以玉龙雪山风景、特色民居建筑、纳西民俗文化、传统农耕文明等为旅游特色产品，以合作社的形式，组建了玉湖旅游开发合作社，确立了"资源共有、利益共享、人人参与、户户受益"的原则，以户为单位，由合作社统一调度和安排，从事各种旅游服务，使得玉湖社区群众成为乡村旅游的从业者和受益者，促进玉湖经济、社会和生态的协调发展。

[创新思维]

1. 乡村旅游发展中，涉及的利益相关者有哪些？他们可以在发展过程中充当什么角色？

2. 不同乡村旅游管理模式的异同点是什么？

3. 如何进行乡村旅游运营管理，在运营管理过程中，着重考虑哪些方面？

4. 试分析游客管理在乡村旅游发展中的重要性？如何提升乡村旅游游客满意度？

[创新实践]

请选择一个你熟悉的乡村旅游目的地，试分析：

1. 该乡村旅游目的地采用了哪种投资模式和旅游管理模式？

2. 该乡村旅游目的地在游客管理过程中，都注重了哪些要素，采取了哪些举措，有哪些改进意见？

模块六
匠心独运——乡村旅游产品开发

模块概述

　　乡村旅游产品是乡村旅游发展的核心和灵魂，好的乡村旅游产品可以为乡村旅游发展起到助推作用。本模块主要叙述了当前乡村旅游产品的主要分类，在设计乡村旅游产品时应秉持的原则。并对乡村旅游活动时应开展的项目进行了总结。最后，阐述了乡村旅游产品开发时应注意的问题。

学习目标

　　1. 了解乡村旅游产品的分类，掌握设计乡村旅游产品时的具体思路。

　　2. 掌握开展乡村旅游活动的具体类型及项目名称。

　　3. 了解乡村旅游产品的内涵，掌握乡村旅游产品开发的注意点。

乡村旅游产品
设计与开发

案例导读

乡村旅游的奇迹——礼泉县袁家村

礼泉县袁家村位于中国陕西关中平原腹地，坐落在陕西省咸阳市礼泉县烟霞镇北面举世闻名的唐太宗李世民昭陵九嵕山下。袁家村周边有着丰富的历史文化资源，距袁家村一千米的唐太宗昭陵是全国第一批文物保护单位，是世界上最大的皇家陵园。目前袁家村有常住人口四百余人，创建了民俗、民风体验一条街，集中展示了关中农村自明清以来的农村生活的演变。

袁家村根据其所处地理区位，确定了以昭陵景区为辐射圈，以关中民俗休闲体验为楔入点的设计思想。以西安市关注民俗文化的人群为主要目标人群，包括家庭和学生群体等；此外还包括以西安市为集散地的外地旅游者、国内旅游者和入境旅游者，以此作为袁家村的目标顾客群，并确立关中民俗文化特色的乡村主题意象。在袁家村主题意象营造的过程中，在旅游项目上的延展体现为富有关中生产生活方式的作坊和参与性活动，体现关中饮食文化的美食街，集休闲、度假、美食为一体的关中风情农家乐，展现田园风光的果园采摘、烧烤垂钓等；在景观设计上则延展为承载关中地域特色的民居建筑及街市、农家聚落及富有乡土特色的活动场所。

[思考] 1. 袁家村打造了哪些类型的乡村旅游产品？
2. 袁家村的乡村旅游产品和其所面向的旅游人群有何关系？

项目一　设计乡村旅游产品

学习目标

1. 了解乡村旅游产品的具体分类。
2. 明确乡村旅游产品设计的基本原则。

6.1.1　乡村旅游产品分类

从供给角度出发，乡村旅游产品就是乡村旅游地为满足旅游者体验乡村环境、乡村文化等方面的需要而提供的有形产品和无形服务的总和。不同的学者研究角度不同，对乡村旅游产品的分类持不同观点。按照区位状况划分为景区边缘型、城市周边型和边远型；按照旅游对象划分为民俗型、田园型、居所型和复合型；从乡村旅游产品所包含的项目角度出发，根据游客参与旅游活动的体验程度将乡村旅游产品分为观光游览型、休闲娱乐型、参与体验型、交叉型或复合型。下面对这些类型作一介绍。

1. 观光游览型

主要是以乡村自然景观和人文景观为旅游对象，包括以传统农业生产为主的乡村环境、乡村景点以及当地的传统民族习俗和古建筑。游客的体验程度以观光欣赏为主，是乡村旅游最基础的旅游形式。如图6-1所示。

图6-1　梅县雁南飞茶田度假村

2. 休闲娱乐型

主要以乡村自然环境为背景，以家庭旅馆、乡村旅舍和当地农特产品为依托，是一种以游客食宿为主的浅层体验型产品，主要包括"住农家屋"和"吃农家饭"，享受乡村小气候，体验乡村清新环境，体会农家屋的简朴自然和农家菜的原生态无污染。同时，还包括在乡村举办的一系列休闲娱乐项目，这类项目对游客的体力消耗不是很大，趣味性较强。

3. 参与体验型

与以上两种旅游产品不同的是，参与体验型旅游产品强调游客的主动性和参与性，目前的乡村旅游产品同传统的旅游产品一样，主要停留在吃、住、玩等较低层次的休闲娱乐阶段。体验型旅游产品是让旅游者深度参与到旅游项目中，从参与的过程当中获得全面的感知、认知和教育，并留下难忘的回忆。

4. 交叉型或复合型

乡村旅游既可以包括观赏性也包括参与性的旅游项目，如游客来到一个自然生态村庄，既欣赏山村风景，又动手绘画、摄影、习作，从浅层感知到深度体验和认知，并从大自然当中受到教育。一般来说，乡村旅游产品中以此类型居多。

观光旅游型、休闲娱乐型和参与体验型所包含的具体旅游项目如表6-1所示。

表6-1　乡村旅游产品分类

乡村旅游产品类别		资源载体及相关项目
层次一	层次二	
观光游览型	自然观光	沿海渔业、江南水乡、平原田园、丘陵盆地、畜牧草原、高原田园等
	文化观光	特色古村落村寨、民族服饰、手工艺品、酒品茶品、农耕展示、革命遗迹等。如江西婺源李坑古村，浙江兰溪诸葛村、福建客家围垦、皖南的西递宏村、浙江杭州梅家坞等
	主题型观光基地	茶园、果园、蔬菜园、花卉园、荷塘、鱼塘等各类植物园区及动物养殖基地
休闲娱乐型	住宿服务	家庭旅馆、小木屋、竹屋、帐篷、竹楼等
	美食服务	农家特色菜肴、野味、土特产品等
	休闲项目	散步、垂钓、品茶、对弈、野餐、烧烤等
	趣味节目	斗禽（斗牛、斗鸡、小猪赛跑、斗蟋蟀等），放风筝等
参与体验型	农业体验	农业生产体验（采果、摘菜、播种、浇灌、水稻种植全体验等）、农民生活体验（烧饭、特色食品制作、动物喂食、纺织、腌菜等）、农村生态体验（观赏昆虫、赏萤赏蝶等）
	民俗文化参与	各类礼仪活动，岁时节令活动，盛行于乡村的汉族传统节日有春节、元宵节、清明节、端午节、中秋节、重阳节、中元节、腊八节以及各种农事节日等。藏族有浴佛节、雪顿节，彝族有火把节，傣族有泼水节等，并且在不同的节日里有不同的活动，如春节贴春联，贴年画，包饺子；端午节赛龙舟，吃粽子；重阳节插茱萸，登高，饮菊花酒等。
	疗养保健	森林浴、温泉疗养、康健步道等
	科普与户外活动	野生动物保护、了解昆虫习性、辨识植物、制作标本、户外摄影、户外写生等
	手工艺制作	陶艺制作、风筝制作、泥人工艺、木版年画、彩灯、剪纸、手编花篮、盆景制作、手工刺绣、土法造纸、皮影等

同步案例

阳羡生态旅游度假区之夜游产品

阳羡生态旅游度假区夜游产品丰富，游客夜生活品质高，主要有夜游产品和活动为：演艺演出、灯光秀、夜市街区、夜游公园。各旅游单位夜间经常有乡村大舞台等演艺演出活动，张公洞风景区夜间也推出"水幕电影"灯光秀，另外，单家巷旅游商贸购物街、深氧健身公园也使得游客在夜间有更多选择。具体夜游产品介绍如表6-2所示。

表6-2　阳羡生态旅游度假区夜游产品介绍

序号	夜游产品与活动名称	夜游产品与活动类别	开放时间	接待人次	经营（管理）单位
1	篱笆园乡村大舞台	演艺演出	周末19：00	1万	篱笆园
2	张公洞灯光秀、水幕电影	灯光秀	周末19：00	6万	张公洞景区
3	单家巷购物街	夜市街区	全天	30万	单家巷店铺
4	紫海薰衣草庄园	夜游公园	全天	4万	紫海薰衣草庄园

6.1.2　乡村旅游产品设计思路

一、符合美学要求

乡村旅游产品的设计与开发首先就是要在旅游资源中发现美，并按照美学原理创造美，使分散的美集中起来，形成相互联系的有机整体，使复杂、粗糙、原始的美经过设计与开发变得更纯粹、更精致、更典型，符合旅游审美的要求。其次，要通过文化内涵的挖掘，通过展示、陈列、表演以及与游客之间的互动，让游客不仅能在感官上得到享受，也能在心灵上得到升华。

以"农家乐"为例，目前大多数乡村旅游地在开展"吃农家饭、住农家屋"的旅游活动，经营者一般只注重能带来直接效益的食宿服务，而对旅游产品的设计不愿投入较多的精力和财力。有的经营者则在房屋的特色装修、菜肴的原生态风味、服务的乡土味等方面花了很多心思，还在自家庭院、菜园和果园开展一系列体验活动。由图6-2可看出，这些经营者的设计不仅仅让游客从感官上得到享受，更让游客从心里体验到农村风情，达到"悦心悦志"乃至"悦志悦神"的境界。

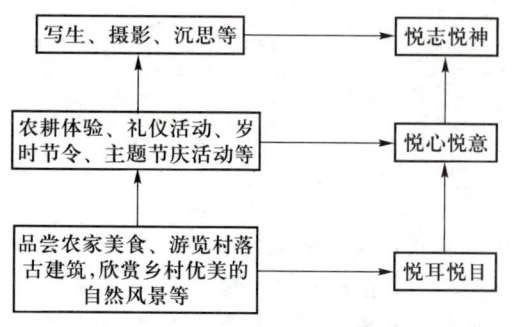

图6-2 农家乐旅游项目的美学分析

图6-3 乡村旅游陶艺展示

二、突出特色，明确主题

主题与特色是旅游产品的灵魂，是旅游吸引力的主要源泉和市场竞争的核心。主题是对旅游产品及其相关因素进行组合所形成的内在的、统一的基调，因此主题的设计与塑造要有特色，而特色要通过主题来体现。处于自然状态的旅游资源往往显得单调，主题不突出。旅游产品的设计与开发就是要根据资源特色、市场需求、区位和环境条件的综合分析，经过概括、提炼、选择，去杂存真、去粗存精，确定、突出主题和特色，通过强化、充实、剪裁、协调、烘托和创新等手法来实现。特色是旅游业的生命，因为旅游缘于消费者的"求新、求奇、求异"情结。如果旅游地失去特色，旅游业的持续发展将遭遇挑战。乡村旅游产品为了消除和避免"模式性"这一现象的发生，其基本途径是从乡村的地方性研究与文脉分析开始，进行市场调查，分析游客心理需求和市场特征，继而提出适宜于该乡村的发展主题，再按照主题进行景观设计和项目建设。图6-3为富有乡村特色的陶艺展示。

三、注重功能，多元收益

目前很多乡村旅游地的活动项目都存在一个共性的困境，即旅游活动数量较少、功能较为单一，无法满足游客的多样化需求，这间接影响到旅游地的长久吸引力和可持续发展。因此，乡村旅游产品的开发设计不仅要满足游客观光、玩赏的基本旅游需求，还要能满足游客休闲度假、娱乐参与、拓宽视野、增长知识、品尝美食、尝鲜购物、求知增智、探幽访奇等多重目的，融观赏性、休闲性、参与性、体验性、教育性、娱乐性于一体，也就是说乡村旅游产品的设计要涉及它的三种分类体系（观光游览、休闲娱乐、参与体验）。经营者还可以扩大旅游业的获利渠道，如门票、食宿、娱乐项目、交通、采摘和工艺品等，多元化的旅游收入有利于农村经济、农业经济与旅游经济的协调发展，提高经营者的积极性，也减轻农村旅游的季节性波动。

四、与环境文化资源保护相协调，坚持可持续发展

良好的生态环境和旅游资源的可持续利用是乡村旅游可持续发展的重要基础和标志。游客前往乡村旅游地的基本目的就是追求当地优越的生态环境、宁静祥和的生活氛围、浓郁古

朴的乡土气息，这就要求旅游产品的设计与开发必须保持与环境、资源的和谐统一，使经济效益、环境效益和社会效益相统一。以乡村休闲娱乐项目为例，它应以当地的民俗文化和农趣娱乐项目为主题，无须引进城市娱乐项目。充分挖掘当地民俗文化内涵，不同的季节、不同的农作物、不同的乡土风俗都可以设计成不同的休闲娱乐项目，如节庆、民歌民谣、农事娱乐、乡间娱乐游戏等，但切忌盲目引进外来文化，以免造成本土文化的流失以及与外来文化的冲突。图6-4为富有乡村特色的民俗活动。

图6-4　乡村民俗活动

五、与康体健身功效相结合，体现绿色健康旅游新时尚

据有关研究，综合人口学家、医学家、生物学家、环境生态学家的研究成果和观点，得出了一个新理念：人的健康状况的好坏、寿命的长短与居住地物种数量的多少成正相关，居住地物种数量越多，人类越健康长寿。大部分乡村生态环境优越，森林覆盖率高，动物和植物物种丰富，这对人的健康非常有益。同时，乡村中的清新空气饱含有大量空气负离子，空气负离子被称为"空气维生素和生长素"。医学研究证明，空气负离子有强身、防治疾病、降尘、灭菌等功能。空气负离子的保健作用和防治疾病功能为世界所公认。

据有关资料显示，城市里居住的房间，负氧离子在空气中含量仅40~50个/cm³，城市等街道上负氧离子为200~300个/cm³，到了郊区负氧离子增至2 000~3 000个/cm³，若到了远郊森林旅游区或瀑布景点负氧离子每立方厘米会增至1万或数万个。当空气中负氧离子浓度达到1万个/cm³时就具有保健效果，为此可在乡村森林植被较好区域或瀑布边缘开发诸如森林氧吧、空气负离子呼吸区、老年静养园等旅游项目。同时，大量的乡土植物散发出的精气，也具有保健效果。它是由植物的花、叶、木材、根、芽等组织的油腺细胞不断地分泌出一种浓香的挥发性有机物，能杀死细菌和真菌，防止林木中的病虫危害和杂草生长，这种气体又称芬多精（Phytoncide）、植物杀菌素。在设计旅游产品时，尤其在乡村植物种植和景观塑造时，可种植更多的具有康体健身功能的植物，不仅能增加环境审美气氛，还对游客具有康体健身的作用。图6-5为美丽的乡村环境。

图6-5　美丽的乡村环境

六、与文化的融合发展

与文化的融合发展是现阶段旅游业发展的新的生长点，是旅游产品生命力的精髓，是创造差异性的核心要素。旅游业是一个文化型经济产业，它离不开文化。目前乡村旅游产品普遍存在缺乏文化内涵的问题，产品项目的设计和开发亟须创新思路，提高文化品位。可从以下方面进行尝试。

1. 与教育开发相结合

教育是一个巨大的市场，许多乡村一年四季绿树荫荫、春季花香不断，可在乡村开发别具特色的"自然教室""花卉教室"。一些具有较高知名度和良好生态环境的村落还可以开发"农村社会实践基地""生态环境示范基地"。与此同时，发掘传统的农耕文化资源，重新恢复在乡村几近绝迹的水车、水磨、石碾、风车、织布机、斗篷、蓑衣等农耕设备，让城里的游客有机会了解传统的农耕方式和习俗。

2. 增加科技含量

随着科技的飞速发展，现代信息技术、现代生物技术和现代仿生仿真技术在农业中的应用，创造出了千姿百态的乡村旅游产品。利用现代技术可以增加乡村旅游的科技含量，提高产品的文化品位，对大多数城市居民和青少年具有较强的吸引力。

3. 增强饮食文化的开发利用

乡村饮食文化源远流长，出现了许许多多的乡村美食家，开发出了众多乡村特色菜品。

除继续挖掘和创新各种特色饮食外，应增强饮食文化的开发，下功夫从多方面展现民间饮食文化的特点。其他方面诸如"饮食与文人""饮食与健康"等都可以进行开发。如图6-6所示。

图6-6　乡村旅游饮食文化

4. 开发本土特色产品

开发具有本地特色的旅游商品，就是在进行营销宣传。当游人买下哪怕是一件很小的旅游纪念品时就相当于把旅游地的"广告"带到了四面八方。所以可重点开发乡村传统工艺品，如剪刀、筷子、折扇、风筝、油纸扇、竹编、泥塑等，它们虽然工艺简单，却是民俗文化的直接载体，体现出原汁原味的民间文化。另外，还可在本地品种丰富的农副土特产品上做文章，形成品牌。

5. 提升旅游硬件设施的文化内涵

文化硬件设施本身就是文化的载体，如具有乡村旅游景区标志的村门、寨门、院门、雕塑、公共汽车站台、厕所，甚至是招牌、路牌，都要既实用美观，又有文化品位。即使是一块提醒人们爱护花木的"警示牌"，也要写得文雅温馨，造型也要有艺术性。图6-7为乡村生态停车场。

图6-7　乡村生态停车场

关键词点击：乡村旅游产品

同步案例

古海养生旅游度假区

中国古海位于千年药都江西樟树市，离樟树城区约4 km。在1亿4500万年前，江西原是一片浅海。地壳运动把江西变成了陆上盆地，而樟树正处于盆地中央，所以周边残留的海水不断往樟树汇集，在长期干旱气候条件的影响下形成了沉积盐矿床。后来，地壳运动把沉积物质丰富的盐矿床埋到了地下，形成了岩盐矿。

古海养生旅游度假区以山水生态环境为基底，结合樟树市地下蕴藏的盐卤资源，形成独具地方特色的药、酒、盐、道等养生文化资源，打造东方古海养生旅游区、芳香植物养生度假区、千年药都文化体验区、国际养生运动休闲区、世界养生文化体验区等五大景区，为游客提供多维度养生产品。这里是第一家以古海为核心资源的养生旅游综合体，第一个倡导"养生旅游、旅游养生"理念的旅游目的地，也是首创的古海养生模式。如今，旅游加养生的新型发展模式、国际顶级水平的硬件设施、全方位的人文关怀，使其成为国内规格最高、系统最完善、文化内涵最深刻的古海养生旅游目的地。无与伦比的魅力古海，带你尽情享受自由漂浮之乐、黑泥互动之乐、青春浪漫之乐、水上激情之乐、盐玩体验之乐。

项目二　开展乡村旅游活动

学习目标

1. 明晰乡村旅游活动的类型划分。
2. 了解每种乡村旅游活动包含的具体项目。

6.2.1　开展乡村旅游活动

从游客的角度出发，可将乡村旅游分为如下几个类型。

一、观光型乡村旅游

观光型乡村旅游是为了让游客获得一种心灵上的愉悦感，以田园风光、特色蔬菜、花卉苗木、园艺场地、产业化农业园区、养殖基地等自然或人文景观为主要内容，让游客驻足享受山清水秀的自然风光，并体会多姿多彩的民俗风情。观光型乡村旅游的具体介绍如表6-3所示。

表6-3　观光型乡村旅游举例

类型	具体项目
田园观光	花海（油菜花、向日葵、薰衣草、胡麻花、郁金香）、稻田、梯田、花季果园、麦田怪圈、稻田画等
水上观光	荷塘、水库、水田等
建筑观光	特色民居（竹屋、土屋、窑洞、石头房子）、生态建筑、仿生建筑等
遗址观光	人类活动遗址、名人故居、工厂遗址、作坊遗址
农业生产观光	农耕生产、畜牧养殖场等
科技农业观光	立体种植、容器种植、无土栽培、拇指西瓜、北方温室栽培（香蕉、橘子、椰子、火龙果、榴梿）、温室花卉、未来农业、基因工厂等
乡村博物馆观光	农耕文化博物馆、民俗博物馆、家谱馆、民居馆、民间工艺馆、乡村艺术馆、民间艺术公社等
手工企业观光	养蚕、刺绣、织布、制陶、糕点制作、干菜制作、腌菜制作、草编、竹编等

二、休闲型乡村旅游

休闲型乡村旅游以乡村风景为背景，以宁静、松散的乡村氛围为依托，提供棋牌、歌舞、观光采风等休闲娱乐活动服务。图6-8为乡村休闲游览道路。也可以将乡村居民的生产生活场景、器皿工具、房屋建筑、屋内陈设、饮食、服饰、礼仪、节庆活动、婚恋习俗以及民族歌舞和语言等方面的传统特色纳入休闲型乡村旅游的范畴。表6-4是休闲型乡村旅游类型的具体介绍。

图6-8　休闲游览道路

表6-4　休闲型乡村旅游举例

类型	具体项目
水上休闲	垂钓、游泳、泛舟、漂流、冲浪、航行等
田园休闲	放风筝、星空营地等
乡村休闲	露天影院、农家乐、棋牌室、围棋室等
休闲活动	乡间度假、观赏野生动植物、写生、摄影、赏景、酒吧休闲等

三、度假型乡村旅游

度假型乡村旅游利用乡村优美的生态环境，让游客感受到"天人合一"的旅游境界。乡间散步、爬山、滑雪、骑马、划船、漂流等乡村度假健身、娱乐活动都属于这一类型。表6-5是对度假型乡村旅游的具体介绍。

表6-5　度假型乡村旅游举例

类型	具体项目
特色住宿	农家院子、渔庄、酒庄、果庄、窑洞、树屋、船屋、木屋、竹屋、石屋、土屋、帐篷等
健康饮食	农家小饭桌等
养生	呼吸乡间清新空气、温泉SPA、中医理疗馆、药膳、长寿茶、寻找长寿秘籍、地形疗法、园艺疗法、健康课堂等
养老	疗养庄园等
健身	生态运动馆等

四、体验型（参与型）乡村旅游

体验型（参与型）乡村旅游主要与当地的民俗文化、农业生产和农副产品相结合，通过参与民俗活动、种花栽树、修剪花草、除草施肥、挖地种菜、采摘瓜果蔬菜、捕鱼捞虾、放养动物、水磨磨米面、水车灌溉、石臼春米、学做乡村风味小吃、木机织布、手工刺绣、简单农具制作、陶制品制作等形式，体验乡村生活的质朴淡雅以及收获的喜悦，给游客一种"房归你住，田归你种，牛归你放，鱼归你养，帮你山野安个家"的体验感受。还可以开展花卉食品、花粉食品、野生植物食品、水果食品、特色风味小吃、珍稀禽畜水产佳肴等乡村丰富的土特产品制作与品尝工作。表6-6是对体验型（参与型）乡村旅游的具体介绍。

表6-6 体验型（参与型）乡村旅游举例

类型	具体项目
特色交通体验	徒步、骑马、坐牛车、大篷车（摩托车、拖车）、狗拉爬犁、滑雪等
特色餐饮体验	乡村酒吧、农家土菜等
文化体验	稻米文化、民俗文化节日体验；学习民间传承、手工艺；欣赏乡村民谣，参加乡村音乐会；探寻美食、品尝地方风味小吃；园艺培训、厨艺培训等
农事体验	播种、收割、放牧、挤奶、捕捞、果园采摘、酿酒、农产品加工、狩猎、喂养小动物（羊、牛、兔子、狐狸、野猪）、踩水车、耕地、打水井、踩打稻机、推独轮车、植树等
农场体验	家庭农场、各类主题农场（点心农场）等
手工艺体验	磨豆腐、打铁、手工编织、推石碾、养蚕、刺绣、织布等
竞技赛事体验	赛龙舟、搬粮食、运南瓜、推独轮车、扎稻草、赶鸭子上架、蚂蚁搬苞谷、剪羊毛比赛等
民间艺术体验	踩高跷、扭秧歌、跑旱船、板龙灯、花灯节等
娱乐活动体验	"盲人"搬瓜、乡间动物运动会（小猪快跑、小羊快跑）、乡间马戏团、斗鸡、斗羊、捉鸡、抓鸭等
亲子活动体验	放生鸽子、放生鱼、帮小蝌蚪找妈妈等
儿童活动体验	泥巴园、模拟田园、动物认养、田园认养、通话屋等

五、求知型乡村旅游

求知型乡村旅游一方面是以长期生活在城市的人们，特别是少年儿童为对象，普及乡村常识，使他们了解乡村的民风与民俗。如广州市郊番禺一带的科技农场，沈阳新市民的中小学生实践基地，有的是青少年科普教育基地，有的则是中小学生农业和自然实习基地。另一方面，又以特殊兴趣的群体为对象，通过农村游学、参观考察、教育培训等多种方式，开展农业文化考察、特色农业考察、农业技术培训、工艺品制作培训、农业知识学习等求知型乡村旅游活动，发挥乡村农业的教育功能。表6-7是对求知型乡村旅游的具体介绍。

表6-7 求知型乡村旅游举例

类型	具体项目
生物认知	植物、动物、昆虫认知

续表

类型	具体项目
农业科技馆	组培室、育苗室
自然教室	蔬菜认知、果树认知、家禽认知、昆虫认知等
绿色学校	田园课堂、农作物认知、作物认知等

六、购物型乡村旅游

购物型乡村旅游是以特色蔬菜瓜果、农场禽畜和水产、别致的盆景花卉、乡村土特产、手工艺品、乡村书画、设计独特的旅游纪念品为资源而开展的旅游活动。表6-8是对购物型乡村旅游的具体介绍。

表6-8　购物型乡村旅游举例

类型	具体项目
民间艺术工坊	土特产、民俗工艺品街，包括豆腐坊、铁匠铺、油坊、酿酒坊、染坊、陶艺坊等
农产品展	城乡贸易大会、乡村大集、农民画展、庙会、特色蔬菜水果、盆景花卉

在乡村旅游活动开展过程中，往往是以上几种类型交错开发。如游客对乡村旅游开展田园观光的过程中，可以从事主题型农事活动，如国际葡萄节、苹果节、田野节、农夫生活之旅等。而作为景区开发方，又可依托景区特色打造婚纱摄影基地、婚宴礼堂、蜜月酒店等，还可以针对不同的游客群体，开展拓展训练，如打造荒野求生、"爸爸去哪儿"线下版、CS野战营地灯。同时开发旅游商品，如部分景区结合香草资源，开发香草SPA、香草纪念品、DIY工艺品、香料包、香草盆景等。

同步案例

清境小瑞士花园

清境农场成立于1961年,坐落于中横公路台14甲线雾社北端8km处,空气清新、林木苍郁、繁花遍野，有"雾上桃源"之称。此地海拔1750m，每年5—9月平均气温15～23℃之间。设有宾馆、青青草原、畜牧中心、旅游服务中心、游客休闲中心、寿山园生态区、清境小瑞士花园、特色步道,将自然景观与农牧生产相结合以发展休闲农业。图6-9为清静小瑞士风光。

图6-9 台湾地区清静小瑞士风光

清境小瑞士花园是台湾地区最佳避暑胜地，主题花园随春夏秋冬更换，园区遍植世界各国奇花异草与自然休闲景观，在广场品尝薰衣草花茶套餐，让人仿佛成为置身欧洲花园啜饮花茶的王室贵族。园区主要景观景点有挪威森林广场、精致餐饮中心、纪念品贩卖部、阿尔卑斯双塔、欧式喷泉花园、主题花园、幽谷溪瀑、如茵桥、摸鱼区、天鹅湖、星空野营区、野营服务站、亲水健康步道、清境观景台、落羽松步道、香花植物区、赏枫区等。另外，花园设有大型停车场、露营烤肉区、精致餐饮中心、露天咖啡广场、印第安花屋等，景观优美，是一座真正的世外桃源。

项目三 开发乡村旅游商品

学习目标

1. 掌握乡村旅游商品的基本概念和分类。
2. 了解乡村旅游商品在开发时应重点关注的方面。

6.3.1 乡村旅游商品基本内涵

一、乡村旅游商品的概念和分类

乡村旅游商品是指伴随乡村旅游而产生的、供消费者购买的、具有乡村特色的旅游商品。乡村旅游商品可以分为以下两类。

1. 乡村土特产

它具有很强的地域性，以地道正宗、绿色生态为主要特点，虽通常没有独立企业品牌，但一般也会有一个较有影响力的地域品牌，如赣南脐橙、信阳毛尖、怀柔板栗、阿克苏苹果、杏花村酒、阳春面条等。

2. 民间工艺品

与土特产类似，具有较强的地域文化属性，不同地域文化下的工艺品不尽相同，更有一村一品之说。特色民间工艺品通常包括雕刻、剪纸（如图6-10）、版画、陶瓷、饰品、竹编、草编、布匹、皮影、泥娃娃等。民间工艺品的形式有精雕细琢的，也有粗犷质朴的，均反映了当地的工艺水平和文化习俗。

3. 农村生产生活用品

近年来随着人们乡土情怀的兴起和乡村创客的涌现，部分乡村的生产生活用品变得时尚起来，如绘有乡村民族文化图案的衣服、包具成为时尚界的宠儿，乡村优质的木材家具、质朴的陶瓷、竹编的灯饰也被市场青睐。如图6-11所示。

图6-10　剪纸工艺品

图6-11　艺术化的农村生产生活用品

二、乡村旅游商品特征

与乡村旅游商品相对的就是城市旅游商品，我们熟知的许多旅游国家著名的旅游商品包括名牌包具、化妆品、衣服、饰品、电子产品、生活用品等，这些商品具有特色鲜明、时尚，富有文化内涵、品位高、做工考究、经久耐用的特点。和城市旅游商品相比，乡村旅游商品有如下特点。

1. 地域性

乡村旅游商品的制作和生产与当地地理区位、气候环境、地域文化紧密联系，带有很强的地域属性。"橘生淮南则为橘，生于淮北则为枳"，正是体现了这种差异性，而这种地域性的特点恰恰是吸引游客购买的重要原因。

2. 乡土性

质朴接地气、原汁原味，是乡村旅游商品的内在生命力，是乡村旅游商品区别于城市普通商品最显著的特色。乡土性是乡村给游客一种关于传统农耕文化的记忆、乡味和乡愁。

3. 文化性

乡村旅游商品多少都带有当地的文化特征，有些商品文化感知度较强，如当地的民间工艺品，有些文化感知度较弱，如当地土特产。

4. 艺术性

乡村旅游商品同样也具有艺术特性，这种艺术性的高度取决于民间艺人的水平。

5. 体验性

乡村旅游商品十分注重游客的参与体验性。比如游客去果园采摘水果，DIY制作手工艺品等。这也是乡村旅游商品吸引游客购买的重要原因。

6. 实用性

与普通的商品一样，乡村旅游商品也具有实用性。

> 关键词点击：乡村旅游商品

6.3.2　乡村旅游商品的开发

一、保护"原汁原味"与新内涵、新商品的"双管齐下"

纯正朴实的乡土风情、独特的民间艺术，是乡村旅游商品的生命力所在，是乡村旅游商品发展的根本。这就要求它的制作工艺、风格要尽可能保持"原汁原味"的乡村性，并对其传统工艺进行保护，并传承下去，且政府应给予适当的扶持。虽然手工制作在效率上不及现代化的工业流水生产，但每件商品都是中华民族乡村文化的沉淀。一件"原汁原味"的乡村旅游商品会唤起长辈对自己童年的回忆；激发青少年去了解乡村风土人情的兴趣。图6-12所示展示的为文化型乡村旅游商品。

同时我们应注意到乡村旅游业要持续发展，就需要不断开发新商品，来满足游客日益多元化的需求。"原汁原味"是乡村旅游商品的优势所在，但如果一成不变，人们会逐渐降低对它的购买欲望，需求量将日趋萎缩，最终会面临市场的淘汰。

所以，面对市场经济的残酷竞争，对乡村旅游商品的开发，必须未雨绸缪。如果说"原汁原

图6-12　文化型乡村旅游商品

味"是第一代乡村旅游商品的卖点，那么"融入新内涵、推出新商品"，则是第二代乡村旅游商品开发的重点。需要考虑对第一代旅游商品进行完善、更新，加强其艺术性、创新性和纪念性，从而推出与时俱进的新商品。

二、乡村旅游商品的个性化和差异化开发

根据弗洛伊德提出的个性理论：正是那些深层次的需求，激发消费者去购买已经"个性化"的品牌，以满足潜在欲望。所以说，个性差异是一个商品存在的基本要求。具体到乡村旅游商品，首先要具备旅游商品的"三性（纪念性、艺术性、实用性）"和"三风（中国风格、民族风格、地方风格）"，同时要着重突出"乡村"这个个性化主题，挖掘各地乡村特色，展现乡村旅游商品的独特魅力和价值，从而打造出品牌效应。

在这里要特别强调的是，同为乡村旅游商品，各地间要进行差异化开发。要根据各地的具体情况、现有资源，进行乡村旅游商品的定位，不可盲目模仿它地的乡村旅游商品特色、经营模式，而要因地制宜。

如年画、布老虎、刺绣、蜡染、剪纸、风筝等，它们既可以放在商店里作为一般商品销售，又可以将其深加工和再开发，做成乡村特色浓郁、散发着乡土气息的乡村旅游商品。例如，以某地乡村生活、习俗、节庆为主题的年画，附上对所画内容的介绍，说明来历，讲述渊源；以本村的历史人物为题材的刺绣，并绣上他的丰功伟绩，以表达村民对他的敬仰之情；以某地乡村的景区风景为题材的蜡染，并标注村名，以及村民对游客的美好祝愿，使其具有观赏性、实用性和纪念性。它见证了每位购买者的旅游体验，是旅游者一段美好回忆的浓缩，在旅游者的心里有着不可替代性。

三、乡村旅游商品的参与体验性开发

1. 参与乡村旅游商品的生产、制作过程

首先让游客现场参观制作过程，了解大体流程手法，充分调动游客的好奇心，使其对乡村旅游商品产生兴趣。然后，为游客提供"实践"机会，亲自参与制作，将自己在乡村旅游的感受，即兴融入创作作品中，用亲身经历诠释自己理解的乡村旅游。图6-13为让游客参与陶艺体验活动。同时，游客在参与的过程中，对乡村文化有了更深的了解。旅游者返回后，可以对乡村旅游进行更生动的宣传。另外，为了吸引回头客、提高复游率，经营者还可以在参与过程中设立奖励制度。这里指的"奖励制度"，并不一定是金钱奖励，可以将人们创作的作品暂时保存在加工现场，供他人参观，定期评选出优秀作品，给予名誉上的奖励。充分挖掘旅游者的创造灵感，使其最大限度地投入到参与过程中，让游客体验到创作的意义。

2. 创办乡村旅游网上论坛、广开言路

首先设立官方论坛网站，在论坛上介绍每个乡村的风土人情、民俗、现有资源等，配备专业的网络管理人员负责维护、搜集和整理回帖，重点搜集对现有乡村旅游商品的意见、建议、兴趣、合作意向等等，定期向有关主管部门汇报，召开研讨会。这样既可以集思广益，有助于准确把握游客的需求，完善、创新乡村旅游商品的开发，还可能争取到投资，带来商

机。图6-14为乌镇景区的官方网站。

图6-13　陶艺体验活动

图6-14　乌镇景区官方网站

四、提升乡村旅游商品的文化底蕴

旅游商品是经济与文化的载体，而文化是旅游商品的灵魂。消费者希望对自己购买的乡村旅游商品有更多的了解。比如，旅游商品制作工艺的产生渊源，制作技术的演变过程，所反映的文化内涵，所寄予的寓意等。

根据上述需求，我们可以在每件商品的包装里附上一份关于上述内容的介绍（以中、英文双语的形式），增加乡村旅游商品的文化底蕴，提升商品的档次，从而获得更可观的收益。同时，对于比较贵重的乡村旅游商品，还要附上质量认证书。一方面是为了让消费者放心购买，另一方面也是为了防止不法商贩以劣质品欺骗消费者，扰乱乡村旅游商品的市场秩序。

五、打造乡村旅游商品品牌

现状：民间卧虎藏龙，其中不乏民间绝活的传人，但传统的民间手艺正濒临失传的威胁。

原因：由于缺乏宣传，人们对其缺乏了解，认知度很低，甚至无人问津。因此，民间艺人收入少，被迫转行，导致最后失传。

措施：打造乡村旅游商品品牌。品牌代表着买方对卖方商品的质量、服务、诚信、文化等方面的信任。乡村旅游商品要想做强品牌，要成立专门组织，融入现代化的管理理念，将产品做大做强，并加以宣传（如建立乡村旅游商品的网站、举办大型宣传活动等），具体可从以下几方面做起。

1. 注册商标、制定防伪标识

首先向社会征集乡村旅游商品的商标，以引起社会人士的关注。然后采取民意投票、专家把关的形式进行选举，进一步扩大宣传。最后选定商标后，进行注册。并开始培育消费者对该品牌的认可度、信任度。

2. 商品包装

由于乡村旅游商品的目标市场主要是异地旅游者。商品应考虑便于携带，这就要在包装上精心设计。不同类别的乡村旅游商品应有不同的包装，其中包括包装的图案、形状、材料、商品性能的文字说明信息等。而且，包装要与商品风格相统一。无论是包装材料的选择，还是包装的设计，都要体现出商品的特色和价值。如图6-15所示。

图6-15　乡村旅游商品茶叶包装

3. 售后服务

美国学者西奥多·莱维特指出："新的竞争不是发生在各个公司的工厂生产什么产品，而是发生在其产品能提供多少附加利益（包装、服务、广告、顾客咨询、融资、送货、仓储及其具有其他价值的形成）。"

目前旅游商品几乎没有售后服务，而旅游商品的质量差成了游客普遍担心的问题。主要原因是卖方抓住了买方心理，很少有游客会为一件旅游商品的质量问题，返回目的地点进行退换。

虽然在短期内卖方的行为可以获得一定收益，但长期来看这种行为是不可持续的。人们会因为一次的受骗，而丧失再次购买旅游商品的欲望。

所以，应规范业内管理制度，明确上级主管部门监督责任，成立乡村旅游商品质量监督部门，专门监督乡村旅游商品的质量，受理有关消费者购买乡村旅游商品的投诉，捍卫消费者权利，严厉惩处生产劣质乡村旅游商品的企业、个人，设立有奖举报电话。打造乡村旅游商品长久健康的购物环境。

良好的售后服务是吸引游客再次购买的基础，也是培育口碑宣传的最佳方式。

4. 多种渠道营销

包括：开设乡村旅游商品专营店、展销会、网上销售等。乡村旅游商品不应仅局限在乡村出售，还应走进城市，甚至走出国门。通过乡村旅游商品，让更多的群体了解中国特有的乡村文化。

关键词点击：乡村旅游商品开发

同步案例

中国台湾走马濑农场

走马濑农场位于台南县玉井乡、大内乡交界处，由台南县农会于1988年开发经营。以专业种草起家，再转型升级为观光休闲农场，农场面积近120hm²，除40hm²的新西兰风情的牧野草原外，还有30余项休闲游乐设施。据调查，走马濑农场有丰富的生态资源，野生动物多达150多种。图6-16为走马濑农场一景。

图6-16　走马濑农场一景

走马濑农场分成一般游憩、果园游憩、牧场游憩三大系统，游乐设施从骑马、滑草、射箭、到人体动力的协力车、单车、山训场；水上游乐的脚踏船、碰碰船、体能训练场、高尔夫迷你推杆场、跑马场及露营烤肉区以及大型滑水道的戏水世界等。除此之外位于田园艺廊旁边的古农具区，还能体验不同的农业体验，从水车、风谷、石磨到古亭畚。休闲酒庄及简易制酒体验场除提供酿酒制程教学外，并有南瀛甜香酒品系列及酒食点心展售。还研发并贩卖自有产品如牧草包子、馒头，牧草冰品(棒冰、冰淇淋)牧草茶、香草茶及各种香草加工用品。

创新发展剪纸乡村旅游商品

传统的剪纸，多以福、寿、百子千孙、年年有余等为题材，贴在自家窗户上。反映了那个年代，人们对美好生活的希望。而现在，除特定的节日以外，人们不会把这些题材的剪纸贴窗户上了。因为时代不同了，人们对美好生活的理解也不同了。作为商品，首先要迎合当今消费者的需求，才能有收益的保障。这就需要对传统的剪纸注入新内涵，使其跟上时代潮流。比如，情人节时，剪一些以爱情为题材的作品；母亲节时，剪一些慈母形象的剪纸；而在北京召开奥运会时，剪一些奥运方面的剪纸等，这些从乡村创造出来的现代题材剪纸，无论从风格，还是意义上，都是其他剪纸作品所不能替代的。甚至可以定做，使之成为一件完全符合现代消费者要求的、独一无二的乡村旅游商品。这样，每幅剪纸作品里有了时代的灵魂，使它注入新的内涵、新的血液。这时的剪纸，将不仅可以贴在自家的窗户上，还可以作为个性礼物，送给亲朋好友、国际友人。使剪纸能够以新面貌、新内涵，再次吸引消费者，而且这一举措扩充了消费人群的年龄组成。此外，还可以进一步将剪纸演化出实用性较强的新乡村旅游商品。例如，印有和绣有剪纸图案的衣服、挎包、钱包等。

[知识拓展]

一、乡村旅游项目体验要素创意秘诀

秘诀一：整合一切可利用资源

首先是布局，既包括内部功能区划和景观设计，也包括在整个区域中的选址和互动性。提前布局，整合周边有利资源，形成互动互助区域，构建包括管理、生产、加工、营销、景观设置、配套设施等多方面的产业链建设。

秘诀二：重视垂直经营

乡村的基础是农业种养殖产业，这也是其能够持续经营下去的根本。无农不强，无旅难富。开发多元化的新、奇、特农产品是乡村经营的核心竞争力。

秘诀三：眼球创意风暴仍然畅行

有创意的产品，才具有恒久的生命力，能带给游客以心灵的共鸣和别样的感受，强化游客的黏性。无论是产品、包装，还是景观小品，都要注入创意的思维，可适当结合时尚元素，让游客有耳目一新，眼前一亮的效果。

秘诀四：营销时尚化服务人性化

乡村发展与乡村旅游的营销要有创意创新的理念，不仅是卖产品，更是卖体验、卖服务。体验做得好，服务质量高，营销的事也就水到渠成。我们可以通过事件、体验、节庆活动、社区直销、网络销售等营销手段，拓展营销渠道和空间。如在水果采摘季开展体验活动，让游客自采自摘，将销售融入体验中去，使游客乐享收获的喜悦，还能节约人工采摘成本。比如，开展"打造会说话的水果、蔬菜"特色劳动体验活动，让小朋友和家长进行亲子互动，用印有吉祥语、京剧脸谱图案、卡通人物等各种表达情意的图案字帖，给刚摘下的苹果贴上自己喜欢图案的"苹果帖"，在不知不觉间达到了销售的目的。

充分利用现代媒体和自媒体创新营销方式。比如利用微博、博客、微信向顾客推送产品、活动、互动等信息；利用电子商务平台、网络平台、大V、大咖等推广自身的产品；拍摄微电影，将关于乡村旅游及游客等有趣的人、事、故事表现出来，引起大众的关注。

二、创意乡村旅游产品开发模式

要想满足旅游者日益差异化、个性化、时尚化的需求，乡村旅游发展必须高举文化和创意这两面旗帜，将知识、智慧、灵感等要素融入乡村旅游核心产品中，增强产品的特色与价值，展示当下乡村旅游的新风采。

运用创意文化或创意农业的思想，进行产品开发和设计，从而实现乡村旅游产品创新和提档升级，创意乡村旅游产品开发模式主要有以下几点。

1. 乡村农业旅游产品：科技+创意+艺术

对于乡村农业旅游产品的开发，首先应立足于新型农业现代化这一前提，运用现代科学技术推动农业用具和各种农产品的现代化，生产过程的现代化，数字化操作。比如，建立具

有地域特色的农业用具或农业博物馆。

其次应立足农业旅游产品的观赏价值，利用生物技术，改变农产品形态，如：巨型南瓜，迷你西瓜、彩色番茄等。甚至是积极培育新的观赏农产品，如：像荷兰培育的奶油郁金香与蕾丝郁金香，就具有很强的观赏效果。在此基础上，运用创意、生物技术、园林造景手法，在乡村地区建立奇趣农产品主题园，诸如奇趣花园、奇趣瓜果园、奇趣盆栽园等，不但具有很强的观赏价值，还具有普及和宣传科普知识的功能。

再次，在农产品开发过程中，融入书法、绘画、雕刻等艺术元素，如：在葫芦上绘画、在核桃上进行雕刻等。最后，可以利用农业生产，营造农作物景观艺术，如：梯田景观、薰衣草花海、向日葵园区、玉米地迷宫等。

2. 乡村民俗旅游产品：乡村文化+文化创意

乡村民俗旅游产品包括民间文学、民间传说、戏曲、民歌、民间舞蹈等艺术类民俗产品，民间刺绣、剪纸、木版年画、泥塑、木雕等技艺类民俗产品，民间节日仪式、民间游戏等节庆类民俗产品，这些都是乡村旅游重要的吸引物。图6-17为乡村的婚庆活动。

图6-17　乡村婚庆活动

首先，可以建立主题性民俗博物馆。如：汴绣博物馆、木雕博物馆等；其次可以将民间文学、民间传说与出版业、电影、电视结合，形成名副其实的创意乡村旅游产品。

再次，民歌、民间舞蹈、节庆礼仪等可以与视觉艺术、表演艺术、音乐等相结合，打造具有地域特色的大型文化实景演出，如：印象刘三姐、丽江印象等。此外，民间游戏、民间节庆可以与比赛、会展相结合，增强旅游者对于民间游戏、节庆活动的了解，同时借助比赛的形式更具有吸引力和参与性，甚至建立节庆礼仪体验园区。如：杭州宋城千古情、清明上河园等。

最后，对于民俗资源丰富的村落，可以组织社区民间艺人，建设集工艺制作、收集陈列、研究培训、表演销售于一体的"主题民艺村落"。开展木版年画作坊、剪纸艺术培训中心、刺绣传授中心等专项旅游项目。借助民俗、创意民俗，实现民俗旅游产品深层次的开发。如：宝鸡的泥塑村、张家口的剪纸村。

3. 乡村农舍村落旅游产品：建筑文化+艺术创意+农业园艺

我国东西南北跨度大，气候差异明显，东西南北传统民间建筑风格迥异，乡村旅游地的特色建筑以及乡村村落传统的风水文化都是乡村旅游重要的资源，但特色鲜明的古村落已是凤毛麟角，因此，现代乡村农舍村落旅游产品的创意设计至关重要。

可以将乡村农舍与花卉艺术相结合，实现乡村意境的视觉美、嗅觉美，如：台湾的花屋设计，房前屋后甚至是房顶上种满了美丽的鲜花。可以将乡村农舍与当地艺术相结合，实现乡村文化艺术内涵与建筑文化的有机结合，如：四川绵竹的年画村，村子所有的墙上画满了年画；河北的铁花村，村子的墙上溅满了铁花等。

[案例分享]
案例1

国内乡村旅游商品开发案例

我国乡村旅游区域主要分布在北京、上海和广州、成都等大城市的近郊，其中以珠江三角洲地区最为发达。这些地区的乡村旅游之所以发展迅速，除了与接待旅游者规模相关外，当地的乡村旅游商品经济也很发达。

1. 建设乡村旅游商品购物中心、与生产企业联合，并通过媒体、特别是网络进行宣传——以成都市为例

成都市2006年3月在郫县农科村、青城后山泰安古镇、锦江区三圣乡和龙泉驿区洛带镇开设了四家乡村旅游商品购物中心，拉开了全市乡村旅游商品购物中心建设的序幕。乡村旅游商品购物中心主要销售包括食品、生活用品、工艺品三大类的数百种乡村特色旅游商品。此外，该市数十家旅游商品生产厂家还与这四家购物中心在农科村正式签订了合作协议。比如在农科村，当游客来到这里旅游时，不仅可以到一户一景的农家小院休闲娱乐，还可以逛逛新建成的乡村旅游商品购物中心农科店，尽情挑选各种特色纪念品。装潢一新的店面格外引人注目，店内陈列的商品也是五花八门：郫县豆瓣、蜀绣、草编、兰草盆景等极具郫县地方特色的商品。在这间不大的店面里，收藏了来自全成都市各大乡村的特色产品，吸引了不少游客来这里休闲购物，在欣赏完农家美景之后，到这里来选购一些特色工艺品带回家也不失为一件美事。乡村旅游商品购物中心的建立不仅为广大旅游爱好者购买特色商品提供了方便，也将在一定程度上促进农副产品商品化，提高农副产品附加值，形成特色旅游商品品牌，助推当地旅游产业快速发展。

2. 通过发展乡村旅游商品，延伸"农家乐"旅游产品的价值链，从而扩大就业——以南充市为例

南充以"土、野、乐、趣"为特色的"农家乐"旅游迎合了都市人亲近自然、休闲娱乐的消费心理，越来越多的城里人愿意到农村。在他们经营的"农家乐"产品中，不仅是一般意义上的"吃农家饭、品农家菜、住农家屋、干农家活"，而是将这一产品的价值链进行了

充分的延伸，他们提出的宣传语是："吃农家饭、品农家菜、住农家屋、干农家活、娱农家乐、购农家品"。深度挖掘乡村旅游市场需求，使得全市各地的"农家乐"旅游蓬勃发展，给农民带来了更大的经济收益，同时促进了农村产业结构的全面优化，解决了农村剩余力转移和就业，并加速了农民思想观念的转变，为农村社会环境的改善起到了一定的作用。

3. 民族传统用品与工艺美术研究机构的结合，促进乡村旅游商品的开发与销售——以广西为例

广西近年来，在当地政府的支持下，经广西工艺美术研究所的不断开发与指导，将壮锦、铜鼓等富有当地特色的少数民族生活用品，开发成为少数民族地区传统工艺品，为农民增加了收入。

4. 对传统乡村旅游商品的再度开发——以四川省雅安市为例

四川省雅安市经过对传统乡村旅游商品——茶叶的再度开发，让游客认识到茶不仅可以饮，还可以带回家里欣赏。茶叶做的窗帘、中国结、各种造型的茶砖让人眼花缭乱。雅安西康大酒店在2004年推出了茶文化酒店的品牌，目前已经开发出30多种茶产品，尤以十二生肖茶最受游客的喜爱。

5. 对当地主题资源的深入开发——以湖汊为例

阳羡生态旅游度假区依托优越的生态环境，充沛的负氧离子，合理融合地方文化，以"深氧"为主题资源，创新"深氧界3H生活"旅游新概念，以回归健康（Health）、回归心灵（Heart）、回归家园（Home）为目标，打造了一系列度假产品。

有以深氧健身公园、龙山登山道、张公洞漂流为代表的深氧运动产品；有以宜兴竹海风景区（如图6-18）、张公洞、陶祖圣境为代表的深氧主题景区产品；有以竹海国际会议中心、篱笆园深氧墅、开元精舍酒店为代表的深氧主题度假酒店；有以静心小屋、泠家、竹月原乡等为代表的深氧民宿；有以竹笋煨肉、板栗土鸡、雁来蕈炖蛋等为代表的深氧美食宜帮菜；有以紫海薰衣草庄园、磬山崇恩寺、开元精舍国学馆等为代表的深氧养心产品。

图6-18　竹海镜湖

各类产品游客容量大、产品品质高、设计有创意，很好的融入了地方特色文化元素。主题产品以"深氧"为明确的发展目标，与区域内相近的度假区，如天目湖旅游度假区、汤山温泉旅游度假区能够实现错位、协调发展。

案例分析： 乡村旅游商品不仅局限在土产品、工艺品，还应根据自身的特色丰富乡村旅游商品的内涵，以达到使广大消费者喜爱的目的。乡村旅游重在根据当地特点因地制宜、合理发展，乡村旅游商品同样需要打破陈规、增加当地特色商品的种类，有别于其他地区的乡村旅游商品从而形成竞争优势。

案例2

国外乡村旅游商品开发案例

1. 乡村旅游商品通过多种渠道传递给旅游者，大大增加了其销量——以英格兰为例

在英格兰，旅游经营者的营销渠道策略有助于提高本国乡村旅游商品的消费。游客可以在各地的中心大街商店、传统礼品店和独立精品屋里享受一流的购物体验，还可以直奔市郊的名牌折扣卖场。乡村旅游商品通过这些渠道传递给旅游者，大大增加了其销量。

2. 特色旅游商品的销售——以法国为例

说起法国的乡村旅游，不得不提葡萄酒、烤面包、黄油、牛奶，这些都是极具特色的法国乡村旅游商品。游客通过参观农村的葡萄园和酿酒作坊，参与体验酿造葡萄酒的全过程，了解酿酒的工艺，学到品尝美酒的学问和配酒菜的知识，仅就购买葡萄酒这一项，就为当地的乡村旅游商品消费加足了筹码。

3. 特色美食的新鲜组合与另类创意——以瑞士为例

瑞士主要的乡村旅游商品同样是特色美食，但通过营造别致的就餐环境来赢得消费者。例如餐厅里的香草装饰，带给旅游者别样的意境。番茄肉酱手工香草面疙瘩是瑞士乡村的独家料理，将中国北方常规面食面疙瘩，融入马铃薯，用意大利面的料理手法，借助面疙瘩的劲道，为创意十足的意大利面创造出前所未有的新口感，这种新鲜组合与另类创意大受消费者欢迎。

4. 通过乡村旅游协会推广乡村旅游商品

在发达国家，乡村旅游的市场推广工作更多的是依靠乡村旅游协会来进行。协会的主要宗旨就是为乡村旅游进行宣传和推广，乡村旅游商品也是他们重点推广的内容之一。

5. 推出观光旅游农场的计划，创新传统农场的经营之道——以法国为例

法国农会推出的点心农场和农产品农场，是以生产和销售乡村旅游商品为主的。具体介绍如下。

（1）点心农场

"点心农场"的经营时间一般为下午3—6点之间，只允许提供农场自产的点心，不能卖正餐，也不能在正餐时间将点心当作正餐来卖。"点心农场"的活动目的是为了提高农场产品的价值，所以制作点心的主要材料必须出自当地农场，但是副材料不受限制（盐、

糖等），同时也禁止农场提供工业化制造的饮料及汽水等。

经营者对农场外部环境、内部厅室与卫生设备、点心制作及陈列外观、对游客的接待态度、农场的旅游活动设计等都有详细的规定。

（2）农产品农场

农产品农场的经营者可生产农产品并由经营公司进行营销，这与其他类型的农场规定有着本质的差别。但是申请"农产品农场"的生产者所生产农产品的主要原料必须以本农场养殖的动、植物为主，副材料可以来自农场以外的产区，其生产加工程序必须在农场内部进行。

为了保证这些农产品不是经过大规模工业化生产的产品，农场必须向农业及旅游接续服务处提交"技术表"，技术表中规定某些农产品可以在农场以外加工的次数及数量，其余都必须遵守在农场内部生产的原则。在技术表的准则中，特别规定了动物饲养的时间、情况及动物饲料的来源与种类，农作物卫生的处理原则，农作物生产的改良方法等。除此之外，在农产品的外部包装上也必须标示清楚材料的来源及制作方式，证明该产品不是经过工业化生产所得，违者即取消农场资格。

在农场将农副产品商品化，可直接提升农场竞争力和控制农场产品的质量，增加农民收入，推动经济发展。

6. 将乡村旅游劳作的经历与乡村旅游商品的销售完美融合——以韩国为例

在韩国的一些乡村，人们注重将乡村旅游劳作的经历与乡村旅游商品的销售相融合。春季，采摘野生绿茶和举行收获茶叶的仪式，采摘山花、制作豆浆等。夏季，采摘韩国李子，精心雕刻李子核。秋季，采摘栗子和柿子等。冬季，炒栗子，生火，制作米糕等。对游客来说，一方面亲自体验极富地域特色的乡间劳作，另一方面也买到了心仪的旅游商品，可谓一举两得。

案例分析：目前我国乡村旅游发展已与国外乡村旅游发展相接轨，重视多种营销渠道的宣传，依托节庆活动扩大知名度，同时也注重体验型乡村项目的打造，以及与其他创意产品的融合。

[创新思维]

1. 乡村旅游产品如何与文化创新融合发展？
2. 乡村旅游活动的不同项目如何有效交叉衔接？
3. 乡村旅游商品的开发如何避免同质化现象？

[创新实践]

结合你感兴趣的乡村旅游目的地，根据实地调研，设计该乡村旅游目的地的旅游产品、旅游项目及旅游商品。

模块七
运筹帷幄——乡村旅游市场营销

模块概述

　　将科学的市场营销应用到乡村旅游业的发展过程当中，能够对乡村旅游的市场资源进行有效的整合，促进乡村旅游向着更加科学、健康、高效的方向发展。本模块主要叙述乡村旅游市场营销的重要理论，结合相关案例进行拓展，涵盖三方面的内容：一是了解我国乡村旅游营销的现状、策略、模式和趋势等；二是介绍乡村旅游营销的渠道；三是了解乡村旅游产品宣传与推广的媒介。

学习目标

1. 掌握我国当前乡村旅游营销的现状、策略、模式和趋势等。
2. 熟悉乡村旅游营销的渠道。
3. 学习并灵活运用乡村旅游产品宣传与推广的媒介。

互联网背景下
乡村旅游营销
新模式

案例导读

留得住乡愁——浙江省庆元县乡村旅游品牌节庆活动之兰泥迎神节

兰泥村迎神文化节，是最具乡土特色的节庆活动，是目前庆元县最富代表性的浙南民俗文化节日之一。其历史悠久，记录可追溯到明成化二十一年（公元1486年），至今有500多年的历史。500多年来，当地乡民一直传承并发扬光大这一民间传统，并保留了原始的风貌和习俗。如图7-1所示。

兰泥村迎神文化节在每年的夏季举行，在如今大量人口外出务工、民俗传统传承日益困难的背景下，兰泥村迎神庙会却依然有着一定甚至日益广大的影响，这依赖于兰泥迎神民俗500多年的历史文化积淀。民宿庙会期间，村民从四面八方赶回，参加这一年一度的盛会，村民对该节日的重视程度不亚于春节。近年来外地游客也开始慕名而来，摄影参观，人数众多。

图7-1　兰泥村迎神文化节

思考：庆元县兰泥迎神节是如何体现乡愁的？

项目一　制定乡村旅游营销策略

学习目标

1. 明确乡村旅游营销的意义。
2. 了解乡村旅游营销策略的具体内容。

7.1.1　乡村旅游营销的重要性

我国拥有丰富的农村资源，有广泛开展乡村旅游的天然基础，从20世纪90年代开始，国家旅游局陆续推出了一系列关于乡村旅游的特色活动，极大地促进了我国乡村旅游业的发展，然而伴随着我国乡村旅游业的快速发展，乡村旅游中存在的缺点与不足也渐渐地显露出来。

我国的乡村旅游，不论是从形式、内容上都还处于原始、粗放经营的阶段，旅游产品落后，旅游形式同质化现象严重。如果放任乡村旅游行业中的不规范现象继续发展，会明显减缓乡村旅游业的发展势头，对乡村旅游业的可持续发展产生不利的影响。所以，乡村旅游景点相对于传统的、已经日渐成熟的旅游知名景点来说，更需要重视市场营销的介入。了解乡村旅游的特点和乡村旅游发展中存在的问题与不足，并有针对性地制定科学的营销策略，才能够全面提高我国乡村旅游业的服务质量和服务水平，增强我国乡村旅游业在旅游市场中的竞争力，促进我国乡村旅游业健康快速地发展，让更多的人愿意并且持续地参与到乡村旅游中来。

当今正处于信息爆炸的时代，越来越碎片化的时间，让人随时处于选择与被选择的状态。人们无暇在数目众多的消费产品中精挑细选，旅游产品也是也是一样。旅游目的地的选择，靠的是景点的知名度。如此庞大的旅游消费市场，需要从业者加大宣传力度，主动走出去，让旅游资源信息出现在市场，提高知名度，让更多的人知道这些旅游信息，目的地才有机会吸引更多的游客，这才符合市场规律的良性循环。否则旅游产品再好，缺少游客，最后结果也是注定失败。市场营销之于乡村旅游，主要目的就在于让更多的人听说、知道、主动了解，进而愿意来旅游，最后拓宽客源，增加收入。这就是乡村旅游市场营销的重要性。

关键词点击：乡村旅游市场营销

7.1.2　乡村旅游的特点及营销存在的问题

一、乡村旅游的特点

了解我国乡村旅游业的特点对乡村旅游营销策略的制定有着至关重要的意义。将科学的营销策略应用到我国乡村旅游业的发展过程当中，能够对乡村旅游的市场资源进行有效的整合，促进乡村旅游向着更加科学、健康、高效的方向发展。我国的乡村旅游目前有如下特点。

首先，我国的乡村旅游业能够充分地体现城乡的环境差异，让久居城市的人们体验到不同的生活方式。当前我国城市生活的节奏快、城市居民感受到生活压力过大，令城市居民对悠闲的乡村生活有着无尽的向往，从而使城市居民产生了到乡村旅游、体验乡村生活的心理，这种心理正是乡村旅游业得以发展的根源所在。其次，乡村的生活环境与城市有着较大的差别。在乡村，人们可以看见与城市中过于刻板的景观截然不同的自然景观，乡村旅游让人们充分地贴近自然、领略自然，感受与自然亲密接触的过程。同时，城市居民通过参与农家日常生活中的各项劳动来锻炼自己的身体，体会劳动的乐趣，并在劳动的过程中忘却城市生活的种种烦恼，使自身的心态更加乐观积极。

此外，我国农村在结束了日常的生产与劳作之后，往往有着丰富多彩的娱乐活动，与城市中的娱乐活动不同，农家的活动更加纯朴自然，如皮影戏、大秧歌等，都散发着农家生活返璞归真的气息。更不用说在少数民族聚居的地区，常常会举办一些具有民族特色的娱乐活动，对城市居民有着更强烈的吸引力。再次，由于乡村旅游业提倡的是一种体验式的旅游方式，因此城市居民可以全家集体出游，让自己的孩子充分体验农家生活中的乐趣和辛苦，从侧面对孩子进行忆苦思甜的教育，使孩子更加珍惜眼前的生活。而成人则可以远离城市的喧嚣，在体验农家生活的同时，亲近大自然，体验乡村生活的宁静，并通过劳动来放松自己，让自己以更加积极的心态去面对未来的生活。

最后，乡村旅游更加经济实惠，并贴近人们的生活。开展乡村旅游的地区不需要具备风光秀丽的自然景观和历史悠久的文物古迹，只需要具有浓厚的乡土气息，便可以成为吸引游客的好去处。比如城市周边的乡村，便具备开展乡村旅游的条件，这个特点也使得乡村旅游能够在短时间内被广泛地推广开来。而乡村旅游景点邻近城市，也意味着城市居民可以方便快捷地到达旅游地点，从而大大降低了耗用在旅行途中的时间，并减少了旅游的花费，令城市居民能够充分地利用自己的闲暇时间，体验丰富多彩的农家生活，大大增强了乡村旅游的市场竞争力，使乡村旅游业能够在我国旅游行业激烈的市场竞争中占据一席之地。

二、乡村旅游营销存在问题

乡村旅游形象具有区别于传统大众旅游的特点，但目前，我国的乡村旅游营销还存在以下一些问题。

1. 乡村旅游经营观念滞后

乡村旅游的核心就在于其乡村性，但是很多乡土味比较浓的乡村，通过发展乡村旅游有了钱，就开始水泥沙子的城镇化，很容易失去"原真性"的乡村风光。同时经营者缺乏系统的营销规划知识，乡村旅游的经营者还没有形成完备的营销理念。一些乡村旅游管理者缺乏对实际情况的考虑，把一些运用在城市旅游的营销理念运用到乡村旅游，不仅没有好的效果，而且还造成人力物力财力极大的浪费。

2. 乡村旅游产品单一，缺乏特色

乡村旅游的核心在于其乡村性，主要表现为恬静清幽的自然环境、浓郁的乡土气息与慢节奏的生活方式。但目前我国的乡村旅游只停留在农家观光游和农家体验游相结合的基础上，产品设计思路老套、过于单一，乡村所蕴含的深厚民俗文化未被挖掘和合理利用，导致产品单一，没有核心竞争力。

3. 营销模式过于单一

我国乡村旅游由于起步晚，发展慢，在营销方面还未形成统一的标准和体系。同时又缺乏专业营销团队的指导，营销策略也不完善，只是一味地跟风而走，急于模仿而缺少创新。在农产品的促销方面不予重视，缺乏市场经营和开拓理念，对农副产品的研发、包装、销售方面还没有形成合理营销体系。在销售渠道上简单地依靠旅行社来带动，很难大面积刺激消费，在促销方式上也多为传统广告、人员推广等。

4. 缺乏区域市场规划和整体营销策略

由于乡村旅游受政府的重视和扶持，一些地区出现了一哄而上的现象，缺乏区域市场规划，经营者不了解、不重视市场容量，重复、盲目的乱建，各自为政，导致竞争激烈，没有形成合力，无法进行整体营销。

7.1.3　乡村旅游市场营销策略

乡村旅游是人类社会进入工业化以后发展起来的新兴旅游业，是现代社会高度城市化导致人类追求自然、返璞归真、寻根求源心态的具体体现。在设计乡村旅游产品时，应扬长避短，做到"人无我有""人有我优"，充分表现和突出乡村特色，这是乡村旅游活动能否吸引游客的保证，也是乡村旅游经济的生命所在。下面本节内容将介绍乡村旅游市场营销策略，具体如下。

在乡村旅游区的形象构建和市场定位及营销目标确定之后，需要通过具体的途径来实现预定的形象及目标，这个"具体的途径"就是市场营销策略组合，乡村旅游市场营销策略组合也称为8P策略组合。具体介绍如下。

一、产品策略（Product）

依托乡村旅游区的旅游资源和产品，以乡村旅游区总体形象为导引，面向不同的细分市场，进行有步骤、有重点、有针对性的主题产品组合式营销，以更好地满足市场个性化的需求。主要有以下两方面。

1. 产品开发

乡村旅游区各类旅游资源的潜在价值需要充分展现，因此，需针对具体的资源状况，对旅游产品进行有序开发，打造自身特色。

2. 产品组织

对乡村旅游产品进行整体规划和组织，打造主题特色鲜明、适游性良好的旅游产品和旅游线路，以便游客根据个人偏好来选定适合自己的产品组合，提高游客的体验价值。

二、价格策略（Price）

根据消费心理学的理论可知，价格是影响游客决策的重要因素，恰当的价格策略是撬动市场、调节游客流向以及提高收益的有力手段。价格策略有以下3种。

1. 灵活定价策略

（1）依据需求价格弹性定价。

对需求价格弹性系数（需求价格弹性系数表示一定时期内一种商品的需求量变动对于该商品价格变动的反应程度）较大的花费项目，可采取相对较低的价格吸引客源，由于弹性较大，增加的客源将大于单价降低的影响，因此总收入会增加。

对需求价格弹性系数较小的花费项目，需采取较高定价，一方面是因弹性较小，提价不会造成客源量大幅降低，另一方面适当的高价可在市场上树立起高品位的形象，从而进一步地刺激该类产品的销售。

（2）旅游淡旺季差别定价

在旅游淡、旺季应采取不同的价格，以达到分流旺季游客，吸引淡季客源的目的，最大限度地减少因淡旺季游客量大幅的变化，给旅游区持续稳定经营带来的冲击。

（3）对旅游分销商的差别定价

对各类旅游渠道商（分销商）采取灵活的定价策略，分销商可给乡村旅游区带来大量的客源，是乡村旅游开拓各级目标市场的重要力量。可根据分销商的业绩（如招来游客的数量）给予其价格上的让利，使乡村旅游区与各级、各类旅游分销商的合作得到巩固和发展。

2. 捆绑定价策略

对乡村旅游区各景点间的"竞争—合作"关系进行妥善处理，从而形成较好的互补，可实行套票（捆绑定价）制。参与捆绑定价的景点需要根据游客游览的便利性、体验的完整性等方面进行论证和遴选。

3. 价格折扣折让策略

由于游客对价格具有相当的敏感性，因此可根据经营情况采取适当的价格折扣折让策略，来最大限度地吸引游客。具体策略如表7-1所示。

表7-1　价格折扣折让策略一览表

类型	策略含义	策略应用
数量折扣	对一次性购买足够数量门票的购买者的一种价格折扣	对企事业单位、政府机关、学校及其他团体组织的团队旅游，可用数量折扣策略
功能折扣	向足额完成销售目标的渠道商提供的一种折扣	针对旅行社等分销商在一年的特定期限内带团进入乡村旅游区的人数达到一定目标数量，可给予折扣奖励
季节折扣	对在淡季购买旅游产品的顾客提供的一种折扣	在除3—10月外的时间内，可在各大目标市场推广折扣门票（套票）
折让	给符合要求的特定购买者的一种折扣	针对重游的游客，可持上次消费票据得到一定数额的价格折扣；针对以家庭为单位的自助旅游者，设置家庭折扣价格，以提高重游率

三、渠道策略（Place）

渠道由各级旅游分销商构成，是把乡村旅游产品推向终端市场的中间力量，建立一个结构完善、高效敏捷的分销体系，是提高乡村旅游市场份额和市场影响力的重要手段。

1. 渠道建设

乡村旅游渠道建设应遵循减少分销层级、降低运营成本和提高反应速度的三个基本思路，针对不同重要程度的目标市场采取不同的渠道建设措施。

在重要目标市场城市应设立专门的营销机构；在次级目标市场城市可与当地相关组织合作，让其成为乡村旅游代理商；在三级目标市场可根据实际需要派驻营销代表。

2. 渠道管理

渠道建设只完成了渠道策略的基础一步，要保证渠道体系运作高效、行动敏捷，就必须做好渠道的管理工作，具体措施如下。

对各级、各类渠道商进行精细化管理，渠道商需要得到旅游目的地经营者的认可，每年需要接受经营者的考核，淘汰不符合要求的渠道商，提高整个渠道体系的质量；保证经营者与渠道商之间信息往来通道的高效通畅，可迅速地将旅游市场的最新信息上传下达，并在渠道体系内部实现无障碍共享；建立渠道商俱乐部，每个季度（也可根据旅游淡旺季情况安排时间）召开渠道商会议，一方面对业绩突出的渠道成员进行奖励，另一方面也增进了乡村旅游经营者与各渠道商之间的了解。

四、促销策略（Promotion）

目前，我国乡村旅游对外宣传的整体形象不是很鲜明，面临品牌塑造不到位的窘境，需要对原有的促销手段进行革新，必然需要大量的、多层次的传播工具予以支撑。主要促销手段如下。

1. 媒体促销

以宣传乡村旅游总体形象为指导，委托专业广告公司制作详尽的媒体推介方案。在媒介的选择上，应根据乡村旅游开发的各个阶段和市场的不同状况（见表7-2），选择合适的媒体进行组合，以大众媒体为主，特定媒体为辅，形成多类媒体、多个渠道、多种角度、网络化的立体媒介广告平台。

表7-2　不同阶段的广告策略一览表

广告阶段	初期	中期	后期
广告目标	树立品牌	深化品牌形象	维持品牌形象
广告战略	开拓市场	占领市场	保持市场影响力
广告对象	新客源	新老客源	老客源
广告策略	多种媒体组合，进行多层次广告推广，这个阶段声势大，广告费用投入多	广告密度、广告费投入开始减少，利用独特优势来征服游客	压缩广告投入，定期发布广告来唤起游客注意，以延续市场

2. 销售策略

与媒体促销相辅相成，在乡村旅游发展的不同阶段，择机采取不同的销售策略，以刺激市场获得预期效果。针对游客，可采用赠送纪念品、旅游吉祥物、优惠券、累计消费奖励券、淡旺季套票、奖励免费乡村旅游机会等方法，不断吸引新客源，巩固老客源。针对渠道商，可采取折扣、赠品、特定VIP服务、销售奖励等办法，巩固和发展经营者与渠道商的合作。针对乡村旅游自身的销售体系，除在薪酬制度上给予保障，还可采用发放业绩奖金和授予荣誉称号等激励措施来鼓励员工。

3. 专员促销

专员促销是面对面的直接营销，具有针对性强、沟通效率高的优点，可采用的促销方法如下。

组织宣传推介会活动，在主要目标市场联合当地有关部门，共同举办乡村旅游形象推广及产品展示会，邀请本地相关的政府部门、旅行社、旅游企业和新闻媒体参与。定期或不定期安排促销专员对目标市场的相关团体，如记者协会、教育工会、大型企事业单位，进行电话拜访或登门拜访，共同商议团体旅游、会议旅游、奖励旅游等合作事宜。在重点目标市场的中心城市设立促销代表，负责旅游事宜的日常接待，与各社会团体、企事业单位建立长期的合作关系。

五、包装策略（Packaging）

乡村旅游产品的包装，应从游客喜好角度出发，产品包装在体现乡村历史文化、民俗风情、历史积淀等特点的同时，还须注重研究游客心理，适应当前市场的需求，开发出游客喜闻乐见的产品包装效果，从而激发游客的出行和购买的欲望。

六、策划策略（Programming）

旅游是典型的"眼球经济"和"注意力经济"，市场的关注和游客的眼球就是旅游目的地的"印钞机"，营销就是让更多的人了解、认可和赞赏本目的地的形象和产品，因此，除了常规的营销措施外，还需要抓住瞬息万变的社会潮流和热点，进行专门的创意策划。

抓住各种有利时机扩大影响，以及能够产生引爆效果的事件，如争取各类选秀节目来乡村旅游区举办，各类演艺明星巡回演出等。

七、人本策略（People）

在物质财富极大丰富的今天，对游客来说，稀缺的是高质量的体验和服务，最能够给游客带来感动和赞赏的是贴心的、以人为本的服务，这也是提高乡村旅游形象并与其他旅游业展开竞争的关键所在。

人本策略的核心是情感营销，用真诚温暖社会，用情感打动人心，在各种营销推介中都努力体现出对人的关怀和关爱，具体可采取的措施包括：划拨专门经费，专款专用，以乡村旅游区的名义积极支持和参与各类社会爱心公益活动，制作和播出保护环境、爱心公益等广告；旅游形象宣传片中加入弘扬真、善、美等美好事物的内容；与慈善机构合作，在乡村旅游区门票、套票上印制如"您的消费已为爱心基金捐献1角"等字样，渲染爱心奉献的精神。

八、协作策略（Partnership）

在市场经济发达的今天，低端的恶性竞争不利于乡村旅游的良性发展，协作才是发展的正确策略，乡村旅游要立足于自身的客观条件，广泛建立合作，扬长避短以求得共赢。可从以下两方面开展协作。

1. 乡村旅游的内部协作

旅游业是包含了旅游6个基本要素（吃、住、行、游、购、娱）的有机系统，乡村旅游区内各景点是相互依存的关系，可从这6个要素上加强相互协作。

2. 区域间旅游协作

乡村旅游区可以和周边其他景区相互协作，形成旅游链，合多家之力吸引客源市场。此类"入网"式的营销对于开发起步较晚的乡村旅游区来说，是非常合适的发展合作模式。

> 关键词点击：乡村旅游市场营销策略

 **同步案例**

和歌山县白滨町价格优惠吸引游客

和歌山县白滨町位于日本关西大都市圈区域内，距离日本第二大城市大阪府驾车1h的距离。该地区早期的乡村旅游主要依托附近的温泉、白良滨浴场、熊野古道等著名景区景点的二次客源开发民宿旅馆，以较低的价格和富有特色的旅游内容、接待设施满足游人需要，并与主要景区景点的旅游活动相互错位，成为其重要补充。近年来，随着日本国民消费观念的变化和对休闲农业认知度的提高，白滨町在发展景区边缘型休闲农业与乡村旅游的同时，抓住机遇，发挥距离大城市较近的地理优势，建立了多处农产品直销所，旨在满足周边城市居民周末休闲度假和回归自然的旅游需求的同时，针对乡村旅游消费的新特点，为城市居民提供本地新鲜、安全的农产品，提高了当地农产品附加值。

项目二　明确乡村旅游营销

学习目标

1. 了解不同类型的乡村旅游市场营销模式。
2. 了解乡村旅游市场营销发展趋势。

7.2.1　乡村旅游市场营销模式

一、体验营销

体验营销是企业通过采用让目标客户观摩、聆听、尝试、试用等方式，使目标客户在心理、情绪、感受上亲身体验企业提供的产品或服务，让顾客实际感知产品或服务的品质或性能，从而使顾客认知、喜好并购买的一种营销模式。体验营销以满足顾客的体验需求为目标，以服务为内容，以有形产品为载体，生产、经营高质量产品，拉近企业和顾客之间的距离。产品、服务对顾客来说是外在的，体验是内在的、存于个人心中的。体验营销的主要策略如下。

1. 感官式营销

感官式营销是指通过视觉、听觉、嗅觉与触觉建立感官上的体验。此策略的主要目的是创造感官体验，增加旅游产品的附加值。如江西婺源的油菜花给游客以美好的视觉体验。

2. 情感式营销

情感式营销是指在营销过程中，要触动顾客的内心情感，创造情感体验，例如，可以给游客一种温和的心情。情感式营销需要真正了解什么刺激可以引起何种情绪，能够使游客受到感染，并融入这种情境中。如银川镇北堡西部影视城，通过张贤亮作品情境的构建，触发游客的情感。

3. 思考式营销

思考式营销是指启发顾客的智力，让顾客用思考来认识和解决问题的营销方式，如台湾地区梅子梦工场，从梅子加工场到世界第一家讲故事酒店，启迪游客进行思考。

4. 行动式营销

行动式营销是通过名人，比如影视歌星或著名运动员来吸引顾客，从而实现产品的销售。比如云南文山普者黑因录制《爸爸去哪儿》而成名。

二、娱乐旅游营销

娱乐营销是借助娱乐的元素或形式，将产品与消费者建立联系，从而达到销售产品的营销模式。娱乐营销的关键在于让消费者"潜移默化"地接受品牌信息。如湖南卫视、江苏卫视、浙江卫视相继推出的真人秀节目带火了一批景区。

三、体育旅游营销

体育营销是以体育活动为载体来推广企业品牌和产品的一种营销模式。体育营销包括两个层面：一是指将体育本身作为产品营销；二是指运用营销学的原理，以体育赛事为载体而进行的非体育产品的推广和品牌传播等营销活动，这点也是本文所指的体育营销模式。由于体育活动背后蕴藏大量的商机及体育活动的公益性和公信力比较高等特征，一些景区通过举办体育赛事迅速成名。宁夏中卫沙坡头景区通过举办2010年的汽车拉力赛、2015年的越野拉力赛等活动，使得景区的江湖地位屹立不倒，同时被评为2016中国体育旅游十佳精品景区之一。

四、概念营销

所谓概念营销是指企业在市场调研的基础上，将产品或服务加以提炼，创造出具有核心价值理念的概念，通过这一概念向目标顾客传播，从而激发目标顾客的共鸣，最终促使购买的一种营销理念。

概念营销的特征表现为创造需求，引导消费；细分市场，主动定位；差异划分，个性营销。从消费者的心理需求出发，通过市场的细分来精准满足消费者的需求。例如，河南焦作有一处叫封门村的景区很火，通过"鬼"故事来满足驴友和胆大猎奇心强的游客来提高景区的知名度。

五、事件营销

事件营销是指企业通过策划、组织和利用名人效应、新闻效应以及社会重要事件，引起媒体和消费者的兴趣与关注，从而提高企业或产品的知名度、美誉度，树立良好的品牌形象，最终促成销售的目标。事件营销也是当今众多景区经常采用的营销手法，例如，云南普洱国家公园利用公园散养动物这一特性，在暑期举办了"动物奥运会"，在中秋节举办了"森林音乐会"，使得该景区在滇西南极具竞争力。如图7-2所示。

六、关系营销

关系营销是把营销活动看成是一个企业与消费者、供应商、分销商、竞争者、政府机构及其他公众发生互动作用的过程，其核心是与这些公众建立和发展良好的关系。关系营销的特点可概括为：双向沟通、合作、双赢、亲密、控制。关系营销的中心——顾客忠诚。

七、网络营销

网络营销既可以在网上对乡村旅游品牌及其产品进行宣传推介、建立客户关系，又可以通过在网上建立客房预定中心，对乡村餐饮、旅馆进行营销，以方便游客选择和预定。如图7-3所示。

图7-2　湖汶事件营销　　　　图7-3　湖汶网络营销

八、影视营销

影视作品，作为喜闻乐见的大众娱乐形式，旅游景区主动根据景区资源和特点设计拍摄以景区场景为主的影视作品，通过这种隐性的广告宣传形式对景区进行形象宣传，所起的巨大拉动作用是一般广告形式和渠道形式所难以比拟的。国内成功的例子如：蜀南竹海借助电影《卧虎藏龙》（如图7-4）、甘肃甘南风光借助电影《天下无贼》、额济纳旗胡杨林借助电影《英雄》等。

图7-4　蜀南竹海——卧虎藏龙拍摄地

乡村旅游以具有乡村性的自然和人文客体为旅游吸引物，依托农村区域的优势资源，在传统农村休闲游和农业体验游的基础上，拓展开发度假、休闲娱乐等新兴旅游方式。但是，乡村旅游作为一种新兴旅游产业，必须要形成自己独有的营销理念，构建切合乡村旅游实际情况的营销观念，且符合现代旅游企业市场营销的运行模式，进而促进乡村旅游资源的整合与升级，这将有利于乡村旅游业长久有序的发展。

可见，通过乡村旅游景区的建设，一方面解决了农村剩余劳动力，增加了农民的收入，也缩小了社会的贫富差距，促进了和谐社会的发展。在政府的指导下，要以科学、合理的规划，注重品牌效应，坚持保护与开发并存的模式，通过创新的营销理念进一步推动乡村旅游建设。

7.2.2　乡村旅游市场营销趋势

随着我国乡村旅游业飞速的发展，乡村旅游市场营销方式也正在发生着重要的变革，并直接决定了乡村旅游产业的发展，这种变革所体现出的趋势主要有以下几个方面。

1. 产品开发的个性化发展趋势

随着乡村旅游市场需求不断更新和表现出日益多样化的趋势，乡村旅游的产品开发也逐渐向个性化方向发展，以满足旅游消费者不同层次的需求。

2. 品牌化营销趋势

在经济全球化时代的今天，经济的竞争就是品牌的竞争。现代旅游产业的竞争同样也是旅游品牌的竞争。在现代营销理念当中品牌可以说是营销的核心和灵魂，品牌作为吸引消费者购买的重要因素之一，应该全面简洁地向消费者传递本身所代表的独特形象和旅游产品吸引力。乡村旅游的竞争也突出地表现为品牌的竞争。

3. 营销理念紧扣可持续发展主题

目前，乡村旅游发展已越来越重视旅游资源的开发与生态环境的协调发展，以实现真正的绿色生态旅游。在市场营销方面，绿色营销观念开始引起经营者的重视。在进行旅游产品的宣传和促销时，通过充分的信息传递，来树立乡村旅游产品的绿色形象，使之与旅游者的绿色需要相协调。传统的分发传单、制作大幅广告标语等宣传手段，不仅效果欠佳，而且很不环保，逐渐遭到了淘汰。

4. 营销策略更注重与游客的沟通和协调

乡村旅游发展到一定阶段后，各方面的沟通协调就显得尤为重要，特别是游客及旅游从业人员的沟通和协调。乡村旅游是为了满足城市居民回归大自然的心理需求，并为他们提供一个理想的双休日、节假日度假旅游目的地而出现的，因此如何通过沟通准确地了解并把握住乡村旅游者的旅游需求，争取他们作回头客，这才是乡村旅游开发设计的最终目的，也是其营销的侧重点。

5. 营销模式开始向网络化延伸

随着乡村旅游的进一步发展，以农户为基本生产单位的方式很难适应农业和农业旅游日益发展的社会化、知识化、规模化、甚至网络化的需求。区域旅游网络体系逐渐形成，这样的体系要求形成整体规划，进行联合促销。在现代旅游营销理论的指导下，营销模式开始出现新的发展。运用先进的网络技术，开展旅游电子商务服务，成为很多乡村旅游企业进行营销的首选，乡村旅游的营销模式开始向网络化延伸。

> 关键词点击：体验营销

同步案例

国际周庄之构想

周庄位于上海、苏州、杭州之间，凭借得天独厚的水乡古镇旅游资源，坚持"保护与发展并举"的指导思想，大力发展旅游业。以水乡古镇为依托，不断挖掘文化内涵，完善景区建设，丰富旅游内容，强化宣传促销，经过十多年的努力，成功打造了"中国第一水乡"的旅游文化品牌，开创了江南水乡古镇游的先河，成为国家首批AAAAA级旅游景区，并获得"最受外国人喜欢的50个地方"和全国旅游系统先进集体、中国知名旅游品牌的荣誉。

近年来，周庄不断致力于优秀传统文化的挖掘、弘扬和传承，积极探索文化旅游，全力塑造"民俗周庄、生活周庄、文化周庄"，正日益成为向世界展示中国文化的窗口，受到了中外游客的青睐。经过十年保护和发展，周庄跨入十年提升时期，提出了打造"国际周庄"的构想。借助经典的江南水乡文化来展示优秀的中华文明，以文化的交融为切入点，把周庄推向国际。通过资源的整合，推出适宜现代体验式旅游的精品线路和项目，加大投入完善旅游配套设施和提高国际接待能力，努力把周庄建设成为国际休闲度假胜地。

项目三　打通乡村旅游营销渠道

1. 了解乡村旅游营销渠道的具体内容。
2. 能够创新发展乡村旅游营销渠道。

7.3.1　理解乡村旅游营销渠道

在市场营销活动中，由于旅游市场、旅游企业、旅游中间商和旅游消费者等多种因素的影响，旅游产品的营销渠道形成了多种形式，同一种旅游产品可通过不同的营销渠道销售。具体介绍如下。

1. 直接营销渠道和间接营销渠道

直接营销渠道是指旅游产品不经过旅游中间商而直接销售给旅游者；间接销售渠道则是借助旅游中间商将旅游产品最终转移到旅游消费者手中的流通途径。间接营销渠道根据经过中间商的环节多少还可分为一级、多级和多级多层营销渠道。

2. 长渠道和短渠道

根据介入旅游中间商层次的多少，将营销渠道分为长渠道和短渠道。所经过的中间层次越多，营销渠道就越长。渠道短，则信息传递快，销售及时，能有力地控制营销渠道；渠道长，信息传递慢，流通时间较长，对营销渠道控制困难。

3. 宽渠道和窄渠道

营销渠道的宽度是指旅游产品的销售渠道和销售网点的数目与布局。它涉及中间商的数目以及中间商在旅游市场所设立销售网点的数目及其分布的合理程度。数目多且合理，渠道就宽；反之渠道则窄。

一般而言，新的旅游产品投入市场时应采用长渠道，与旅行社合作，尽快打开市场。可以聘请经验丰富、社交广泛的营销人员，向合作的旅行社推销，提高他们对新产品的支持度，通过优惠定价，结盟合作，互惠互利等方式与旅行社联合促销，使产品辐射范围更广，获取充足的客源。

而旅游产品一旦发展壮大或进入成熟期，已被大多目标顾客所了解，就采用短渠道，如水乡古镇周庄等一些相对比较成熟的乡村旅游景区就可以采取直接营销渠道策略。设立乡村旅游经营者自己的销售网点，直接对旅游者销售，可以掌握营销主动权，节省费用。

关键词点击：乡村旅游营销渠道

7.3.2　乡村旅游营销渠道的运营

乡村旅游作为一种新兴的旅游模式，有着极为广阔的发展空间和巨大的发展潜力。面对目前旅游市场的激烈竞争，如何打通适合乡村旅游的市场营销渠道，成为乡村旅游业健康发展所亟待解决的问题。可从以下几方面考虑。

1. 有选择的利用传播媒体

首先要考虑成本比较低、影响面又比较大的传播方式，特别是在引资期和开发期。例如，传播媒体可选择目标市场地区的日报、晚报、早报等，它们具有较高的当地市场覆盖率的特点。也可以在目标市场地区召开旅游产品说明会或组织旅游中介机构来推广。而中后期则可以考虑选择层次较高、影响力较大的传播媒体。

2. 影视营销

拍摄宣传片，借助电视广告、纪录片等影视媒体形式，提高乡村旅游知名度，吸引游客前来观光。同时，还可向社会提供电视、电影、广告等题材的拍摄场地。

3. 节庆营销

乡村旅游特别适合短距离的一日或两日游，及清明、端午、国庆等国家法定节假日游。因此，促销宣传的时间可安排在节前，集中人力、物力和财力，在较短时间，以较密集的宣传攻势，在节假日期间争取达到旅游高峰。同时，充分对当地的节庆习俗进行促销、宣传，开拓大众市场。

4. 网络营销

近年来，由于互联网的普及，有越来越多的人是通过网络了解乡村旅游目的地的相关信息。网络营销有以下几种方式。

（1）在政府旅游网站中，有针对性地进行推介，对旅游资源、交通区位、旅游项目、旅游线路进行介绍。

（2）可与国内著名的旅游网络营销商合作（如携程）共同推出乡村旅游的独家产品，以扩大旅游区知名度和档次。

（3）在网站中搭建互动平台，比如，旅游论坛、驴友日记专栏等。给旅游者交流旅游心得和潜在旅游者一个交流的平台，使乡村旅游景区特色以这种更有可信度的方式展现出来。

5. 关系营销

市政府及旅游部门，在协调好各旅游区、各利益相关群体、游客之间的关系的基础上，可以通过各旅游目的地旅游公司建立稳定、牢固的业务联系，邀请相关部门学习考察等，扩大乡村旅游知名度。在乡村旅游区打造商务型度假山庄、大型拓展项，有针对地对集体、企事业单位推广。

6. 政府推介

由政府组织在重点客源城市和主要旅游区进行旅游项目推介，并采用多种方式进行旅游宣传，策划旅游专线，吸引更多游客，同时树立政府形象，扩大知名度。比如，推广生态农业的科普教育功能，政府可以专门在各中小学范围推广前去参观，既开阔了青少年的视野，也提高景区的科普氛围，同时对经济效益起到带动作用。

7. 与商家联合推介

跟商家联合，在促销、抽奖等活动中设立乡村旅游某功能区免费两日游等的奖项，以此来树立景区形象，扩大知名度。

 同步案例

德清景区网站建设

浙江德清是我国知名的乡村旅游目的地，目前已经开发建立了景区自己的网站，对有目的搜集信息的旅游者来说，景区网站是其判定旅游信息的最终平台，网站应设立与景区有关的各种栏目，有利于旅游者了解更多更准确的景区内容。德清乡村旅游景区网站除展示景点风光、景区项目、食宿信息、购物指南、自驾线路等必要内容外，还设立即时在线交流窗口，随时解答访问者的问题；设立在线订购栏目，提供景区折扣门票、折扣餐饮券等的在线购买，以各种形式的优惠促销吸引旅游者做出购买决策。并经常依托网站开展景区营销策划设计方案等有奖征集活动，有效地提高了网站的访问量。

2015年荣昌美丽乡村旅游节庆活动一览

1. 2月双河草莓采摘节

双河街道鱼苗社区主会场举办了草莓采摘节（万灵镇玉鼎生态园分会场）。游客在农家地里现摘现吃牛奶草莓，享受入口即甜的新鲜味道。

2. 3月民俗文化赏花采果节

清流镇马草村血脐基地，千亩果树区任您玩耍，并可采摘塔罗科血脐，伊斯兰风情小镇可供观赏。要是摘果不过瘾，不要着急，还有万亩油菜花等着您。

3. 4月古佛山樱桃采摘节

清升镇刘家院子带您感受清幽风景，登荣昌最高峰，领略荣昌风貌。果园的樱桃、农家菜肴，以及一系列采摘樱桃的旅游路线，带您过一个不一样的樱桃节。如果您喜欢摄影，还可参加"古佛山樱桃采摘节"摄影比赛。

4. 5月帐篷文化艺术节暨台湾农业园赏花采果节

古昌镇台湾农业园内，看台农花海，品农园果蔬，观帐篷艺术，赏台湾美食。

5. 5月岚峰花海

双河街道岚峰林场（大石堡）游览市级森林公园——岚峰林场，赏独特的林下花海景观、生态种养基地，品农家乐生活。

6. 6月香草文化之旅

仁义镇瑶山社区三奇寺水库，游览香草基地；泛舟三奇寺水库；参观农耕博物馆；采摘桑叶，体验养蚕乐趣；7km环湖路长跑比赛。

7. 8月七夕河灯文化节

万灵镇县衙广场放河灯、祈福。

8. 9月清江镇桂圆节

清江镇桂圆节开幕式；桂圆采摘和桂圆品尝；游览清江镇河中岛；游览清江狮滩庄园（清代）、屈义林故居、清江明清一条街、清江古城墙及沿河两岸风景；参观清江镇非物质文化遗产（草编、竹编）；观看清江"黄氏杂技"表演。

9. 10月安陶文化艺术节

安富街道陶都广场，依托安陶博物馆、陶艺大师园，开展以安陶为主题的文化艺术活动。

10. 11月双龙湖农家旅游文化节

荣隆镇水体公园，登燕山健身步道，享天然氧吧，游双龙湖，观英雄事迹，摘荣隆脐橙、品农家菜、钓生态鱼。

[知识拓展]

国外常用的营销策略主要表现在营销手段、营销渠道、竞争策略等方面。

从营销手段来讲，主要使用口碑传播、网络营销、利用节日或活动进行促销等。口碑传播(亲友介绍)可信度高，是乡村旅游的重要营销手段。位于加拿大蒙特利尔省的一个汤布朗小镇，凡去过该镇的旅行社导游和游客无不为她那美丽的乡村景观以及与名品折扣购物相结合的旅游产品"搭配"手段所折服，凭借游客身体力行的宣传，吸引了越来越多的游客。

此外，网络营销的作用也将越来越明显。国外的网站建设比较成熟，旅游者能一目了然地在其网站获得各种相关信息。法国有从事旅游产品预订和促销的网站，属于营销策略的一种；利用节日或活动宣传促销的方式往往成本低而效果好。

从营销渠道来讲，主要采用直接销售渠道、间接销售渠道和混合销售渠道。例如，在韩国的Gwangyang Dos unguksa村，人们注重将乡村旅游劳作的亲身经历与其乡村旅游商品的销售相融合。

从竞争策略来讲，重视联营和合作。在法国，联营和合作是保证在竞争中实现共赢的有效途径。例如，一家法国的乡村旅游企业的营销总监为对其乡村别墅进行推销，邀请了该地区十多个代表来公司参观。这些代表都拥有各自的乡村别墅，而且和该企业在同一地区，是竞争最激烈的对手。然而，他们邀请竞争对手参观所有的景点，同时陪同他们乘游艇游览，随后来到餐厅享用鸡尾酒并讨论合作的可能性。通过联营和合作，达到了企业共同发展的目的。

[案例分享]

案例1

"微信营销"助力日照松柏镇乡村旅游

在当前大力扶持电商发展、着力推进"互联网+"的形势下，松柏镇早谋划、早行动，积极创建"松柏旅游"微信公众号，并创新宣传营销方式，极大地带动了乡村旅游发展。

该镇以宣传"旅游小镇""养老小镇"为定位，划分政务信息、美景美食、风土人情、神话故事等专题，安排专人从事照片拍摄和微信编辑工作。在微信发布上坚持原创，坚持每周5篇以上，重点宣传五征松月湖旅游度假区、凤凰山百果谷等主要景区和窦家台子、刘家南山、驼石沟等旅游重点村，全面宣传应季旅游产品及旅游资讯，打造松柏镇四季有景致、时时宜游玩的形象。为提高微信编辑质量和照片拍摄水平，该镇邀请日照日报、县委党校专业人员进行技术培训和指导，每周抽出至少2天时间组织微信编辑人员深入村庄、景点，挖掘旅游信息和新闻资源；积极与"今日五莲""五莲乡村游"等微信平台进行沟通衔接，确保每周在县级平台推送信息两条以上。

同时，为提高关注度、增加微信营销量，该镇创新宣传方式，在百果谷开展扫码关注送苹果、到农家乐就餐赠送菜品、购买火龙果满送等活动，扩大本土特色及农产品知名度；近期正在筹划将采摘游玩、登山健身、休闲垂钓等旅游活动录制成音频、视频，让关注者更加生动立体地了解、关注松柏。秋末冬初，通过关注"松柏旅游"发布的旅游资讯，该镇每周都能接到旅游咨询电话，吸引前来采摘苹果、柿子的游客3 000多人次。

案例2

山东省乡村旅游网络营销试点村落户长岛

自2016年起，山东省旅游局分别从美食、民俗、旅游商品、交通路线等方面，对全省乡村旅游网络营销试点村进行网络营销集中推广，逐步实现乡村旅游智慧化和规范化管理，长岛县鹊嘴村荣登"全省乡村旅游网络营销试点村"榜单。

长岛县从全县13个省级旅游特色村中反复斟酌比较，最终选择以鹊嘴村为试点，通过新型的"互联网+乡村旅游"营销模式，在线上指导渔家乐经营者开展互联网营销、移动营销，使经营者只要通过手机即可对旅游动态信息的实时发布、游客咨询和旅游产品预定进行直接操作；在线下积极扶持鹊嘴村进一步完善渔家民宿、村容村貌、娱乐设施、特色美食、旅游商品等方面，有效推动了长岛乡村旅游向智慧化和信息化方向的迈进。

案例分析：在互联网+发展背景下，注重旅游+互联网的融合发展。网络营销的应用，不仅仅有利于游客实时掌握旅游动态信息，也有利于乡村旅游的智慧化和信息化的发展，从而扩大自身的知名度。

[创新思维]

1. 乡村旅游营销策略的模式有哪些？
2. 乡村旅游营销渠道的媒介主要有哪些？
3. 如何借助节庆活动有效进行乡村旅游产品宣传与推广？

[创新实践]

通过查阅相关资料、实际调研，选择你感兴趣的乡村旅游点，归纳总结其营销现状、营销渠道以及乡村旅游产品宣传与推广的方式，提出改进策略。

模块八
同心协力——乡村旅游从业人员的管理与培训

模块概述

　　乡村旅游从业人员的管理与培训，是指为适应乡村旅游业务工作开展和人才培养的需要，对员工开展训练、进修等活动，使员工增进知识和技能、提高道德修养以适应乡村旅游的发展。本模块针对乡村旅游从业人员的管理与培训主要从以下三方面阐述：一是建立乡村旅游管理体系与规章制度；二是针对乡村旅游从业人员开展基本素质培训的切入点；三是乡村旅游从业人员技能培训的策略和措施。

学习目标

1. 掌握乡村旅游服务质量管理及服务质量控制体系的构建。
2. 掌握乡村旅游从业人员职业素质培训的内容及基本类型。
3. 掌握乡村旅游从业人员技能培训的策略和措施。

乡村旅游从业
人员培训

案例导读

乡村旅游的奇迹——马嵬驿景区

　　兴平市马嵬镇李家沟村曾是中国几十万个农村中普普通通的一个，在深入学习了各地优秀的乡村旅游模式后，打造了马嵬驿民俗文化体验园，简称"马嵬驿"，景区占地233亩，是一个集马嵬古驿站文化展示、文化交流、原生态餐饮、民俗文化体验、休闲娱乐、生态观光、环境保护于一体乡村旅游区。作为一个4A级景区，马嵬驿不收门票，各种景点、演出也同样免费玩、免费看，马嵬驿靠的是关中地区让人目不暇接、垂涎三尺的美食盛宴，马嵬驿的粉汤羊血店，年利润超过300万元，马嵬驿酸奶铺，单日营业额高达29万元。

　　马嵬驿景区取得如此成功，得益于其精细化的管理。（1）实行入驻商户末位淘汰。马嵬驿对经营商户每年实行末位淘汰，清退经营管理跟不上的商户，整合没有活力的商铺，商户从原来的130多家缩减到100家以内。（2）统一食材确保品质。景区经营户一律不得外带食材进入，也不能外带加工好的食品进行销售，必须使用景区统一供应的原材料。周边的农村为景区指定蔬菜基地，为景区提供无公害蔬菜。（3）环境卫生制定标准严格马嵬驿对商户运营管理细节上把控极为严格，甚至到了苛刻的程度：与餐饮有关店员一律戴口罩；食物外形、餐饮人员指甲服装都有具体标准……如果达不到要求，轻则处罚，重则停业整顿。（4）各负其责共同监督。在经营户中选出成员组成商会，商会有一名会长、16名副会长，其他都是会员。商会职责有两项：其一负责统一采购原材料，再按照原价卖给经营户；其二负责对经营户进行管理，监督景区规章制度的落实。每个经营者既是经营者又是管理者，互相监督，共同维护市场秩序。（5）实时强化安全意识。"安全"是马嵬驿重中之重的工作，商会定期通过培训、演练，增强工作人员的安全意识，增强处理应急事件的能力。全应急工作小组，对反恐防暴，消防，食品安全，紧急疏散，防踩踏等工作制定预案，专人负责，确保万无一失。

　　[思考] 1. 马嵬驿景区精细化管理对其乡村旅游的发展有何促进作用？

　　　　　 2. 马嵬驿景区是免费景区，是靠什么特色吸引游客眼球的？

项目一　建立乡村旅游管理体系与规章制度

学习目标

1. 了解乡村旅游服务质量管理的多方参与机制。
2. 明晰乡村旅游服务质量控制体系的构建。

8.1.1　建立服务质量管理的多方参与体系

乡村旅游服务质量管理体系的构建是由多方共同参与的，主要有游客，全体从业人员，安全保卫、绿化、导览等主要职能部门，以及专业规划设计公司与行业组织人员等。分别介绍如下。

一、游客参与制

游客是乡村旅游的直接服务对象，其对服务质量的切身感受和对景区质量的评判是改进乡村旅游服务的重要依据。乡村旅游景区应通过问卷调查、游客意见箱、投诉反馈表等获取景区现有服务存在的问题，使游客真正参与到景区服务质量管理的过程中。同时要鼓励游客为乡村旅游出谋划策，使乡村旅游的服务再上新台阶。

二、全体从业人员参与制

从业人员（如图8-1）是乡村旅游景区服务质量改进的参与者与具体实施者，他们是乡村旅游服务管理活动的主要力量。乡村旅游的点滴进步都需要从业人员发挥主观能动性去积极实现。

三、跨部门参与制

乡村旅游的服务质量管理涉及安全保卫、绿化、导览等主要职能部门，它们对乡村旅游的服务质量管理都负有重要责任。乡村旅游的各个部门都要明确各自的目标和任务，同时强化各部门

图8-1　乡村旅游从业人员

之间的联系。

四、专业规划设计公司与行业组织人员参与制

专业的规划设计公司可以对乡村旅游的升级提供切实有效的整改措施，帮助其在短时间内实现质的飞跃。因此，乡村旅游应当积极与规划专家、旅游行业组织的人员进行沟通，邀请他们为乡村旅游的服务质量提升献计献策。

> 关键词点击：乡村旅游服务质量管理体系

8.1.2 服务质量控制体系的构建

乡村旅游的知名度越高、等级越高，游客对乡村旅游的质量期望也越高。乡村旅游为了保证和提高产品质量就必须构建服务质量控制体系，以稳定乡村旅游服务质量水平。服务质量的控制体现在以下两方面。

一、制定乡村旅游服务质量内部标准

没有规矩，不成方圆。没有服务质量的标准，就无法控制服务质量的规范性、准确性。对于乡村旅游点来说，等级越高，对服务规范性的要求也越高。制定内部标准，首先必须根据乡村旅游的实际情况，同时参照旅游主管部门《乡村旅游点等级的划分与评定》，确定服务的主要内容，做到全面、系统。

在乡村旅游升级与长久发展的目标下，服务质量内部标准的制定应从以下方面考虑。

首先，要紧扣星级乡村旅游点评分的各项标准要求。从乡村旅游点创立品牌、占领市场和升级改造的角度考虑。其次，将游客的需求放在首位。乡村旅游的根本宗旨就是要服务好游客，以良好的服务为游客提供完美的旅游体验。这一要求看似简单，实则对乡村旅游的各个方面提出了严格的要求，从一线服务人员的待人接物、旅游线路安排设计，甚至沿途休憩座椅、垃圾箱等硬件设施的设计与安放都有讲究，美观、实用性与人性化都是乡村旅游必须考虑的。

再次，不同类型、不同条件的乡村旅游管理人员要根据乡村旅游资源特色、地理状况等，对现有标准进行本土化改造，走有本土乡村旅游特色的升级转型之路。并能与时俱进，定期调整。因为对乡村旅游来说，资源的吸引力、乡村旅游的经营管理、目标客源市场、人民生活水平等各方面的变化都会或多或少改变乡村旅游内外的环境，所以，乡村旅游应根据变化随时调整内部服务质量标准，以适应市场需求。

二、服务质量标准的细化

在乡村旅游中不同部门、不同岗位的工作内容和服务规范都有很大差异。标准宜切合实

际、可操作。乡村旅游服务内部标准的细化与规范可从下列方面进行尝试。

图8-2 乡村旅游点游客服务中心

图8-3 负氧离子、温度、湿度、PM2.5监测

1. 一线服务人员的服务标准与规范

乡村旅游点中，停车场、售票处、检票处、游客中心（如图8-2）、娱乐演出点、游乐项目点、乡村景区导游、景区内部交通乘坐点、餐饮、购物等都是直接与游客接触的一线岗位，因此应制定一线服务人员服务标准与规范。

2. 一线服务等候时间的量化限定

每位游客在乡村旅游的停留时间都是有限的，为了保证服务的时效性，因此对游客提出的每项服务需求都须在规定的时间内完成或做出反应，以提高游客的满意度。例如，游客投诉的处理答复时间，医疗、抢修、安保人员最晚到达事发地的时限等应进行量化限定。

3. 二线服务工作内容量化与规范

很多部门的岗位是不与游客直接接触的，但其作用同样重要，影响着游客在景区的体验。如园林绿化、卫生等部门，同样需要对其工作进行量化标准与规范。

4. 服务设施布局的量化标准与规范

为了减少乡村旅游投资，更科学合理利用乡村旅游的各项设施，应根据乡村旅游的功能布局、接待规模、活动内容、线路安排、游客需求与习惯等因素，设置部分可移动、可拆卸的旅游服务设施，根据季节与游人需要随时转移，以减少占地与重复投资。

5. 乡村旅游资源保护的规范量化

对于乡村旅游资源，应配备专职人员进行保护，在关键地点安装摄像头，防止各种由人为和自然因素造成的破坏。还要为重点旅游资源建立保护制度，在游客密集地设立提示牌，加强游客的环境保护意识。此外，乡村旅游区的防火、防盗、防震、防灾、防虫等工作也应作为每日重要的工作内容，建立制度，随时防范。

6. 乡村旅游区环境质量控制的量化标准

要根据空气质量标准、城市区域环境噪声标准、地表水环境质量标准、污水综合排放标准等国家标准的要求，定期对景区不同地点的大气、水体、噪音等进行质量监测并详细记录（如图8-3），随时关注各项指标的变化，对隐患进行排查，出现问题要及时解决。

 同步案例

河北省乡村旅游服务规范

为规范乡村旅游服务，促进乡村旅游健康发展，制定河北省乡村旅游服务规范。

1. 环境

（1）自然生态良好，无乱建、乱堆、乱放现象。

（2）经常保持环境卫生，无污水、污物。

（3）饮用水达到国家规定标准。

2. 交通

（1）交通通畅，路况良好，有较好的可进入性。

（2）有公路通达附近旅游区（点）。

（3）附近设有加油站。

3. 公共设施

（1）公共厕所布局合理，数量能满足需要，厕所（水冲式）设计合理，风格与周边环境相协调。厕所内清洁卫生，防蚊蝇，无污物，无异味，粪便处理措施得当。

（2）有卫生院（所）或者医疗救护点。

（3）合理设置标识、标牌，规范使用公共信息图形符号。

（4）能接收手机信号。

4. 旅游住宿（农家旅舍）

（1）农家旅舍实行挂牌管理，每户最低不少于4张床位。入住登记、安全等制度健全，服务项目明确，价格合理。

（2）开设农家旅舍的家庭成员身体健康，无传染性及其他有碍公共卫生的疾病。

（3）家庭客房适当装饰装修，室内采光、照明充足。家具用品能满足客人一般需要并且使用性能良好。床单、被罩、枕巾一客一换。

（4）采用封闭式厕所，具有10人以上床位应男女分设。设施能满足基本需要，清洁卫生。有淋浴设施，定时提供热水。

5. 餐饮服务（含农家旅舍家庭厨房）

（1）餐饮服务设施面积与接待能力相适应。有完善的防蝇、防尘、防鼠及污水处理设施。餐（饮）具配套并符合卫生要求。有消毒专用设备。

（2）从业人员身体健康，有卫生部门核发的《健康证》。热情礼貌待客，尊重游客的民族习惯，服务意识强。

（3）提供的食品符合食品卫生、质量要求。食品加工冷、热分开。菜品具有浓郁的农家风味，菜单清洁美观，明码标价。

6. 旅游购物

（1）小商场或购物摊点布局合理，证照齐全，管理有序。能提供旅行日常用品、旅游

纪念品、土特产品的销售服务。

（2）旅游商品有本地区特色，无假冒伪劣商品，不欺客宰客。

7. 安全

开展漂流、狩猎、骑马、海上垂钓、水上项目等具有一定危险性的经营活动，经营者要有切实可行的安全措施，配备的安全防护用品能满足需要，完好有效。

8. 旅游业管理

（1）有统一的专职或兼职旅游管理机构，能做到职责明确，管理有效。

（2）各项制度健全，简洁实用，公开透明。

（3）对旅游从业人员定期进行培训。要求做到服装整洁、举止文明、热情服务、诚信经营。

（4）设有面向公众的旅游咨询、投诉电话。

项目二　开展乡村旅游从业人员基本素质培训

学习目标

1. 了解乡村旅游从业人员素质教育的内涵。
2. 认清乡村旅游从业人员素质教育的重要性。
3. 掌握乡村旅游从业人员素质教育的内容、原则及基本类型。

8.2.1　乡村旅游从业人员素质教育的内涵

一、素质的内涵

"素质"这一概念有狭义和广义两种理解。狭义的素质，是指生理学和心理学意义上的概念，即"遗传素质"或"先天素质"。是指人与生俱来的生理特点，主要体现在感觉器官和神经系统方面。

广义的素质，是指教育意义上的概念，具有全面性。它是人的各种社会属性的综合，是人在先天禀赋的基础上与后天共同作用下形成的人的身心发展的总水平，它是在环境和教育共同影响下形成和发展起来的，具有稳定的特性。人的素质包含很多方面，如心理素质、身体素质、科学文化素质等。

二、素质教育的内涵

素质教育，是指把提高人们的素质作为教育总目标，根据当代人的全面持续发展和社会发展的实际需要，在注重培养学生能力的基础上，以全面提高人的基本素质为根本目的，以尊重人的主体地位和主观能动性为出发点，以注重开发人的潜能、创新能力和形成健全的人格为根本特征的教育。

三、职业素质的内涵

职业素质是指劳动者在一定的生理和心理条件的基础上，通过教育培训、职业实践和自我修养等途径而形成和发展起来的、在职业活动中起决定作用的、内在的、相对稳定的基本品质。

四、职业素质教育内涵

职业素质教育，是指遵循教育规律和个人发展的需要，全面提高个人的职业素质，培养其创造性思维，从而实现个人的价值和促进社会的发展。

五、培训的内涵

培训是指知识和技能以及工作态度的传授，包括实际操作方面的模拟活动。培训是在短时间内提高学员能力的主要措施和途径。

六、乡村旅游从业人员培训内涵

乡村旅游从业人员培训，是指为适应乡村旅游业务工作开展和人才培养的需要，对员工进行训练、进修等，使员工增进知识和技能、提高道德修养以适应乡村旅游的发展。

8.2.2　乡村旅游从业人员职业素质教育培训的内容及原则

一、乡村旅游从业人员职业素质教育培训的内容

职业素质的构成包含很多方面，现介绍乡村旅游景区对从业人员进行职业素质教育的重要的几个方面。

1. 思想政治素质

思想政治素质指从业者在政治认识、思想觉悟、世界观、价值观等方面的素质。思想政治素质是职业素质的灵魂。

2. 职业道德素质

职业道德素质指从业者在所从事的职业活动中能够遵守其职业所规定的各种职业道德规

范，这其中包括对道德的认识、道德的修炼修养、行为的规范、纪律的强化、意志的坚定等方面的素质。道德素质是职业素质的根本。

3. 科学文化素质

科学文化素质指从业者对自然、社会和思维科学知识掌握的状况和水平。良好的科学文化素质要求从业者要具有全面的知识水平。乡村旅游的快速发展对从业人员的文化知识、文化素养提出了较高的要求，乡村旅游景区也是游客获得乡村知识的地方，所以要求从业人员具备一定的基础知识，同时运用专业知识和掌握的新知识来与游客沟通交流，提高游客的满意度。

4. 专业技能素质

专业技能素质指从业者的相关专业知识和技能，以及相关的外语水平、管理技能等。

5. 身心素质

身心素质是一个人成长、成才的基础素质，其内涵包括健康的身体素质和心理素质。身体素质指体质和健康（主要指生理）方面的素质。心理素质包括对事物的认知和感知，个人的兴趣、爱好、习惯，个人的想象力和情感，个人的气质和能力等方面的素质。

6. 审美素质

审美素质是指从业者所具备的审美经验、审美情趣、审美能力等各种因素的总和。审美素质既体现为对美的接受和欣赏的能力，又体现为对美的鉴别能力和创造能力。

7. 社交素质

社交是每个人在社会上都要进行的活动，人与人之间的接触都要通过社会交往来实现。乡村旅游员工只有具备良好的社交活动能力，才能与游客友好共处。

8. 创新素质

创新是一个国家的灵魂，只有创新社会才能不断进步。一个企业也要时刻保持创新的精神，这样才能在竞争中立于不败之地。乡村旅游从业人员要在具备扎实的专业知识上继续学习、终身学习，并且在学习中有所创新。良好的创新素质要求乡村旅游从业人员要有创新意识、创新精神和创新能力。当今社会正在飞速发展，社会的发展也是一个不断创新的过程。在以高新技术产业为支柱的知识经济时代，创新素质是衡量新型人才的重要标志。

二、乡村旅游从业人员职业素质教育培训的基本原则

为了更好地开展乡村旅游从业人员素质教育的培训，应遵从以下原则。

第一，乡村旅游从业人员职业素质教育培训要理论联系实际。乡村旅游区对员工的职业素质教育培训，要紧紧围绕乡村旅游生产经营活动这一中心，提高针对性、实用性，要讲求实际，突出时效、学以致用，不搞形式，不走过场。要结合国家、行业或部门的发展目标和发展情况，有计划、有步骤地实施，避免超越发展阶段的盲目冒进。乡村旅游从业人员，分直接从业人员与间接从业人员。直接从业人员主要是指直接参与旅游产品的规划、管理和服务的从业者，这部分从业人员要求有一定的专业知识。间接从业人员是指为旅游产品提供间接服务的从业者，比如乡村旅游景区交通运输业的从业人员、餐饮服务人员、农产品或工艺

品供应者等等。这部分从业者大多数是本地的农民，其知识水平较低。要提高乡村旅游区的综合竞争力，关键是提高从业人员的素质，所以对乡村旅游从业人员的教育培训，重点应放在对农民从业者的培训上。

第二，乡村旅游景区职业素质教育培训要因人开发。乡村旅游景区进行职业素质教育的客体是个人，但由于每个人的成长环境、性格、受教育程度、身体状况等方面的差异，每个人对教育培训的需求是不一样的。所以，乡村旅游区要充分考虑到个体的差异，采取适于其发展的方式，使员工的素质得到最大限度的提升，优势得到最有效的发挥，从而为促进乡村旅游旅游景区的发展做出应有的贡献。在实施培训工作之前，应先对乡村旅游从业人员的培训需求进行调查分析，要加强乡村旅游从业人员培训内容的实用性，重点针对旅游从业人员在工作中所遇到的实际问题开展培训。

第三，乡村旅游景区员工职业素质教育培训应适应我国社会经济发展的特点。由于乡村旅游景区是经济实体，因此对当前社会经济发展的趋势有所了解，知道该企业需要什么样的从业人才，什么样的人才能够为企业带来利润。所以，乡村旅游景区要一切从实际出发，不能脱离社会这个大环境，乡村旅游景区职业教育必须要适应我国社会经济发展的现状，并且在此基础上随着社会经济的进一步发展，不断创新。如图8-4所示。

图8-4　乡村旅游系列培训

第四，乡村旅游景区职业素质教育培训的最终目标是提高员工的综合素质。乡村旅游景区员工素质参差不齐，在面对实际问题的处理时总是欠妥。由于员工个人的学历、知识储备、个性、所处岗位等方面的不同，乡村旅游景区应从基层员工、中层员工、高层员工三个层次对员工进行职业培训，职业培训应从乡村旅游景区员工的社会交往、科学文化、工作技能、学习创新等方面进行。

使员工能够掌握如何交际、如何竞争和如何处理各种问题的能力。现代社会的发展对人的发展提出了更高的要求，员工在实际工作岗位中不仅要具备全面的专业知识，而且更需要具有健全的心理素质和更加灵活地处理问题的能力以及社交能力、创新意识。所有这些素质的培养和提高，需要从业人员在乡村旅游景区职业素质教育培训中得到启发和学习。

8.2.3　乡村旅游从业人员职业素质教育培训的基本类型

一、"学校+农户"型

乡村旅游从业人员大部分来自当地的农民，对农民的培训不是正规学历教育所能够解决的，它在很大程度上要依托于乡村现有的成人教育和职业教育资源。可由当地政府提供一定资金，由当地的旅游职业教育院校提供培训资源。这种培训模式，一方面加强了"教"与"学"目的，另一方面为学校提供了"产学研"实验基地。

二、"政府+农户"型

政府相关部门有针对性的通过培训班、送教上门、一对一帮扶等多种培训方式，为农民讲解国际国内开发农村旅游、开办家庭旅馆等先进经验，提高乡村旅游从业者的素质和旅游服务技能。

三、"研究机构+农户"型

这类培训模式的特点是针对性强，科技含量高，是较受当地农民欢迎的一种模式。特别是生态农业旅游区，农民对生态农业高新科技的需求特别大，通过有针对性的培训，可以解决农民在生产中所遇到的农业技术、生态环境等方面的问题，为农业生态旅游的可持续发展提供技术保障。

四、"公司+农户"型

"公司+农户"是一种产业化经营模式，广泛应用，其具体形式多种多样。其核心是以一个技术先进、资金雄厚的公司为龙头，以分散的乡村农户为基础的一种利益均沾、风险共担的经济共同体。在做法上由占股份较多的公司来组织培训，使村民具备参与旅游经营开发和旅游服务的技能，进而打造乡村旅游经营、开发和管理的一体化团队。

五、"旅游协会+农户"型

乡村旅游要上层次、上规模，旅游协会应发挥主要作用。协会将分散的乡村旅游经营者组织起来，定期开展业务培训，通过对农民的教育和引导，改变以往农民个体的粗放式经营，通过改善服务设施，建立经济合作体，实现乡村旅游的规范化经营，保护农民自身利益，使乡村资源得到合理利用。

以上各类型可以互相交叉、补充，整合优质教育培训资源，政府统筹协调，社会各方面共同参与，促进乡村旅游培训工作的开展。

同步案例

潍坊市举办乡村旅游业务培训班，提升从业人员素质

为提升乡村旅游从业人员的综合素质，潍坊市举办了多期乡村旅游业务培训班，重点乡村旅游镇(街道)分管负责人及乡村旅游特色村、农家乐"改厨改厕"村、农业旅游示范点、乡村旅游度假项目负责人参加了培训。

培训采取专家授课与考察学习相结合方式，邀请省内知名旅游专家学者、乡村旅游较为发达地区负责人讲授乡村旅游知识和发展经验，并实地学习考察省内乡村旅游发展典型。通过培训，使广大学员熟悉先进地区乡村旅游产品的设计理念和产品打造的经典案例，了解乡村旅游的发展趋势，学习先进地区乡村旅游发展经验、做法和成功的发展模式，进一步解放思想，开阔视野，提升指导和推动乡村旅游发展的能力素质，尽快打造出自己的乡村旅游品牌，提升潍坊市乡村旅游发展水平，推动潍坊市旅游业转型升级。

项目三　开展乡村旅游从业人员专业技能培训

学习目标

1. 认清乡村旅游从业人员专业技能培训的重要性。
2. 掌握乡村旅游从业人员仪表美、仪态美、语言美、心灵美的内涵。
3. 掌握乡村旅游从业人员专业技能培训的策略及措施。

乡村旅游作为国内旅游市场的一个重要组成部分，发展速度非常迅速，发展前景也十分广阔。然而伴随着乡村旅游的快速发展，许多问题逐渐暴露出来，特别是乡村旅游从业人员素质较低的问题，影响了乡村旅游的健康发展。因此，要提高乡村旅游的形象、加快乡村旅游健康的发展，就必须加强对乡村旅游从业人员的技能培训。

8.3.1　乡村旅游从业人员专业技能培训的策略

一、强化以当地职业学校教师为主体，组织动员多方教师资源

当地职业学校有人才智力优势和乡土优势，对农村和城市的风土人情、民众心理需求都较为熟悉，是联结农村与城市的桥梁。因此，职业学校要利用自身优势担当起教育培训的重任，积极做好组织工作，动员多方力量共担培训任务，为新农村建设服务。可采取学校与学校之间的联合，学校与旅游企业的联合，学校与旅游部门之间的联合，达到优势互补。并开展有针对性的培训。如请旅游专业教师上旅游管理与服务、市场营销等课程，请计算机专业老师上计算机操作、网络营销、电子商务等课程，请消防部门人员作消防知识与技能的培训等。

二、针对不同从业人员实行分层培训

乡村旅游人才可分为两类，一类是经营管理人员，一类是服务人员。据此，培训也应有针对性，一是加强对经营管理人员的培训，举办旅游经营管理培训班，组织旅游经营者定期外出考察，学习经营管理的先进理念、乡村旅游项目策划和开发的好做法；以提高经营管理水平，发展壮大旅游经营管理人才队伍。二是对服务人员开展岗位技能培训。包括传统技艺、乡土文化传承、导游服务、乡村旅游纪念品和娱乐活动设计、服务礼仪和服务规范、市场营销等内容。

三、提高乡村旅游培训教材的编写质量

可以结合当地旅游文化资源的特色，由职业学校牵头，组织各方资源，编制出有地方特色、操作性和实用性强的乡村旅游职业教育特色教材，提高乡村旅游从业人员的理论和实践水平。

四、开发灵活多样的培养模式

在人才培养模式方面，要以有针对性的短期培训为主，以学历式教育为辅。根据乡村旅游的特点，可利用农闲时间、旅游淡季做集中培训，开设"小灶"培训，组织培训教师到景区、到乡、到村进行集中培训，通过送教入村，送教上门，为广大学员提供便利。

在培训方式上，可采用案例教学法、示范带动法、现场参观调研法、成功经营者现身说法等形式提高培训效果；在一些关键环节上，培训指导教师要深入各村、各景区有针对性地开展专项现场咨询和指导，让学员边学习边实践。通过这些灵活多样的培训方式，全面提升

乡村旅游从业人员的素质，培养适应新农村乡村旅游发展需要的专业人才。

8.3.2　旅游从业人员仪表美

仪表即人的外表，是一个人精神面貌在容貌、服饰和发型等方面的外在体现。人的仪表往往与其生活情调、个人修养和文化水平等密切相关。在人际交往中，仪容仪表是一个不容忽视的重要因素，良好的仪容仪表往往会给人留下良好的第一印象。

旅游从业人员作为旅游者直接接触的对象，应自觉地重视自己的仪表，努力给旅游者留下良好的第一印象。一般来说，人的仪表美是其形体美、服饰美和发型美的有机组合。下面作一具体介绍。

一、旅游从业人员形体美

形体美是最大众化的审美形式。古往今来的造型艺术家和美学家，正是抓住了人们对人体美的普遍兴趣，以不同的方式对人体美的奥秘进行了全面深入的探讨。那么，人体美的基本标准有哪些呢？

综合古今中外美学家、艺术学家的研究结果，大体上可以将人体美的基本条件归纳如下。

（1）骨骼发育正常，关节不显得粗大凸出。

（2）肌肉发达匀称，皮下脂肪适当。

（3）五官端正，与头部配合协调。

（4）双肩对称，男性要求宽阔，女性要求圆润。

（5）脊柱正视垂直，侧视曲度正常。

（6）胸部隆起，男性正面与背面看去略成V形，女性侧视有明显曲线。

（7）腰细而结实，略呈圆柱形，腹部扁平，男性腹肌垒块隐显。

（8）臀部圆满适度，富有弹性。

（9）腿部要长，大腿线条柔和，小腿腓部突出，足弓要高。

（10）双手视性别而言，男性的手以浑厚有力见长，女性的手以纤细修长为宜。

人的形体美通常还表现出人的健康状况和身体素质。从劳动美学观点看，人们更倾向于欣赏和追求健康的美、富有活力的美，而不是病态的美、无力或者"弱不禁风"的美。旅游者对旅游从业人员的形体要求突出地表现在健康美上。

二、旅游从业人员服饰美

仪表美的另一构成要素是服饰美。俗话说："三分长相，七分打扮。"服饰的美，不仅能在一定程度上反映出人的品格和审美趣味，更重要的是它是对人体具有"扬美"与"抑丑"的功能。恰到好处的衣着装扮不仅可以美化自身，也可以取悦别人，给别人一个好心情。很难想象一个不修边幅的旅游服务人员能给游客带来什么好心情。

服饰美有四个方面的内容，即色彩美、款式美、文明美和个性美。色彩美要求简洁雅致、清新自然。任何的色彩组合和搭配都应该符合这一要求。由于色彩往往是服饰的灵魂，所以旅游从业人员在服饰的色彩选择上要认真谨慎。款式美要求服饰符合自身文化底蕴，款式体现了特定民族的文化内涵。文明美则是对服装穿着得体的要求，过于暴露的服装显然是不合时宜的。个性美则要求旅游从业人员能够通过得体的穿着体现出自身或活泼开朗，或恬静典雅的个性特征。

三、旅游从业人员发型美

塑造旅游从业人员发型美应注意以下三个方面。

1. 净发

俗话说头发是人们脸面之中的脸面，所以旅游从业人员应当自觉地做好日常护理。不论有无交际活动，平日都要对自己的头发勤于梳洗，这既有助于保养头发，又有助于消除异味。若是对头发懒于梳洗，弄得蓬头垢面，满头汗馊、油味，发屑随处可见，会严重影响个人形象。

2. 理发

虽说一个人头发的长短应随个人喜好，但从社交礼仪和审美的角度看，它仍受到若干因素的制约，不可一味地只讲自由与个性，而不讲规范。影响头发长度的因素有以下几点。

（1）男女有别，在头发的长度上便有所体现。一般认为，女士可以留短发，但很少理寸头；男士头发可以稍长，但不宜长发披肩、梳辫挽髻。在头发的长度上可以中性化一点，但不应过长。

（2）头发的长度在一定程度上应与个人身高相适宜。以女士留长发为例，头发的长度就应与身高成正比。身高矮的女士若长发过腰，会使自己显得更矮。

（3）职业对头发的长度影响很大。旅游业对从业者头发的长度大都有明确限制:女士头发不宜长过肩部，必要时应以盘发、束发作为变通；男士不宜留鬓角、发帘，头发最好不要长于7cm，即大致不触及衬衫领口。

（4）个人条件。包括发质、脸型、身高、胖瘦、年龄、着装、佩饰、性格等，在个人条件里，脸型对发型的选择影响最大。选择发型时，一定要遵守适己原则。使发型与个人条件互相匹配。图8-5为旅游从业人员的形体示意。

3. 美发

发型不仅要美观大方，而且要自然，不宜雕琢痕迹过重，或是不合时宜。

图8-5　旅游从业人员形体展示

总体而言，旅游工作者要使自己的体态、服饰与发型构成一种多样统一、相互映衬、符合大众审美习惯的整体美。一般来讲，奇装异服和怪诞的发型尽管有可能突出个人，但会与周围的社会环境和文化氛围显得格格不入，容易给人一种自我炫耀、滑稽可笑的感觉，从而失去了和谐美或整体美。

8.3.3　旅游从业人员仪态美

随着主客交流的增多，旅游者的注意焦点会从旅游工作者的仪表转向仪态。仪态美是个体审美的较高层次。潇洒自如、优雅多姿的仪态会强化人们的审美感知。仪态美的形成离不开环境的熏陶和人为的训练。对于旅游从业人员来说，要在社会生活实践中自觉地观察和体会其他社会成员（特别是本行业中的同事）的优雅姿态（坐态、站态、行态等），从中找出与己相宜的参照模式，并加以综合，并在反复的模仿演练中使其个性化、自然化。古人说，"站如松，坐如钟，行如风"，这是古人对仪态美的生动形容，同样，对于旅游从业人员仪态美的打造也可以从站、坐、行这三个方面展开。

一、旅游从业人员的站姿美

站立是人们生活交往中的一种最基本的举止，也是优雅举止的基础。男士要"站如松"，刚毅洒脱；女士则要亭亭玉立。训练符合礼仪规范的站姿，是培养仪态美的基础，男士标准的站姿有如下要求。

（1）头正，双目平视，嘴角微闭，下颌微收，面容平和自然。

（2）双肩放松，稍向下沉，人有向上的感觉。

（3）躯干挺直，挺胸，收腹，立腰。

（4）双臂自然下垂于身体两侧，中指贴拢裤缝，两手自然放松。

（5）双腿立直、并拢，脚跟相靠，两脚尖张开约60°，身体重心落于两脚正中。

女士与男士的直立站姿有所区别。对于女士而言，身体立直，右手搭在左手上，自然贴在腹部，右脚略向前靠在左脚上成"丁"字步。对于男士而言，身体立直，两手背后相搭，贴在臀部，两腿分开，两脚平行，比肩宽略窄些。正确健美的站姿会给人以笔直挺拔、舒展俊美、庄重大方、精力充沛、信心十足、积极向上的印象。不同的工作岗位对站姿的规定不尽相同，但作为一种基本姿势和体态训练之需要，站姿应遵循的基本要求是一致的。站姿的基本范式是其他各种工作姿势的基础，也是优雅端庄举止的基础。

二、旅游从业人员的坐姿美

旅游从业人员可采用的坐姿有以下几种。

1. 正襟危坐

上身与大腿、大腿与小腿、小腿与地面都应当成直角。双膝双脚完全并拢。这种坐姿是最基本的坐姿，适用于正规的场合。

2. 前伸后屈

大腿并紧之后，向前伸出一条腿，并将另一条腿后屈，两脚脚掌着地，双脚前后要保持在同一条直线上。这种坐姿适用于女性，形态优美。

3. 垂腿开膝

上身与大腿、大腿与小腿都成直角，小腿垂直于地面。双膝分开，但不能超过肩宽。这种坐姿较为正规，多为男士所使用。

4. 大腿叠放

两条腿的大腿部分叠放在一起。叠放之后位于下方的一条腿垂直于地面，脚掌着地。位于上方的另一条腿的小腿则向内收，同时脚尖向下。这种坐姿多适于男士在非正式场合采用。

5. 双腿叠放

将双腿完全地一上一下交叠在一起，交叠后的两腿之间没有任何缝隙，犹如一条直线。双腿斜放于左或右一侧，斜放后的腿部与地面呈45°，叠放在上的脚尖垂向地面。这种坐姿适合于身份地位高的人士，或穿短裙的女士。

6. 双脚内收

两大腿先并拢，双膝略打开，两条小腿分开后向内侧屈回。在一般场合采用，男女都比较适合。

7. 双脚交叉

双膝先并拢，然后双脚在踝部交叉。交叉后的双脚可以内收，也可以斜放，但不宜向前方远远直伸出去。这种坐姿适用于各种场合，男女都可选用。

三、旅游从业人员的走姿美

正确的走姿，能走出风度、走出优雅、走出美，更能显示出一个人的活力与魅力。正确的走姿有三个要点：从容、平稳、走直线。

正确的走姿应当身体直立、收腹直腰、两眼平视前方，双臂放松并在身体两侧自然摆动，脚尖微向外或向正前方伸出，跨步均匀，两脚之间相距约一只脚到一只半脚，步伐稳健，步履自然，要有节奏感。

起步时，身体微向前倾，身体重心落于前脚掌，行走中身体的重心要随着移动的脚步不断向前过渡，而不要让重心停留在后脚，并注意在前脚着地和后脚离地时伸直膝部。

步幅的大小应根据身高、着装与场合的不同而有所调整。女性在穿裙装、旗袍或高跟鞋时，步幅应小一些；相反，穿休闲长裤时步伐就可以大些，凸显穿着者的靓丽与活泼。

男女步态风格有别。男子的走姿应步伐稍大，步伐应矫健、有力、潇洒、豪迈，展示阳刚之美；女子的走姿则步伐略小，步伐应轻捷、蕴蓄、娴雅、飘逸，体现阴柔之美。

旅游从业人员在工作时应当避免的不正确的走姿有以下几种。

（1）走路时身体前俯、后仰，或两个脚尖同时向里侧或外侧呈八字形走步，步子太大或太小，给人一种不雅观的感觉。

（2）走路时双手反背于背后，给人以傲慢、呆板之感。

（3）走路时身体乱晃乱摆，让人觉得轻浮、缺少教养。

8.3.4　旅游从业人员的语言美

无论是旅行社、饭店工作人员还是景区讲解服务人员，与游客最主要的交流工具就是"语言"，因此，语言美直接关系着旅游服务质量的优劣，也必然影响到旅游者的审美体验。

一、旅游从业人员言辞的礼貌性

旅游从业人员言辞的礼貌性，主要表现在旅游从业人员使用的是敬语。敬语包含尊敬语、谦让语和郑重语。说话者直接表示自己对听话者敬意的语言叫尊敬语；说话者利用自谦，间接地表示自己对听话者敬意的语言叫谦让语；说话者使用客气、礼貌的语言向听话者间接地表示敬意则叫作郑重语。

敬语的最大特点是：彬彬有礼、热情庄重。使用敬语时，一定要注意时间、地点和场合，语调也要甜美、柔和。

使用敬语时，要注意用"您"而不是用"你"来称呼旅游者。如果了解和熟悉旅游者的姓氏和身份时，宜用尊称，比如"张先生"，而不能冒失地直呼其名。因为这样可以使对方感受到你对他的尊敬，使对方尽快消除生疏感、增加亲切感。比如，敬语中寒暄语的使用，往往能使宾客产生良好的印象。

二、旅游从业人员语言的修饰性

旅游从业人员使用服务用语时要充分尊重旅游者的人格和习惯，不能讲有损宾客自尊心的话。语言的修饰性主要表现在经常使用的谦谨语和委婉语两方面。谦谨语是谦虚、友善的语言，它能充分表现说话人尊重听话者。谦谨语常常是以征询式、商量式的语气表达的，如"这张椅子有人坐了，请坐另外那张好吗？"委婉语是用好听的、含蓄的、使人少受刺激的词语来替代对方有可能忌讳的词语，以委婉的表达方式来提示双方都明白但又不必点明的事物。

在旅游服务中，广泛使用谦谨语和委婉语是与旅游者沟通思想感情、使旅游服务工作顺利进行的有效手段。例如，如果旅游者提了意见，我们一时又难以给予准确的评价，便可以说："您提的意见是值得考虑的，多谢您的关心。""值得考虑"就是委婉词语，它带有赞同的倾向，但没有明确表示赞同的含义，在赞同中还有少许的保留。又如，宾客提出了一些要求一时难以满足，不妨说："您提出的要求是可以理解的，让我来想想办法，一定尽力而为"。"可以理解"也是一种委婉语，它能使提出要求的旅游者感到十分体面，即使在无法满足旅游者要求时，旅游者也会表示谅解。可见，谦谨语和委婉语是人们最容易和乐意接受的表达形式，旅游服务人员应该掌握并很好地使用。

三、旅游从业人员语言的生动性

接待旅游者时，语言不能呆板，不要机械地回答问题，这样会容易使旅游者感到服务人员不热情、业务不熟悉、责任心不强，甚至引起投诉。日常生活中生动幽默的语言往往能使气氛活跃、感情融洽。幽默是一种微笑的艺术，幽默中含有哲理，幽默产生的诙谐情趣能使人感到轻松愉快。所以，注意语言的生动性是进一步提高语言表达能力的努力方向。对旅游从业人员来说，要做到语言生动，就要不断提高语言水平、勤学苦练、多听多练，而不要一知半解地运用，也不要牵强附会或任意发挥，否则会适得其反。

四、旅游从业人员语言的针对性

要使旅游者感到满意和高兴，在使用礼貌服务用语时，必须察言观色，随时注意旅游者的反应。针对不同的对象、不同的性别和年龄、不同的场合，灵活地使用不同的用语，才有利于沟通和理解，从而避免或缓解矛盾。

一般来说，我们可以通过旅游者的服饰、语言、肤色、气质等去辨别宾客的身份，通过旅游者的面部表情、语气的轻重、走路的姿态、手势等行为举止来体察旅游者的心境。遇到语言激动、动作急躁、举止不安的宾客，要特别注意使用温柔的语调和委婉的措辞。对待旅游者的投诉，说话时更要谦虚、谨慎、耐心、有礼，要设身处地地为旅游者着想，投其所好。要善于揣摩旅游者的心理，以灵活的语言来应对各种旅游者。

8.3.5　旅游从业人员心灵美

外在美固然重要，但内在美更为可贵。在旅游审美中，旅游主体的审美经验和审美感受常常表现为一种不断内化的"由表及里"的认识过程。国内外许多游客对旅游工作者的赞美，最终表现为对其心灵美的欣赏与崇敬。

实践证明，旅游从业人员对自身心灵美的培养，关键要看他是否具有高尚的情操。在工作过程中，旅游工作者的心灵美一般是通过具体的行为（周到的服务、文明的接待、为游客及时排忧解难）和语言（利用富有节奏美和声调美的语言传递富有价值的旅游审美信息）表现出来的。

实际上，旅游者面对旅游从业人员，也总是在"听其言、观其行"，做出相应的美学判断。因此，对于心灵美的外在表现形式——语言美与行为美，旅游从业人员应予以足够的重视。但要指出，心灵美是内因，与其外化形式（语言美、行为美）之间存在一种因果关系。所谓"诚于中而形于外"，讲的就是这个道理。

一、旅游从业人员心灵美的内涵

通常，从社会美学角度来判别他人的美时，总习惯于把仪表和仪态美归于"表层"的美，而把心灵美称为"深层"的美，这二者的和谐统一造就一种"完整的美"。心灵美是人的思想、情感、意志、行为之美的综合体现。

二、旅游从业人员心灵美的核心

心灵美的核心是善。在中西美学史上，美即善的说法颇为常见。古希腊美学家亚里士多德认为，美是一种善。在我国美学史上，最先将美善并举的是孔子，他主张既尽善、又尽美。就善而言，它应符合社会生活中人与人、人与社会的行为的道德规范。一个人的思想行为如果符合这种道德规范，就是善而美，否则就是恶而丑。

三、旅游从业人员心灵美的体现

旅游从业人员的心灵美主要体现在其提供的优质服务上。国旅就提出过"五要五不要"：要和颜悦色，热情服务；要主动翻译、导游，积极介绍情况；要耐心解答客人的问题，保守国家机密；要满足客人的购物和其他合理要求；要关心客人的安全与健康，不收小费和索要物品；不倒换外币；不收取回扣；不利用工作之便与客人拉关系，谋求私利；不做任何有损国格人格的事情。从表面上看，这是对旅游服务的规范要求，而实质上是对旅游从业人员如何塑造心灵美进行了高度的概括。特别是对人格方面的要求，在社会学意义上可以说是旅游从业人员塑造心灵美的起点。只有讲究人格，才有可能追求自我的（从仪表到心灵）完美。

[知识拓展]

一、制定乡村旅游员工激励促进制

哈佛大学的一项调查研究表明：员工满意度每提高3个百分点，顾客满意度就提高5个百分点。道理很简单，员工满意度决定游客满意度。乡村旅游从业人员满意度高，为游客提供满意的服务才有可能。因此，为了提高从业人员的满意度，实现人性化管理，乡村旅游有必要设计合理有效的薪酬制度、实施积极全面的奖励制度。

1. 设计合理有效的薪酬制度

乡村旅游服务业属于劳动密集型行业，从业人员的服务是乡村旅游产品的一部分。薪酬制定得合理与否对乡村旅游从业人员的工作态度和行为影响较大。乡村旅游应根据各企业自身特点，引入绩效工资制，为从业人员提供合理的薪酬回报，从而提高从业人员的工作热情，稳定队伍，这也有助于引进更多的外部优秀人才，提高乡村旅游的人才素质与整体服务质量。

2. 实施积极全面的奖励制度

为了支持乡村旅游服务质量管理活动的有效开展，应当制定能调动员工积极性的奖励制度，对那些在质量管理过程中为管理目标的实现做出贡献的部门和个人，进行物质和精神奖励。例如，开展"优秀员工"和"服务之星"等评选活动，树立一些先进和典型，使从业人员在精神上有前进的目标和方向，同时，要给予一定的物质奖励。例如，"奖励旅游""全家免费旅游"等活动都不失为物质激励的好办法。

二、高校对乡村旅游从业人员培训的功能定位

高校针对乡村旅游从业人员的培训不同于传统的学历教育，其重点在于培养乡村旅游在职人员的旅游经营管理、服务等实用性较强的能力。这就决定了培训体系的功能定位需要满足以下几方面。

1. 满足技能性实践教学需要

针对乡村旅游人才的培训工作，高校需要调整定位，将其区别于普通学历教育，在一定理论基础上，加强餐饮娱乐设备操作、旅游服务演练等实践性专业课程的教学。这类课程是培训学员从业基本技能的训练项目，也是乡村旅游服务业各个技能点的具体体现。在掌握基本理论后，通过技能训练来加强对理论的理解，从而完成对培训学员基本理论知识的教学。

2. 满足综合性实践教学需要

综合性的实践教学是对各个技能点的全面整合。部分实践教学可以在高校的实践教学基地进行，有的则需要到企业实习顶岗完成。此类课程对高校校内实训基地提出了更高的要求，要求其能够真实反映乡村旅游企业的实际环境，还能具备乡村旅游企业相同的社会服务功能。

3. 满足培训学员技能发展和特长训练的要求

乡村旅游培训工作一方面是在为乡村旅游业提供人才储备，另一方面也是在提高农村劳动力的就业素质。部分培训学员在专业领域有更强的技能需求或创新意识，也有部分培训学员今后并不从事乡村旅游业。因此，高校要为各种学员提供必要的实践和创新环境，在教师的指导下，提高学员的实践水平，完成创新成果。

[案例分享]
案例1

服务仪容影响服务质量

某报社记者吴先生为了做一起乡村旅游采访，下榻于某乡村旅游酒店。经过连续几日辛苦地采访，终于圆满完成任务。吴先生与二位同事打算庆祝一下，当他们来到餐厅，接待他们的是一位五官清秀的服务员，接待服务工作做得很好，可是她面无血色显得无精打采。吴先生一看到她就觉得没了刚才的好心情，仔细留意才发现，原来这位服务员没有化工作淡妆，在餐厅昏黄的灯光下显得病态十足，这又怎能让客人看了有好心情就餐呢？开始上菜后，吴先生又突然看到传菜员涂的指甲油缺了一块，当时吴先生第一个反应就是"不知是不是掉入我的菜里了"。但为了不惊扰其他客人用餐，吴先生没有将他的怀疑说出来，但这

顿饭吃得吴先生心里很不舒服。最后，他们喊服务员结账，而服务员却一直对着反光玻璃墙修饰自己的妆容，丝毫没注意到客人的需要，到本次用餐结束，吴先生对该饭店的服务十分不满。

案例2

旅游培训助力下元一村发展

下元一村位于山东省日照市涛雒镇西南部，太阳山风景区脚下，是日照市唯一的森林村庄，也是全国生态文化村。该村作为山东省乡村游培训基地，对广大旅游从业人员进行系统的培训，提升乡村旅游从业人员服务接待水平，为日照市乡村旅游的发展提供了有力的人才支撑和智力支持。

下元一村从2017年3月上旬开始，对该村从业人员进行了为期20余天的集中培训，培训内容涉及烹调厨艺、农家乐服务接待、民宿经营服务、乡村文化讲解、服务技能等方面。该培训活动得到了广大经营者的积极响应，不仅检验巩固了培训成果，同时也全方位地展示了下元一村农家宴的特色菜品。比刀功、看火候、观其色、品其味，近60道菜肴，就地选材，汁香味浓，体现出了浓浓的农家宴特色。培训现场邀请了专业评委进行点评打分，取得了良好的效果。

案例分析：乡村旅游从业人员是乡村旅游的重要组成部分，从业人员的个人技能与素质的提升对于乡村旅游的发展具有重要的作用。下元一村通过对其从业人员的培训，为该村乡村旅游的发展提供了人才支撑和智力支持。

[创新思维]

1. 建立乡村旅游管理标准对乡村旅游的发展有何意义？
2. 如何有效地提升乡村旅游从业人员的综合素质和服务技能？

[创新实践]

结合你感兴趣的乡村旅游点，通过实际调研，总结服务人员的优势和不足，并提出相应的提升策略。

模块九
与时俱进——乡村旅游发展新思考

模块概述

　　随着乡村旅游如火如荼的发展，新业态、新功能层出不穷，社会各界也赋予乡村旅游新责任和新期许。在乡村振兴的大背景下，智慧旅游、旅游扶贫、全域旅游、创新创业等新理念与乡村旅游的发展相结合，助力我国乡村旅游持续健康发展。

学习目标

1. 理解乡村旅游智慧化的概念，分析乡村旅游智慧化发展的模式。
2. 掌握全域旅游与全域乡村旅游的概念，掌握乡村旅游全域化开发的基本内容。
3. 了解乡村旅游扶贫的现实要求，思考如何有效开展乡村旅游扶贫。

乡村旅游发展
新思考

案例导读

南京牛首山智慧景区集成系统建设

牛首山智慧景区集成系统充分展现景区佛禅文化特色，满足景区管理、服务和营销的信息化需求，实现牛首山景区旅游服务与管理的精细化、智能化、特色化与集成化。图9-1为智慧景区集成服务管理平台体系结构。

该集成系统以统一数据共享平台、服务接口平台和GIS平台为支撑，共包含十三个系统：游客投诉建议处理系统、多媒体触摸屏系统、讲解员管理系统、游览车调度系统、GIS应用平台、景区APP、虚拟旅游、信息收集与发布系统、营销管理与游客分析系统、客流采集与引导系统、应急指挥调度平台、综合管控平台、景区资源管理系统，将实现景区资源环境和服务管理的全面、协调和可持续发展。

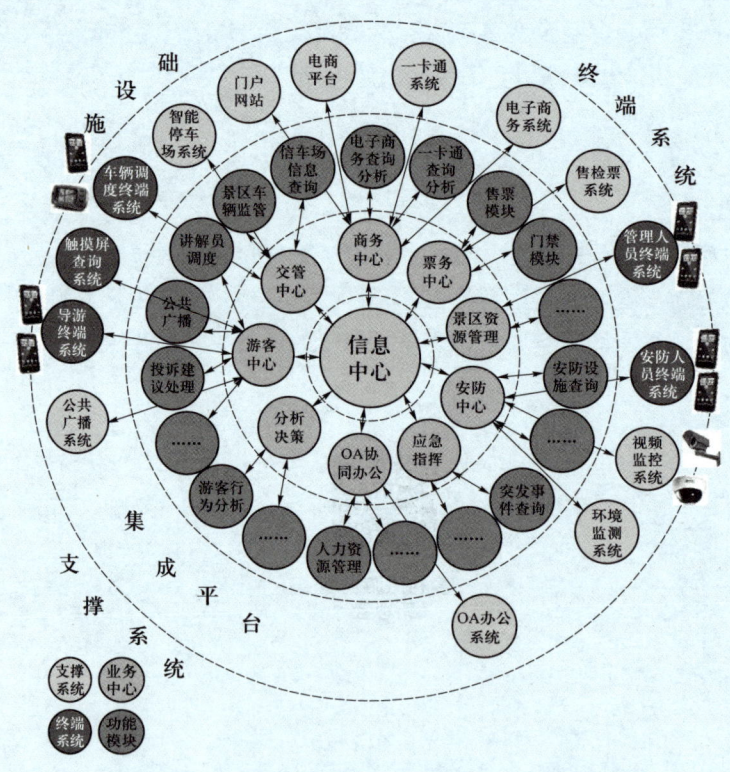

图9-1　智慧景区集成服务管理平台体系结构

（资料来源：南京汉图信息技术有限公司）

[思考]　1. 牛首山智慧景区集成系统涵盖了哪些内容？

2. 为什么要进行智慧景区建设？

项目一　乡村旅游智慧化发展

学习目标

1. 理解乡村旅游智慧化的概念。
2. 分析乡村旅游智慧化发展的模式。
3. 学习乡村旅游智慧化发展的对策。

9.1.1　乡村旅游智慧化的概念

《智慧旅游：南京之探索》一书中指出"智慧旅游是一种将物联网、云计算、下一代通信网络、高性能信息处理、智能数据挖掘等技术应用于游客感知、行业管理、旅游产业发展等方面，使旅游物力资源和信息资源得到高度系统化整合和深度开发，并服务于游客、旅游企业、政府管理部门等面向未来的全新的旅游业态"。

乡村旅游智慧化就是通过乡村旅游管理平台，利用物联网、云计算、RFID等高端技术，借助感知系统进行感知、识别、判断并及时发布有关乡村旅游资源、活动、旅游者等各方面的乡村旅游信息，全面实现乡村旅游从管理、营销到服务的整个运营过程的自动化和智能化，使游客的旅游需求得到满足，同时，也为乡村旅游景区、相关旅游管理部门以及乡村旅游企业在监督、管理和发展方面提供便利的一种全新的乡村旅游方式。乡村旅游智慧化也可简称为智慧乡村旅游。

9.1.2　乡村旅游智慧化发展模式构建

一、智慧型乡村旅游发展模式建设主体（图9-2）

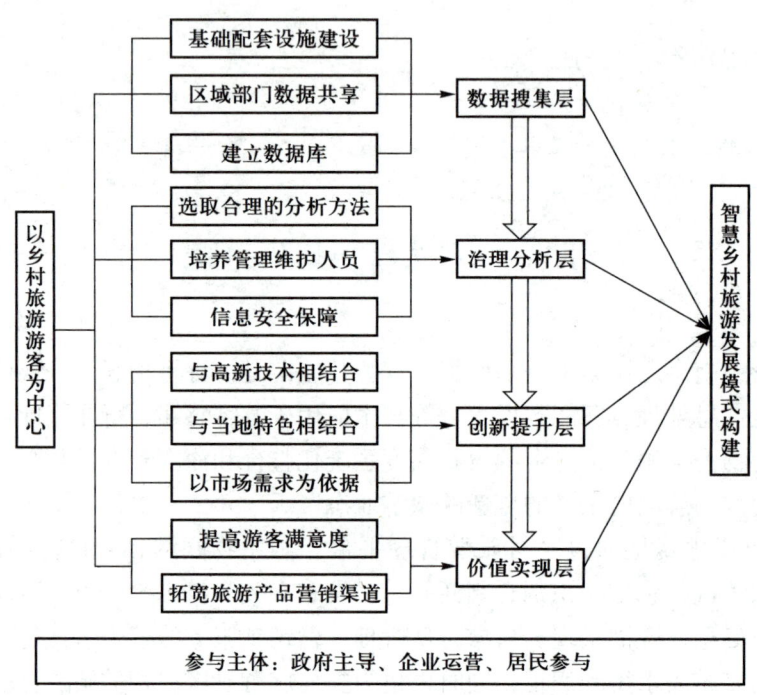

图9-2　智慧型乡村旅游发展模式

1. 智慧型乡村旅游发展模式建设应该以游客为中心

游客是乡村旅游服务发生过程中的起点与终点，乡村旅游服务的目的是吸引游客，游客消费后，旅游服务价值才能得以实现。所以智慧乡村旅游发展模式的构建应该以游客为核心。

2. 智慧乡村旅游发展需要政府主导

政府担负规划、完善乡村配套设施建设的职能，政府统一规划智慧乡村旅游开发，能避免乡村旅游开发盲目跟风模仿，防止乡村旅游产品同质性过高或重复建设。且智慧旅游的建设依赖于大数据，游客信息档案、旅游管理平台的建设都需要专门的政府部门来规范管理。区域、部门之间旅游信息的共享与交流，离不开政府之间的协作。

3. 企业是乡村旅游服务的主要提供者

运营企业通过发布乡村旅游信息、完善乡村旅游产品、与线上运营商合作等方式，完善智慧乡村旅游管理模式，借助数据分析来发现旅游发展趋势，开发新的乡村旅游产品。

4. 乡村居民参与是乡村旅游发展的必然要求

乡村居民是乡村旅游的载体之一，承载了民俗民风、非物质文化等要素，是乡村文化的展现者。智慧乡村旅游建设，直接影响到当地居民的生活环境。在构建智慧型乡村旅游时，充分考虑当地居民的利益，使其也能积极地参与到智慧化的建设中来，及时反馈当地旅游存在的不足，为乡村旅游智慧化发展营造一个良好的外部环境。

二、智慧型乡村旅游发展模式构建

智慧旅游建设在很大程度上依赖于旅游信息。乡村旅游在发展特点上有不同，旅游信息差异较大，在智慧型旅游发展模式构建上也有区别。介绍如下。

1. 景区依托型智慧乡村旅游发展模式

在智慧旅游的背景下，可以充分利用乡村周边的自然景观和人工开发的景区，将乡村景区和旅客进行资源整合，从而构建景区依托型的智慧乡村旅游发展模式。如通过建立乡村旅游"门票一卡通"的模式，旅客可以通过办理旅游卡和电子门票，让旅客在乡村景区游玩的过程中得到更多的便利。

2. 历史文化依托型智慧乡村旅游发展模式

在智慧旅游背景下，运用现代化技术将乡村旅游景点的历史文化底蕴突显在乡村的景观上。这种将历史文化和乡村旅游发展事业相结合的旅游发展模式对于乡村旅游的发展具有很好的推动作用，并且对传承和弘扬当地的乡村传统文化也是有积极意义的。

3. 创意主导型智慧乡村旅游发展模式

在智慧旅游背景下，乡村旅游的发展模式除了依托历史文化以外，还可以运用创意主导型的旅游发展模式，其核心就是突出乡村的民俗风情和民间艺术，这种更加贴近老百姓生活的旅游发展模式能够更加吸引游客们的青睐。

当前，VR技术已经越来越成熟，我们可以运用这样的技术对乡村的民俗风情和民间艺术进行展示，这种生动形象的展示是非常有创意性和主导性的。

4. 科技依托型智慧乡村旅游发展模式

乡村旅游产业的发展和当地的农业紧密关联，为了更好地发展乡村旅游事业，我们可以运用物联网技术对乡村旅游资源进行管理与监测，这样可以促进乡村农业稳定有效地发展，使乡村农业和乡村旅游业的发展实现共赢。

> 关键词点击：智慧旅游

9.1.3　乡村旅游智慧化发展的对策

智慧乡村旅游其运营主体主要包括政府部门、乡村旅游社区和乡村旅游产业。下面将从这三个运营主体着手，分析乡村旅游智慧化发展的解决对策。

一、旅游管理部门

旅游管理部门是乡村旅游智慧管理的主体，特别是对于智慧乡村旅游的公共设施、公共数据库的建立起着重要的作用。

1. 建立乡村旅游信息资源数据库

乡村旅游的智慧化发展离不开充足的信息资料，为了完善乡村旅游管理机制，提高旅游行政部门对乡村旅游业的管理效率和乡村旅游产业经营者的经营效率，以及为游客提供全方位的服务，满足游客的个性化需求，提高乡村旅游服务质量，应当由旅游主管部门牵头，相关管理部门（如交通管理部门、气象局等）、乡村旅游社区和乡村旅游产业共同配合，全面采集并储存乡村旅游信息资源，建立智慧乡村旅游信息数据库。

2. 建立智慧乡村旅游公共应用体系

智慧乡村旅游公共应用体系是智慧乡村旅游应用体系的重要组成部分，该体系主要包括在线乡村旅游信息服务门户网站、乡村旅游营销平台、乡村旅游监督管理系统、智慧乡村行政办公系统、应急指挥/调度系统、灾害防控系统等。

3. 建立乡村旅游智慧管理系统

乡村旅游智慧管理系统以乡村旅游智慧管理平台为核心，通过网络和感知系统，对乡村旅游社区和乡村旅游产业相关信息进行全面感知、监督和管理，高效整合乡村旅游资源，加强乡村旅游社区、乡村旅游产业与旅游管理部门之间的互动，全面了解游客需求、旅游目的地动态和游客投诉建议等信息，实现对乡村旅游科学的管理和决策。

4. 加大人才培养和引进力度

政府部门制定和完善乡村旅游人才培养与引进政策；由政府部门倡导，乡村旅游社区、乡村旅游产业与高等院校联手合作，建立教育培训基地，完善乡村旅游人才培养机制，培养既精通乡村旅游相关知识、又能熟练运用信息技术的实用型人才；同时，由政府部门主导，乡村旅游社区和乡村旅游产业相互配合，邀请信息技术方面的专家，为现阶段受教育程度较低、信息技术使用水平较低的乡村旅游从业人员定期开展信息化知识和技能的专业培训，全面提高乡村旅游从业人员的信息技术运用水平。

二、乡村旅游社区

1. 完善乡村旅游社区信息发布系统

乡村旅游社区管理部门通过智能视频技术、传感技术等信息技术，组织工作人员对乡村旅游社区旅游资源信息进行汇集、分类和整理，并借助网络平台对动态乡村旅游信息进行更新和反馈，完善乡村旅游社区信息发布系统，以满足旅游者对查询乡村旅游信息准确度的需求，提高乡村旅游社区的服务质量，加强旅游管理部门对乡村旅游市场动态的准确把握。

2. 建立客流趋势分析与预警系统

在乡村旅游社区关键位置，如路口、饮食场所、娱乐场所等地方，安置摄像头、传感器等，通过智能视频技术和传感技术，建立客流趋势分析与预警系统，对乡村旅游社区人流密度和行为进行监控和估算，对客流量进行合理控制。客流趋势分析与预警系统与政府部门应急指挥/调度系统相对接，当游客数量接近或超过乡村旅游社区的最大容量时，及时启动相应的应急预案，对客流进行有效疏导。

3. 建立基于位置与身份识别的服务系统

利用 GPS（全球定位系统）、GIS（地理信息系统）、云计算等先进技术，对游客的旅游信息进行储存和整理，并以乡村旅游信息数据库为基础，以智能卡、固定终端或移动终端等为载体，建立基于位置与身份识别的服务系统，有助于为游客提供信息化、智能化和个性化的服务。

4. 建立乡村旅游社区营销宣传平台

与腾讯、新浪、网易等门户网站展开合作，开通乡村旅游官方微博，建设乡村旅游SNS社区，推进微信、米聊等互动服务工具在乡村旅游营销中的应用，建立并通过智慧乡村旅游互动营销平台，全面宣传乡村旅游品牌特色和各种乡村旅游节事活动；还可通过手机二维码，向游客营销推广乡村旅游节庆、会展等各种乡村旅游活动。

三、乡村旅游产业

1. 建立乡村旅游产业服务系统

通过智能技术、传感技术、通信技术等现代科学技术，借助智能终端，建立乡村旅游产业服务系统，为游客提供信息查询服务、网上预订服务等服务以及建议、投诉等扩展性服务，全面提高乡村旅游产业的数字化信息服务水平，为游客进一步了解乡村旅游目的地提供便利，使游客能够充分享受信息化的乡村旅游体验。

2. 建立乡村旅游产业运营管理系统

利用互联网技术，在产业实体与游客之间搭建一个统一的信息发布和共享平台，对乡村旅游产业的运营进行监督管理。乡村旅游产业运营管理系统与服务系统相互连通，在对服务系统提供的服务结果进行监督管理的同时，对产业实体的实时信息及时进行更新，加强产业基本信息管理和诚信管理，消除虚假信息。

3. 建立乡村旅游智慧营销系统

乡村旅游产业和乡村旅游社区相互合作，作为乡村旅游营销主体，以旅游者为营销对象，以现代科学技术和丰富的乡村旅游信息资源数据库为基础支撑，以乡村旅游智慧营销平台为核心，通过网络终端、手机终端、大屏幕等多种营销渠道，建立乡村旅游智慧营销系统，全面宣传乡村旅游信息资源。

 同步案例

安顺全面启动"智慧乡村旅游"建设

"游客只需一部手机，就可实现安顺乡村游的导游、导航、导购。"记者从安顺市旅游局获悉，为打造第十届全省旅游产业发展大会新亮点，安顺市已于近期全面开启智慧乡村旅游建设，项目涉及两区（西秀区、平坝区）、三个乡镇（七眼桥镇、旧州镇和天龙镇），智慧旅游，也将由此拼入全市美丽乡村的"拼图"。

目前，移动、电信的4G无线网络已全面覆盖项目区域，同时，为了便于乡村旅游产品宣传营销和游客体验，该市将按照智慧旅游项目的实施标准，全力确保第一期工程实现旅发大会关键节点WiFi的覆盖，其余地区将在后期分批实施。

2013年起，安顺市相继与腾讯联手正式上线运行腾讯地图·智慧旅游安顺体验平台，开通安顺市旅游官方微信和官方微博，通过数字化、电子商务和自媒体的平台建设和运用，实现了旅游服务、管理、营销、智能化水平的提高。经过评比，该市荣获2014"美丽中国"优秀智慧旅游城市称号，成为国内"智慧景区"的样板工程。图9-3为安顺乡村一景。

眼下，乡村旅游日益成为都市人的新宠，可乡村旅游资源点多面广、分布零散，难以满足游客日益增多的个性化需求。"智慧乡村旅游建设，就是利用网络整合乡村旅游的各个要素，为游客提供低成本、高效率的智能服务模式。"据相关负责人介绍，届时，乡村旅游点将通过以手机APP客户端为网络支撑的智能平台以及无线宽带网的覆盖等方式，让游客只需在手机上动动手指，就能享受快速、便捷、低成本的人性化服务，从而树立该市乡村旅游的服务品牌。

（资料来源：贵州日报）

图9-3　安顺美丽乡村

项目二　乡村旅游全域化开发

1. 理解全域旅游与全域乡村旅游的概念。
2. 理论结合实际，领会乡村旅游全域化开发的基本内容。

9.2.1　全域旅游与全域乡村旅游

2015年8月在黄山召开的全国旅游工作研讨班会议上，原国家旅游局相关负责人提出了全面推动全域旅游发展的战略部署。2016年1月，在海口召开的全国旅游工作会议上，相关负责人提出"全域旅游"发展理念，指出要转变旅游发展战略，创新旅游发展模式，实现我国旅游业从景点旅游向全域旅游的转变。2016年2月5日，原国家旅游局公布首批262家"国家全域旅游示范区"创建名单，"全域旅游"成为旅游业发展的新态势。

"全域旅游"是指各行业积极融入旅游业的发展中，各部门齐抓共管，居民共同参与，充分利用旅游目的地的吸引物要素，为游客提供全过程、全时空的体验产品，从而满足游客的全方位体验需求。换句话说，全域旅游是指将一个特定的区域作为完整的旅游目的地进行整体规划布局、全方位统筹管理、一体化营销推广，促进全区域、全要素、全产业链发展，实现区域大旅游。相应地，全域旅游目的地就是一个旅游相关要素配置完备、能够全面满足游客体验需求的综合性旅游目的地、开放式旅游目的地，是一个能够全面动员资源、全面创新产品、全面满足需求的旅游目的地。全域旅游不是处处建景点景区，而是注重其规划布局的合理性，是一种开放共享式发展理念；形成处处都是旅游吸引物，注重深度的旅游体验。

全域旅游作为一种新的发展理念，是未来旅游规划的战略方向。全域旅游从实践的角度上来说，以城市（镇）为全域旅游目的地的空间尺度最为适宜（厉新建等，2013）。全域旅游作为一种新的发展理念，旨在对旅游地统筹规划，多规合一，资源整合，产业融合，共建共享，统筹实施旅游供给侧结构改革，体现创新、协调、绿色、开发、共享的新发展理念，促进旅游地经济社会协调发展。全域旅游所追求的，不再是停留在旅游人次的增长上，而是旅游对人们生活品质提升的意义。

所谓"全域乡村旅游"，是指把一定乡村区域的各个旅游景点、各种旅游资源当作一个整体来加以统筹规划的理念，是以乡村环境为依托，使各行业、各部门、各居民等共同参与到乡村旅游的建设中来，以此来推动乡村旅游的发展和农村产业结构的有效整合。

"全域乡村旅游"作为一种新型理念，其所倡导的全新的资源观、时空观、产业观，不仅可以促进乡村旅游的全面发展，也使得乡村的产业结构得到全面调整，使乡村的环境得到改善，还能够全方位满足游客的需求。以"全域乡村旅游"理念整合农村产业结构，是一种非常可行的方式。

> 关键词点击：全域旅游

9.2.2　全域乡村旅游产品体系构建

构建全域乡村旅游产品体系应全域统筹，整合旅游资源，创意设计旅游产品，实现产业交叉、产业融合、产业联动；打造全域化乡村旅游产品体系，鼓励乡村旅游"全民化"共享共建。乡村旅游产品体系构建的理念主要包括"六化"，即全域化、全景化、全业化、全时化、全位化、全民化。如图9-4所示。

1. 全域化

全域旅游强调统筹管理社会经济资源，对旅游资源、产业资源、生态环境、公共服务、政策法规等进行系统性优化，实现区域资源有机整合，以旅游业带动和促进社会经济协调发展。同样，乡村旅游产品体系的构建要体现"全域化"，就要统筹乡村社会经济资源，实现产业共融，促进乡村全域社会经济协调发展。

2. 全景化

丰富的乡村旅游资源为乡村旅游地全景化的打造奠定了资源基础。在全域旅游的背景下构建乡村旅游产品体系，应转变传统的旅游资源观念，在全域空间上，把游客可能到达的场所进行整体策划设计，包括田园、山林、溪水、民俗文化、乡村生产生活等进行全景化创意打造，在遵循乡村原有自然与文化的基础上，构筑一个主题突出、内涵丰富的乡村旅游共同体。

3. 全业化

全域旅游是以旅游业作为主导和依托产业，在产品开发上，应找准创意点，以此为基础延伸产业链，加大产业辐射面，带动多个产业共同发展，全面促进乡村旅游经济的发展。乡村旅游产品体系的构建应遵循产业融合的理念，例如，"旅游＋农业""旅游＋林业""旅游＋牧业""旅游＋房地产""旅游＋商业"实现一二三产业良性互动，相关产业发展共融。

4. 全时化

乡村旅游应构建"全时化"的旅游产品体系，在产品的开发设计上，一年四季、白天和夜晚、淡旺季，应有不同类型的旅游产品，相互交替支撑乡村旅游的发展。比如花海景区，根据季节的不同，种植不

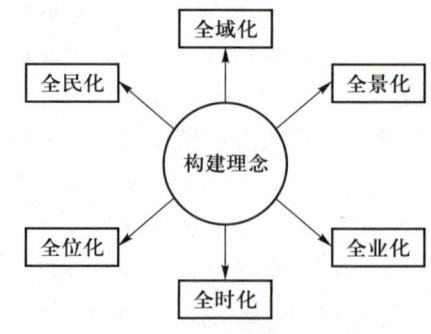

图9-4　乡村旅游产品体系构建理念

同种类的鲜花，白天赏花、摄影，夜晚花海露营，配之以其他休闲度假项目，以花海为核心亮点，形成四季花海、"白＋黑"等多种不同时段的旅游产品，打造"全时化"旅游产品体系。

5. 全位化

乡村旅游产品应全方位为游客服务，从乡村民宿、乡村美食、乡村游赏到野奢度假、养生养老，都应满足游客全方位旅游需求。让游客从认识乡村到向往乡村，再到游览乡村，最后发展为旅居乡村，实现旅游服务、旅游消费、旅游活动过程的"全位化"。

6. 全民化

全域旅游强调社区参与，共建共享。乡村居民是乡村旅游景观的缔造者，在旅游开发中最具发言权。乡村旅游开发应鼓励村民参与，为村民提供更多就业机会，完善配套政策，吸引旅游管理人才进入乡村。"全民化"的构建理念为乡村旅游发展提供了人才数量和质量的"双保障"。

9.2.3　全域乡村旅游建设内容

一、深度挖掘乡村旅游文化

1. 乡村传统文化的保护与传承

要传承文化，建设有历史记忆、地域特色、民族特点的美丽城镇，保持乡村旅游环境的原真性。所谓乡村旅游的原真性，是指乡村旅游环境以传统乡村布局为基础，保护其原生态的自然环境、本色的生产生活方式和古朴的民俗文化，乡村社区中人与环境和谐共生，旅游者体验的是一种真实性的乡村状态。需要说明的是，乡村旅游环境的原真性保护，并不是追求完整的"原状"，而是追求能彰显其历史延续和变迁的"原状"。不搞大拆大建，依据原村落格局与建筑风格进行修缮，做到"修旧如旧"；商业与农业相协调，用传统农耕文明守住乡村的"魂"。还要做到传承并传播民俗文化，开展民俗活动，以丰富乡村旅游娱乐活动。图9-5为乡村茶文化和竹文化景观。

图9-5　乡村茶文化、竹文化形成独特景观

2. 村景合一，塑造全景乡村品牌

（1）乡村道路景观化。一是道路自身景观化，传统的乡间小道可以修建成木质栈道等；二是道路环境景观化，在道路两旁种植花草树木，形成道路景观带。如图9-6所示。

图9-6　乡村道路景观化

（2）乡村村民生活方式景观化。农村的两大主体既是农业与农民，村民的生活方式对于城市居民而言其本身就是一道风景，城市游客希望感受到村民的淳朴与热情，也希望参与到三五村民聚集拉家常的生活场景中去。

（3）传统农耕生产景观化。在全域旅游时代，农民耕种不仅仅是一种劳动，也是游客希望观看并体验的农业景观。

二、体验乡村升级旅游产品

近来"养心""养生""养老"等旅游项目倍受市场的关注，加之带薪休假制度的逐步完善，乡村旅游呈现多元化的市场需求。在此需求背景下，一系列的乡村升级旅游产品应运而生。乡村旅游产品应根据旅游者的生活方式与价值追求，联合上下游产品，延伸产品线（如图9-7），开发"生活共感型"的乡村旅游产品，为游客创造整体感较强的体验感知。

例如，展示大美乡景，品味特色乡风，开展传统民居体验、新村风貌体验、宗教朝圣体验等；玩味休闲乡趣，结合纯朴的乡土风情、传统的农耕农艺开展农事活动休闲；体验时尚乡野，开展登山、露营、健走、滑雪等特色娱乐体验；感受幸福乡居，打造气候养生、温泉美食、生态康养、绿色理疗等产品；体会欢乐乡会，充分结合当地的节庆活动和传统节日，

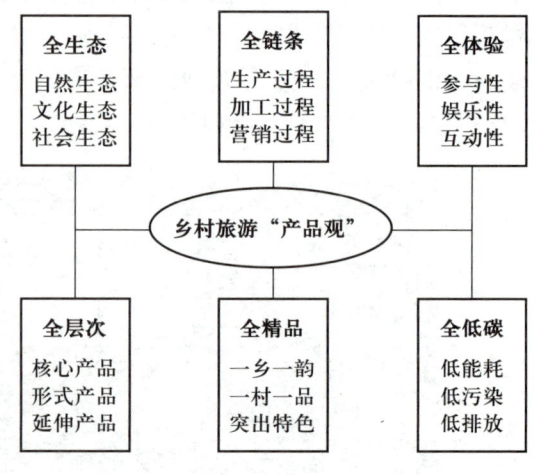

图9-7　乡村旅游"产品观"

深挖内涵，打造时尚。

三、融合发展乡村旅游产业

乡村旅游围绕食、住、行、游、购、娱六大要素融合发展，进一步拉长乡村旅游产业链。

1. 立足农业根本，发展乡村旅游

大力发展文化农业、休闲农业、创意农业、精致农业、科普农业、休闲渔业等农业新业态。推进农业本土化，打造地地道道的"乡村生活"，让原生原长、土乡土色的民俗文化、民族文化等融合、提炼、创新，让原乡和时尚结合，创造提升农业文化的附加值，以产业发展延续乡愁。

2. 积极推动乡村旅游业与相关产业互动发展

加强与农业、林业、水利、文化、餐饮、交通、建设、环保等部门的协作沟通，整合各部门资源，又好又快地推动乡村旅游的发展。

3. 优化旅游六大要素产业结构

优化食、住、行、游、购、娱六大要素产业结构，要缩小食、住、行、游的比重，扩大购物、娱乐的比重，延伸旅游产业链条。例如，以旅游购物为突破口，开发旅游用品和旅游纪念品，打造乡村商业土特产，推进连锁化布局，智慧化运营，促进特色农产品订单式发展。

4. 联动旅游新兴业态

发展商务会展业、健康养生业、文化创意产业、体育产业等新兴产业，从而实现与旅游业的联动效应。

四、景区化标准统筹建设规划

2016年全国旅游工作会议上，原国家旅游局相关负责人提出将全域旅游作为新时期的旅游发展战略，并指出全域旅游是全域按照景区理念、标准进行建设、管理和服务。乡村是最小的区域单元，是全域旅游推广的最佳试验点。

转变以往乡村旅游景区单打独斗的局面，改变乡村旅游以景区（点）为主要架构的旅游空间经济系统，构建起以景区、度假区、休闲区、旅游街区、旅游小镇、旅游示范县市等不同旅游功能区为架构的旅游目的地空间系统，推动乡村旅游从景区为中心向以旅游目的地为核心的转型。

通过对辖域乡村旅游的资源禀赋进行科学调查和评估，对现有乡村旅游产业的发展程度和存在的问题进行细致调研，在此基础上动员"全域"范围内的村镇相关部门参与讨论，共同拟定"全域"乡村旅游的发展规划。在规划中，要明确"全域"内各村镇发展乡村旅游的各自优势，并在各自优势的基础上本着产业协同的原则做出分工，如生态环境优美、景点数量集中的乡镇可以作为游览观光区，旅游资源优势不明显而交通区位较好的村镇可以作为农副产品和民俗旅游产品的加工基地。具体的规划包括以下三个部分的内容。

1. 整体空间布局规划

包括资源景观规划、交通线路规划、旅游商业区规划与社区居民生活区规划等，对于整体规划，必须要论证其全面性与可行性，注重保护与利用乡村自然环境及文化资源，保留、继承和挖掘原有村落的乡土风貌、文化传统及民俗风情，打造乡村属性较强的新农村旅游。图9-8为宜兴市湖汶镇乡村旅游规划功能分区图。

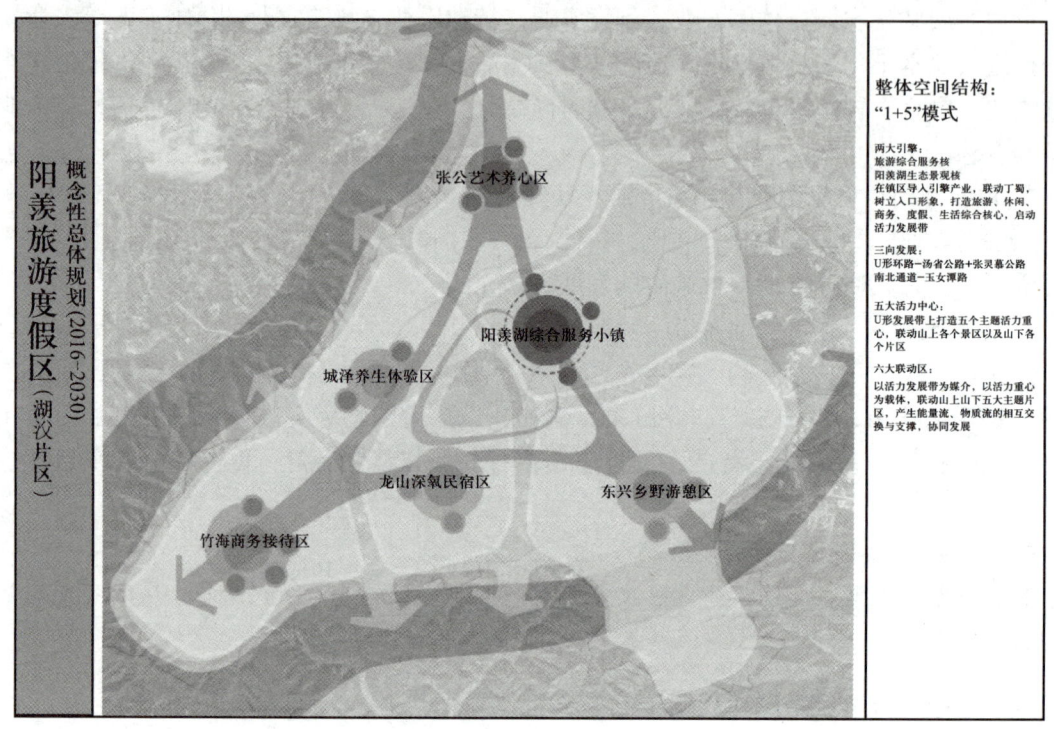

图9-8　宜兴市湖汶镇乡村旅游规划功能分区图

2. 乡村旅游产业规划

农业是农村的主导产业，也是乡村的特色，即使新兴产业的发展改善了农村经济，但仍然不能脱离农业的支撑，否则就失去了乡村的本色。乡村发展必须将农业产业与旅游产业有机结合，充分发挥信息时代背景下的"旅游＋"与"农业＋"的融合功能，延伸相关的产业链，构建"农旅互动"的新农村经济发展模式如乐业县在乡村旅游发展中，结合本地特色农业（有机刺梨），发展刺梨产业，发展微庭院经济，循环经济，实现"文化＋旅游＋农业"发展新模式。如图9-9所示。

3. 乡村社会服务规划

乡村基础设施、教育、卫生、金融、公共交通是旅游业发展的基础保障条件，也是实现新农村建设中对"村容整洁、管理民主"的基本要求。对于只有留守老人的农村而言，吸引青年人回归，才能重现"生机"，通过完善基础设施建设，大力发展旅游业，鼓励年轻人回村创业，让农民过上小康式的新生活。

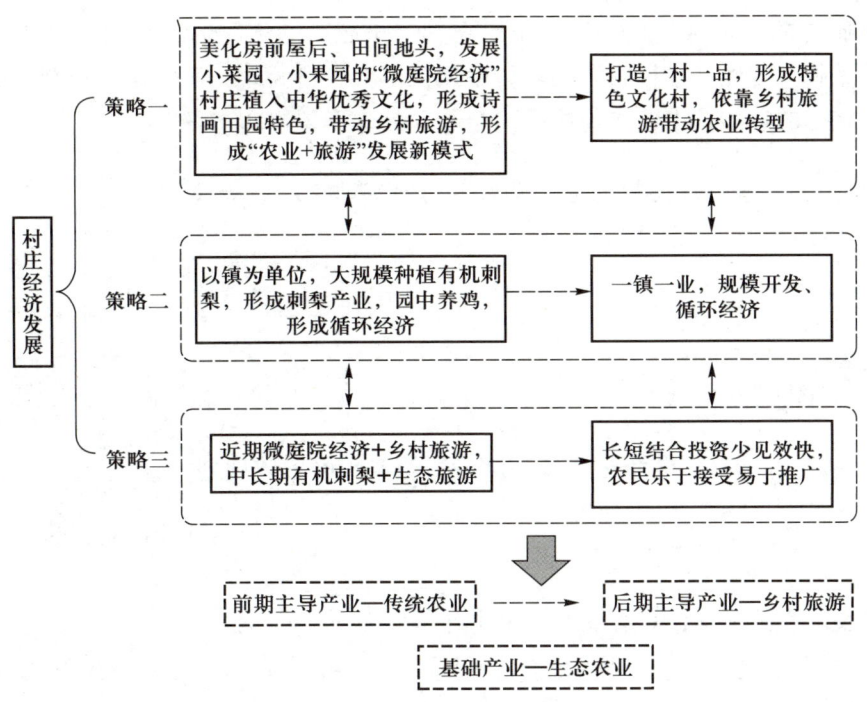

图9-9　乐业县美丽乡村建设的创新性模式——"文化+旅游+农业"

通过政府引导，各方协调，以开发全域背景下乡村旅游为目标，对旅游地进行功能分区，对交通体系和水路电网进行整体规划，与经济社会发展规划、城乡建设规划、土地利用规划、交通体系规划等多元合一，做到景区与乡村的完美融合。

五、完善乡村旅游公共服务设施体系

乡村旅游的发展既需要将优势的旅游资源转化成优质旅游产品，也需要"全域"范围内的诸多产业与之协同，还需要完善的交通、电力、供水、排污、绿化等配套基础设施和服务设施。当前，乡村地区的水、电、交通等基础服务设施虽有显著改善，但整体依然相对落后，发展乡村旅游，推进农村产业结构的整合，实际上也是一个推进乡村城镇化的过程。因此，各地要以"全域乡村旅游"开发为契机，统筹"全域"交通、供水、电力等基础设施建设，制定与乡村旅游配套的基础设施发展规划，形成"全域"乡村旅游发展、产业结构整合与城镇化推进良性互动和全面发展的新局面。另外，在"全域"乡村旅游基础设施建设中，要充分动员社会力量的参与，推进融资模式多元化，提升相关公共产品供给的市场化水平。

六、推广全域乡村旅游品牌

在"全域乡村旅游"的发展过程中，应充分运用媒体的力量，借助报刊、电视、网络等传播方式，加大对此理念的宣传，还要加大对农民的素质培训，让农民亲自向游客宣传"全域乡村旅游"理念。同时，政府部门要成立专门的乡村旅游宣传部门，负责全域乡村旅游的

宣传。乡村旅游的"全域"式宣传在于树立其"全域"的优质形象，从而形成乡村旅游的"全域"性品牌。各地在乡村旅游的宣传中切记不要各自为政，而要在"全域"品牌的旗帜下形成乡村旅游的宣传合力，将优质的"全域"品牌形象推向市场。

> 关键词点击：全域旅游目的地　全域乡村旅游理念

同步案例

婺源国家乡村旅游度假实验区总体规划

——引领乡村旅游转型的崭新模式

婺源县旅游资源丰富，拥有优越的生态环境和历史人文积淀，天人合一的村落选址与布局，特色鲜明的徽派建筑符号，极富魅力的深厚文化底蕴，婺源民俗、民间艺术、土特产、特色乡村美食享誉全国。

规划诉求：建设世界度假型乡村旅游目的地。

形象口号：最美乡村·自在婺源。

核心创意：

（1）"1+N"空间模式。一个全域式的最美乡村山水田园+N个旅游度假功能区。

（2）"1+N"产品模式。一条乡村度假主线+N个主题产品支撑。

（3）"1+N"产业模式。以乡村度假旅游为主导产业，关联产业、支撑产业、特色产业和配套产业等N种产业集群相互促进、支撑、协调发展。

亮点项目：

（1）花溪长滩乡村旅游度假区。充分利用山水环境，遵循婺源乡村建设布局，以乡村、会议论坛、民俗体验为主要功能，打造最具婺源乡村风貌特征的旅游度假区，成为婺源国家乡村旅游度假实验区的引擎项目和起步发展区域。

（2）碧水湾山水生态旅游度假区。以田园养生、森林养生为主要功能，打造既体现东方古典又展现现代时尚品位的旅游度假区。

（3）五龙湾国际乡村旅游度假区。依托各民族建筑文化精粹，打造集精英客群休闲度假、会客交流、游客观光摄影点、影视拍摄、

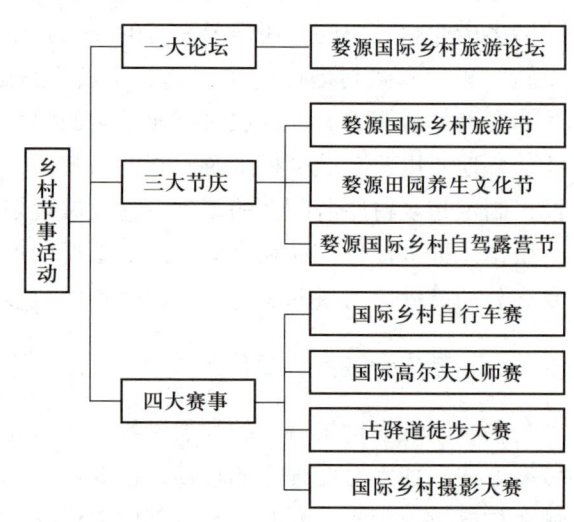

图9-10　婺源县乡村节事活动旅游产品

婚纱摄影外景地等于一体的旅游度假区。

（4）乡村节事活动。构建以"一大论坛、三大节庆、四大赛事"为统领的节事活动体系。如图9-10所示。

（5）主题度假产品。构建四大类别主题度假产品体系。

（资料来源：巅峰智业旅游文化创意股份有限公司）

项目三　乡村旅游扶贫工作

学习目标

1. 了解乡村旅游扶贫的现实要求，理解乡村旅游扶贫的理论依据。
2. 学习并理解社区旅游扶贫模式。

9.3.1　乡村旅游扶贫基本介绍

一、旅游扶贫政策背景

政府主导、社会参与、农民为主体的产业化扶贫是我国扶贫开发的基本战略和模式。近年来，党和国家高度重视乡村扶贫开发，针对贫困地区提出要整体推进产业化扶贫开发，要充分利用乡村资源培育优势特色产业，大力发展乡村经济，通过经济发展带动乡村脱贫致富。旅游扶贫作为推动乡村脱贫致富的重要力量和产业扶贫的主要方式成效显著。2015年5月19日时任国务院副总理汪洋在恩施调研扶贫工作时强调，旅游扶贫是扶贫攻坚的有效方式，要将乡村旅游开发和扶贫攻坚有机结合，扶持贫困群众参与乡村旅游经营和服务，分享乡村旅游发展红利。2015年8月18日全国乡村旅游提升与旅游扶贫推进大会再次强调旅游扶贫是下一阶段国家扶贫攻坚的重要战略，要把乡村旅游作为新一轮农村扶贫开发的中坚力量，计划在未来5年带动1 200万贫困人口脱贫。

二、旅游扶贫基本概念

旅游扶贫是产业扶贫的重要方式之一。国内诸多学者对旅游扶贫这一概念进行了深入的研究并做出了界定。高舜礼（1997）研究了旅游扶贫的目标区域及目标。旅游扶贫的目标区域是那些旅游资源好但经济条件落后的区域，既涵盖了完全贫困地区，也涵盖了已经脱贫但经济条件依然落后的地区。脱贫与致富是旅游扶贫要达到的两个目标。郭清霞（2003）调查分析了湖北省旅游扶贫的典型案例，总结了旅游扶贫的主要特点，即凭借自身独特资源条件，由政府部门主导，遵循市场规则，开发迎合市场需求的特色产品，使贫困人口受益，达到脱贫致富的目的，同时也实现了环境保护和区域经济的协调发展。

综合学者们的对旅游扶贫概念的界定可知，旅游扶贫内涵为：首先，旅游扶贫的目标区域是旅游资源禀赋好或是具有旅游开发潜质的贫困地区；其次，旅游扶贫以造福于贫困人口为根本宗旨，以培养贫困地区自我发展能力为根本意图；再次，旅游扶贫是一种区域发展模式，在区域内把旅游业打造为支柱产业，实现贫困地区社会、经济、文化、生态等全方位可持续发展。

具体到不同的区域，不同类型的旅游扶贫具有不同的内涵。乡村地区旅游扶贫是指依托贫困乡村丰富的旅游资源，大力开发并发展当地的旅游业，以促进当地经济、社会全面进步的旅游扶贫道路。随着乡村地区旅游扶贫的积累与发展，乡村地区旅游扶贫越来越强调当地村民的参与。风景区旅游扶贫则是指具有一定实力的风景名胜区利用其经济优势，提供经营条件，安排剩余劳动力就业，或资助乡村基础设施建设，充分发挥其辐射与带动作用，帮助周边经济欠发达村庄脱贫致富。

三、旅游扶贫的理论依据

1. 可持续发展理论

世界环境与发展委员会将可持续发展定义为"满足当代人的需要而不对后代人满足其需要的能力构成威胁的发展"。旅游可持续发展则是指在持续性利用资源的前提下，通过增加旅游发展机会，拓展旅游发展空间，在满足现阶段旅游发展需要的同时，保持旅游者、当地居民以及旅游经营者之间利益的均衡状态，最终实现社会效益、经济效益和环境效益三者可持续发展的统一。

2. 乘数效应理论

该理论是由英国经济学家首先提出。乘数效应是一种宏观的经济效应，也是一种宏观经济控制手段，是指经济活动中某一变量的增减所引起的经济总量变化的连锁反应程度。旅游乘数是指旅游者的初始旅游花费在整个经济系统的运行过程中所导致的各种衍生变化和最初的直接变化本身的比率，一般包括三个阶段：第一步旅游者通过直接消费环境，使得关联部门获得初步收益。第二步，这些关联部门通过再生产活动，使其他部门获得再分配收益。第三步，再分配中获得的收益再次投资，实现更多企业和部门的发展。在多次分配与再分配过程中，实现了连带效果，并获得收益。对贫困地区居民来讲，旅游开发不仅创造了大量的就业机会，更为本地产品降低了机会成本，拓宽了销售渠道，并促进了当地经济发展。

3. 社区参与理论

该理论是由社会学家威尔·保罗首先提出的。该理论主要观点是，贫困地区在发展旅游业的过程中应该更多考虑社区的因素，作为参与主体，社区居民应该参与旅游发展中的各个环节并承担相应的风险和责任，通过发展旅游业带来经济、社会和环境等各方面利益的公平分享，从而实现消除贫困、促进经济社会可持续发展的目标。

4. 增长极理论

该理论的主要观点是，由于增长强度不同，往往会形成一些增长点或增长极，并在其周围形成一个强大的磁场，该磁场具有技术创新与扩散、资本集中与输出、规模经济效应和聚集经济效应四大作用。当"增长极"发展到一定程度的时候，就会产生强大的"辐射"作用，带动周边非"增长极"的共同发展。因此，在旅游扶贫开发中，要想促进贫困地区经济发展，就必须把有发展潜力的地区发展和培育成能够带动周边发展的"增长极"。

9.3.2 乡村旅游扶贫

乡村旅游扶贫是指在开展扶贫工作的过程中，根据地区的经济、社会环境以及现有条件采取的一种普遍遵守和可供复制的标准化旅游扶贫运行机制。主要有以下几种模式。

一、政府主导型扶贫模式

政府主导模式是指国家或地方政府利用政策手段、法律手段和经济手段对旅游开发给予引导和支持，营造良好的旅游环境，有意识地发展旅游业，引导贫困地区旅游业健康发展的模式。这是旅游扶贫最早采用的模式，同时也是对旅游影响最深远的扶贫模式。适用于正处于旅游开发初期的社区。主要内容包括以下几方面。

（1）制定有利于贫困地区旅游发展的政策、法规，做好乡村的旅游发展规划。在政策允许的范围内，给予景区开发商充分的政策扶持和政务服务，并要求企业在开发建设期间，优先安置项目所在地及周边乡村的贫困户就业。

（2）加大基础设施建设的投入。本着适度超前的原则，高水平建设旅游基础服务设施，改善旅游环境，同时吸引企业投资和经营旅游接待设施和休闲娱乐设施，开发专项旅游产品。

（3）推动乡村旅游的发展。聘请旅游规划公司结合乡村特色，制定适用于本地发展、具有地方特色和市场竞争力的旅游规划，优化自身环境，开发优质产品，推进旅游项目建设；加强乡村旅游区的宣传力度，促进地区一体化发展，整体营销推广。

二、景区主导型扶贫模式（如图9-11）

景区主导型扶贫模式，体现为景区景点或企业将工程建设优先承包给当地村寨，使村民获得劳务收入。景区会优先雇佣符合条件的村民或当地农家大中专学生，景区将摊位、商店、游乐设施、交通工具、停车场等免费或优惠承包给村民来经营等，促进乡村旅游经济发展。具体做法如下。

（1）以国家精准扶贫战略为导向，开发原始的乡村自然资源，挖掘传统的乡村文化资源，形成特色的旅游景区和旅游项目。

（2）在开发资源的基础上，打造特色，以市场需求为导向，以缔造品牌为核心，突出独特性和差异性，实现乡村旅游景区的差异化发展。

（3）确定参与主体，实现精准扶贫。倡导多方合作，划分各方权益职责，以科学、严谨的态度实施景区管理，探索景区运营盈利的模式，突出精准扶贫对象，让当地群众脱贫受益。

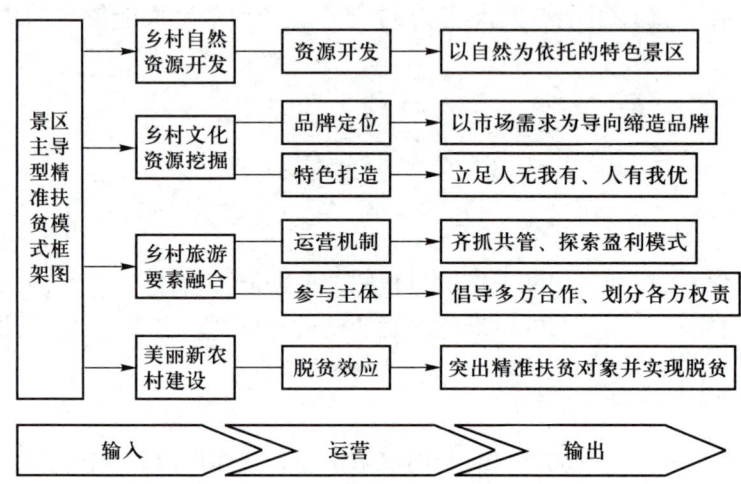

图9-11　景区主导型精准扶贫框架图

三、亦农亦旅扶贫模式

是指在乡村保留农业生产的基础上适当开发旅游产品，村民既参与旅游生产又没有丢弃原有的生产劳作，也称为农旅结合模式。这种模式对乡村旅游的发展具有促进作用，在很多乡村旅游区普遍存在。具体做法如下。

（1）充分利用生态资源优势、农业资源优势、旅游资源优势，策划具有市场竞争力的旅游项目，扩大乡村知名度，推动乡村旅游经济发展。

（2）不断探索高效农业、观光农业、乡村旅游与扶贫工作的有机结合，实现农业产业化运营，促进扶贫对象尽快脱贫致富。

（3）理顺龙头企业、专业合作社和农民之间的关系，构建共赢发展格局。

此外还包括其他旅游扶贫模式，如移民迁置模式、企业主导模式、农民自主开发模式等。

关键词点击：乡村旅游扶贫

同步案例

重庆马武镇乡村旅游精准扶贫

马武镇位于重庆涪陵西南部，距重庆城70千米，距涪陵城区20千米，涪南高速设有马武互通式出口。2008年5月由马武镇、惠民乡、太和乡合并而成，辖区面积162平方千米，耕地面积5.4万亩，森林面积10.7万亩，森林覆盖率达45％。境内海拔在400至1200米之间。这里土地富饶，雨水充沛，气候温和湿润，物产丰富，交通便利。值得一提的是，龙潭水利工程的枢纽——桃子沟水库就坐落其间，是国家重点建设工程。此外，还有省（市）级文物保护单位宋代碑记桥，明代四合院民居老虎冲、广慈桥、鹰舞寺碑等。图9-12为马武镇乡村一景。

图9-12　重庆马武镇乡村一景

2012年以来，马武镇党委、政府结合实际，规划了两大乡村旅游核心区，一是围绕石朝门村至文观村一线的十里梨子长廊，以及石朝门村至板桥村一线的惠民生态观光农业带；二是围绕白果村至小坝村一线的太和高山生态自然观光带。先后引进重庆坪上生态旅游开发有限公司、重庆从古到今农业开发公司、重庆惠泽林业发展有限公司等10多家企业，投资近1.5亿元，来发展乡村旅游，以此带动农村经济发展。

马武镇自2012年来，先后举办了五届梨花节活动，其中2014年马武镇承办了涪陵区首届梨花节活动。还承办了涪陵区2014年乡村旅游文化季暨农副产品推广展销会等乡村旅游活动。2014年坪上花溪首届采莲节更是丰富了马武镇乡村旅游节庆活动的内容。

马武镇因东汉开国名将马武将军曾屯兵于此而得名。2015年，政府划拨文化建设专项资金30万元，组织人员前往马武将军出生地追根溯源，同时将收集的成果用于建设马武将军博物馆。其次，马武镇目前已通过多方努力，深挖巴渝片区农耕文化，成立了重庆首个农耕文化博物馆，展出展品150余件。同时，提炼马武镇最具代表性的十大文化景点，形成精品旅游线路。

2016年，石朝门村打造的三大主题园区已基本完成，并开园迎客。方碑村以朝皇寺水库和惠民片区十里南方早熟梨为平台，打造了从古到今生态园，园区提供餐饮、住宿、拓展训练等多项服务，更是承包马武镇梨花节的重要场所。太和片区种植1100余亩"双季米金槐"，每年7至10月金槐花将会漫山遍野，未来总体规模将达2万亩。

（资料来源：李析力.重庆涪陵区乡村旅游精准扶贫模式比较研究[D].广西大学，中国知网）

项目四　田园综合体

学习目标

1. 了解田园综合体的发展背景，掌握田园综合体的基本概念。
2. 了解田园综合体试点工作的具体要求。
3. 掌握田园综合体的建设内容。

9.4.1　田园综合体基本认知

一、概念与发展历程

田园综合体是在城乡一体化的背景下，在工业化、城镇化发展到一定阶段，顺应农业供给侧结构性改革和保护生态环境和新产业新业态发展，实现田园生产、田园生活、田园生态的有机统一，并和一二三产的深度融合，为中国三农的发展探索一套可推广、可复制和稳定的生产生活方式。

2012年，田园东方创始人张诚发表了《田园综合体模式研究》一文，并在无锡市惠山区阳山镇和社会各界的大力支持下在"中国水蜜桃之乡"的阳山镇落地，实践了第一个田园综合体项目——无锡田园东方。在项目不断探索的第四个年头，2016年9月中央农办领导考察了该项目，对该模式给予高度认可。

2017年，源于阳山的"田园综合体"一词被正式写入中央一号文件，文件指出"田园综合体"模式是当前乡村发展新型产业的亮点举措。文件提出：支持有条件的乡村建设以农民合作社为主要载体，让农民充分参与和受益，集循环农业、创意农业、农事体验于一体，通过农业综合开发、农村综合改革等渠道开展试点示范。

2017年5月，财政部下发《关于田园综合体建设试点工作通知》，明确重点建设内容、立项条件及扶持政策，确定河北、山西、内蒙古、江苏、浙江、福建、江西、山东、河南、湖南、广东、广西、海南、重庆、四川、云南、陕西、甘肃18个省份开展田园综合体建设试点。

2017年6月5日，财政部印发关于《开展农村综合性改革试点试验实施方案》的通知，通过综合集成政策措施，尤其是多年中央1号文件出台的各项改革政策，多策并举，集中施策，推进乡村联动，政策下沉到村，检视验证涉农政策在农村的成效。

田园综合体概念的出发点是主张用一种可以让企业参与、带有商业模式的顶层设计、城市与乡村结合、多方共建的"开发"模式来创新城乡发展，形成产业变革，促进社会发展，重塑美丽乡村。

传统的乡村到田园综合体需要经过以下四方面的转变。

（1）功能的转变。从简单的农作物生产功能到集生产、加工、销售、展示为一体的复合功能。

（2）模式的转变。从传统农业模式转成"农业+"的模式。

（3）产业的转变。从传统农业产业链转变为综合性产业链，产业链从生产端向体验端转移。

（4）价值的转变，从早期的田园产效低转变为实现经济价值、生态价值和生活价值相统一。

二、建设意义

建设田园综合体对于培育农村发展新动能、加快城乡一体化步伐和推动农村实现历史性变革具有重要的现实意义，其核心是要提供一个机制创新和融合发展的新平台、新载体和新模式。

1. 田园综合体为推进农业供给侧结构性改革搭建了新平台

推进农业供给侧结构性改革，转化"三农"发展动能的核心和关键是确立承载产业、集聚项目、融合要素的平台。田园综合体集循环农业、创意农业、农事体验于一体，以空间创新带动产业优化、链条延伸，有助于实现一二三产业深度融合，实现现有产业和发展载体的升级换代。

2. 田园综合体为城乡一体化发展提供了新支点

中央城市工作会议指出："我国城镇化必须同农业现代化同步发展，城市工作必须同'三农'工作一起推动，形成城乡发展一体化的新格局。"以城带乡、以工促农、形成城乡发展一体化新格局，必须在农村找到新支点和新平台。田园综合体要素集中，功能全面，承载力强，是城乡一体化的理想结合点和重要标志，为乡村现代化和新型城镇化联动发展提供了支撑。

3. 田园综合体为农村生产生活和生态环境融合发展构建了新模式

建设田园综合体，要在发展生产、壮大产业的同时，为农民探索多元化的聚居模式，既保持田园特色，又实现现代居住功能，为实现城乡基础设施和公共服务均等化提供了最佳空间。田园综合体的田园风光、乡野氛围、业态功能等，加之优良的生态环境和循环农业模式，能够更好迎合和满足城市居民对生态旅游和乡村体验的需求，使生产生活和生态环境融合互动发展。

4. 田园综合体为传承农村文明、实现农村历史性转变提供了新动力

通过田园综合体，有助于实现城市文明和乡村文明的融合发展，为传承和发展我国传统农耕文化提供了契机，乡村治理也能获得更多的深层次文化支撑，助推实现美丽田园、和谐乡村。田园综合体将推动农业发展方式、农民增收方式、农村生活方式、乡村治理方式的深刻变化，全面提升农业综合效益和其竞争力，真正让农业成为有奔头的产业，让农民成为体面的职业，让农村成为安居乐业的美丽家园，从而实现乡村发展的历史性转变。对于农业综合开发而言，建设田园综合体包括生产、生活、生态、文化等多方面内容，本质在于"综合性"，农业综合开发的优势也在于"综合"，两者在内涵上是相互契合的。一方面，能够发挥农业综合开发的平台作用，通过打基础、强产业、优生态、扶主体、引科技等综合举措，全面提升田园综合体试点水平；另一方面，通过建设田园综合体，农业综合开发能够在更高的水平上发挥"综合"优势，从而继续保持自身的先进性和特色，为农业综合开发转型升级、创新发展打开了突破口。

9.4.2　田园综合体试点工作

一、试点扶持政策

2017年财政部下发《关于开展田园综合体建设试点工作的通知》，综合考虑了各地发展建设基础、开展试点意愿、改革创新工作推进、试点代表性等因素，中央财政将按照三年规划、分年实施的方式，三年共扶持1.5个亿，地方财政根据实际情况给予安排。政府扶持资金和资金使用方式如下。

（1）中央财政从农村综合改革转移支付资金、现代农业生产发展资金、农业综合开发补助资金中统筹安排，每个试点省份安排试点项目1~2个，各省可根据实际情况确定具体试点项目个数。

（2）试点项目资金和项目管理具体政策由地方自行研究确定。

（3）各试点省份、县级财政部门要统筹使用好现有各项涉农财政支持政策，创新财政资金使用方式，采取资金整合、先建后补、以奖代补、政府与社会资本合作、政府引导基金等方式支持开展试点项目建设。

（4）经财政部年度考核评价合格后，试点项目可继续安排中央财政资金。对试点效果

不理想的项目将不再安排资金支持。

二、试点条件

1. 功能定位准确

围绕有基础、有优势、有特色、有规模、有潜力的乡村和产业，按照农田田园化、产业融合化、城乡一体化的发展路径，以自然村落、特色片区为开发单元，全域统筹开发，全面完善基础设施。突出农业为基础的产业融合、辐射带动等主体功能，具备循环农业、创意农业、农事体验一体化发展的基础和前景。明确农村集体组织在建设田园综合体中的功能定位，充分发挥其在开发集体资源、发展集体经济、服务集体成员等方面的作用。

2. 基础条件较优

区域范围内农业基础设施较为完备，农村特色优势产业基础较好，区位条件优越，核心区集中连片，发展潜力较大；已自筹资金投入较大且有持续投入能力，建设规划能积极引入先进生产要素和社会资本，发展思路清晰；农民合作组织比较健全，规模经营显著，龙头企业带动力强，与村集体组织、农民及农民合作社建立了比较密切的利益联结机制。

3. 生态环境友好

能落实绿色发展理念，保留绿水青山，积极推进山水田林湖整体保护和综合治理，践行"看得见山、望得到水、记得住乡愁"的生产生活方式。农业清洁生产基础较好，农业环境突出问题得到有效治理。

4. 政策措施有力

地方政府积极性高，在用地保障、财政扶持、金融服务、科技创新应用、人才支撑等方面有明确举措，水、电、路、网络等基础设施完备。建设主体清晰，管理方式创新，搭建了政府引导、市场主导的建设格局。积极在田园综合体建设用地保障机制等方面做出探索，为产业发展和田园综合体建设提供条件。

5. 投融资机制明确

积极创新财政投入使用方式，探索推广政府和社会资本合作，综合考虑运用先建后补、贴息、以奖代补、担保补贴、风险补偿金等形式，撬动金融机构和社会资本投向田园综合体建设。严控政府债务风险和村级组织债务风险，不新增债务负担。

6. 带动作用显著

以农村集体组织、农民合作社为主要载体，组织引导农民参与建设管理，保障原住农民的参与权和受益权，实现田园综合体的共建共享。通过构建股份合作、财政资金股权量化等模式，创新农民利益共享机制，让农民分享产业增值收益。

7. 运行管理顺畅

根据当地主导产业规划和新型经营主体发展培育水平，因地制宜探索田园综合体的建设模式和运营管理模式。可采取村集体组织、合作组织、龙头企业等共同参与建设田园综合体，盘活存量资源，调动各方积极性，通过创新机制激发田园综合体建设和运行内生动力。

9.4.3 田园综合体建设内容

一、田园综合体的功能区域

从田园综合体应具备的功能区域看，主要包含产业、生活、景观、休闲、服务等区域，每一区域承担各自的主要职能，各区域之间融合互动，形成紧密相连、相互配合的有机综合体。具体介绍如下。

1. 农业产业区

主要是从事种植养殖等农业生产活动和农产品加工制造、储藏保鲜、市场流通的区域，是确立综合体的基础，是为综合体发展和运行提供产业支撑和发展动力的核心区域。

2. 生活居住区

在农村原有居住区基础之上，在产业、生态、休闲和旅游等要素带动引领下，构建起以农业为基础，以休闲为支撑的综合聚集平台，形成当地农民居住社区、产业工人聚集居住、外来游客休闲居住等3种相对集中的居住生活区域。

3. 文化景观区

以农村文化为背景，以农村田园景观、现代农业设施、农业生产活动和优质特色农产品为基础，开发特色主题观光区域，增强综合体的吸引力。

4. 休闲聚集区

是为满足城乡居民各种休闲需求而设置的综合休闲产品体系，包括游览、赏景、登山、玩水等休闲活动和体验项目等，使城乡居民能够深入农村的特色生活空间，体验乡村田园活动，享受休闲乐趣。

5. 综合服务区

指为综合体各项功能和组织运行提供服务保障的功能区域，包括服务农业生产领域的金融、技术、物流、电商等，也包括服务居民生活领域的医疗、教育、商业、康养、培训等内容。这些功能区域之间不是机械叠加，而是功能融合和要素聚集，以功能区域衔接互动为主体，使综合体成为城乡一体化发展背景下的新型城镇化生产生活区。

二、田园综合体的建设内容

围绕田园综合体的建设目标和功能定位，田园综合体建设需要抓好六大支持体系，分别是生产体系、产业体系、经营体系、生态体系、服务体系和运行体系，结合这六大体系，将有六大重点建设内容。

1. 夯实基础，完善生产体系发展条件

要按照适度超前、综合配套、集约利用的原则，集中连片开展高标准农田建设，加强田园综合体区域内"田园+农村"基础设施建设，整合资金完善供电、通信、污水和垃圾处理、游客集散、公共服务等配套设施条件。

2. 突出特色，打造涉农产业体系发展平台

立足资源禀赋、区位环境、历史文化、产业集聚等比较优势，围绕田园资源和农业特色，做大做强传统特色优势产业，推动土地规模化利用和三产融合发展，大力打造农业产业集群；稳步发展创意农业，利用"旅游＋""生态＋"等模式，开发农业多功能性，推进农业与旅游、教育、文化、康养等产业深度融合；强化品牌和原产地地理标志管理，推进农村电商、物流服务业发展，培育形成1~2个区域农业知名品牌，构建支撑田园综合体发展的产业体系。

3. 创业创新，培育农业经营体系新动能

积极壮大新型农业经营主体实力，完善农业社会化服务体系，通过土地流转、股份合作、代耕代种、土地托管等方式促进农业适度规模经营，优化农业生产经营体系，增加农业效益。同时，强化服务和利益联结，逐步将小农户生产、生活引入现代农业发展轨道，带动区域内农民可支配收入持续稳定增长。

4. 绿色发展，构建乡村生态体系屏障

牢固树立绿水青山就是金山银山的理念，优化田园景观资源配置，深度挖掘农业生态价值，统筹农业景观功能和体验功能，凸显宜居宜业新特色。积极发展循环农业，充分利用农业生态环保生产新技术，促进农业资源的节约化、农业生产残余废弃物的减量化和资源化再利用，实施农业节水工程，加强农业环境综合整治，促进农业可持续发展。

5. 完善功能，补齐公共服务体系建设短板

要完善区域内的生产服务体系，通过发展适应市场需求的产业和公共服务平台，聚集市场、资本、信息、人才等现代生产要素，推动城乡产业链双向延伸对接，推动农村新产业、新业态蓬勃发展。完善综合体社区公共服务设施和功能，为社区居民提供便捷高效服务。

6. 形成合力，健全优化运行体系建设

妥善处理好政府、企业和农民三者之间的关系，确定合理的建设运营管理模式，形成健康发展的合力。政府重点负责政策引导和规划引领，营造有利于田园综合体发展的外部环境；企业、村集体组织、农民合作组织及其他市场主体要充分发挥在产业发展和实体运营中的作用；农民通过合作化、组织化等方式，实现在田园综合体发展中的收益分配、就近就业。

9.4.4　田园综合体主要模式

近年来，全国各地立足当地实际，以农业产业为支撑，以美丽乡村为依托，以农耕文明为背景，以农旅融合为核心，探索建设了一大批具有田园综合体基础和雏形的试点和亮点，模式不一，特色各异，取得了良好成效和有益经验。这些探索试点主要包括以下几种模式。

一、优势特色农业产业园区模式

该模式是以本地优势特色产业为主导，以产业链条为核心，从农产品生产、加工、销售、经营、开发等环节入手，打造优势特色产业园区，以此为基础，带动形成以产业为核心的生产加工型综合体。比如四川省青神县依托当地竹产业，打造竹林湿地公园、竹编产业孵化园、中国竹艺城国际博览园等，延伸产业链条，形成聚集竹种植、加工、销售一体，旅游、电商、文娱完整产业链条，促进了农民增收。眉州市彭山区在发展优势特色柑橘产业集群过程中，集中开展标准化果园建设，通过科技示范和品种改良，提升柑橘产业品牌美誉度，依托农民专业合作社和果品协会打造柑橘品牌，并通过电商、团购、物流等方式带动产品增值、产业增效和农民增收。

二、文化创意带动三产融合发展模式

该模式是以农村一二三产业融合发展为基础，依托当地乡村民俗和特色文化，推动农旅结合和生态休闲旅游，形成产业、生态、旅游融合互动的农旅型综合体。例如，四川省浦江县明月国际陶艺村，依托 7 000 亩竹笋园、3 000 亩茶园，发展以陶艺为核心的乡村旅游创客示范基地，吸引文化艺术类人才入驻，配套建设书院、客栈、茶吧、民宿等文化和生活服务设施，已成为成都附近知名的农旅融合示范点，2016年接待游客 15 万人，旅游收入超过 1 200 万元；四川省丹棱县幸福古村通过引入社会资本，综合利用古树、古桥、古民居、古道、古梯田，将偏僻的乡村民居升级改造为田园意境的休闲民宿，由锦江饭店集团派出管理团队入村管理，并依托当地资源条件发展葡萄、柑橘等特色产业，打造"农耕文明的活标本"；四川省眉山市彭山区岷江现代农业示范园，统筹布局现代农业、休闲旅游、田园社区等功能区，探索政府、企业、原住民、新住民、游客等多方共建模式，推动"农业+旅游"融合发展，同时，积极创新体制机制，探索农业基础设施建设采取"财政投入、业主有偿使用"新模式，增加村集体经济收入来源。

三、都市近郊型现代农业观光园模式

该模式是利用城郊区位独特优势，以田园风光和生态环境为基础，为城乡居民打造一个贴近自然、品鉴天然、身心怡然的聚居地和休闲区，领略和感受农耕文明和田园体验，形成一个以休闲体验为主要特色的生活型综合体。比如江苏省无锡市田园东方综合体，位于无锡市近郊的惠山区阳山镇，总面积 6 200 亩，集现代农业、休闲旅游、田园社区等产业为一体，倡导人与自然的和谐共融和可持续发展。该项目对村里老房子进行修缮保护，打造成特色民居，对村庄内的古井、池塘和古树进行保护开发，配套建设田园风光，打造了一个世外桃源般的休闲体验地。四川省新津县国际田园农博园，依托四川农业博览会永久性、开放性会址，集中展示农业新品种、新技术、新机具、新机制，园区内布局了台湾农民创业园、4A 级景区斑竹林、有机农场、房车营地、花卉博览园等，园区内的祥生有机农场，遵循生态农业理念，发展农业特色小镇经济，打造有机新农夫创业园，成为依托大型城市发展都市现代农业的样板示范区。

四、农业创意和农事体验型模式

该模式依托当地农业生态资源，创新乡村建设理念，以特色创意为核心，传承乡土文化精华，打造青年返乡创业基地和生态旅游示范基地，开发精品民宿、创意工坊、民艺体验、艺术展览等特色文化产品，发展新产业新业态，构建以乡土文明和农事体验为核心的创意型综合体。比如山东省临沂市沂南县岸堤镇朱家林村，三面环山，西邻高湖水库，东靠沂蒙红色旅游小镇。该村突出"文创+旅游+生态建筑"的深度融合，规划建设青年乡村创客中心、乡村手工作坊、田园创意集市、乡村生活美术馆、生态建筑技术工坊等新型产业样板工程，开发特色创意类产业产品，成为独具特色的创意型田园综合体。

 **同步案例**

田园综合体新"网红"：南京市溧水区郭兴村

2017年9至11月，位于南京市溧水区洪蓝镇石堆铺附近，由溧水区商旅集团种植的近百亩粉黛乱子草（毛芒乱子草）盛大开放，引起轰动，大量民众踊跃前来拍照留影。该项目力图打造有创新、有亮点的乡村特色小镇和田园综合体，并成为郭兴庄园大地艺术的一部分。

南京市溧水区张塘角以西的郭兴庄园和郭兴大地艺术景观共约500亩的面积，通过点、线、面有机结合的体验设计手法，形成集亲子活动、自然教育、婚纱摄影、餐饮、民宿、稻田骑行于一体的活动场地，配有艺术沙龙、自然教育、餐饮、书吧、民宿等多样化的功能，是当前国内已建成的最大规模的田园综合体项目。图9-13为郭兴一景。

图9-13　郭兴庄粉色花海和田园花海民宿

该项目的面状设计如粉色花海与金色丰收田。项目建设以农田为基地，以粉黛乱子草、金色水稻、菜地为背景，融"自然、教育"为一体。

点状设计如民宿、有梯田景观的乡村酒吧、自给自足的菜地、市集、二维码形状的稻田迷宫、紫藤长廊、渔乐天地、小猪快跑、麦田怪圈、艺术装置等。

线状设计就是将点、面空间通过郭兴之"叶"（保持田埂原有的自然肌理，有序链接，绘制出一幅大地景观）串接起来，如配有夜景灯光的木栈道，展现高科技水平的美丽乡村。

（资料来源：篱笆墙老井旁公众号）

[知识拓展]

国务院关于做好当前和今后一段时期就业创业工作的意见（节选）
国发〔2017〕28号

面对就业形势的新变化和新挑战，必须把就业作为重中之重，坚持实施就业优先战略和更加积极的就业政策，坚决打好稳定和扩大就业的硬仗，稳住就业基本盘，在经济转型中实现就业转型，以就业转型支撑经济转型。现就进一步做好就业创业工作提出以下意见。

一、坚持实施就业优先战略

促进产业结构、区域发展与就业协同。优化发展环境，推进实施政府和社会资本合作，大力发展研究设计、电子商务、文化创意、全域旅游、养老服务、健康服务、人力资源服务、服务外包等现代服务业。完善多元化产业体系，既注重发展资本、技术和知识密集的先进制造业、战略性新兴产业，又要支持劳动密集型产业发展，降低实体经济成本，推进传统产业绿色改造，创造更多就业机会。结合区域发展战略实施，引导东部地区产业向中西部和东北地区有序转移，落实完善中西部地区外商投资优势产业目录，支持中西部地区利用外资，引导劳动者到重点地区、重大工程、重大项目、重要领域就业。（国家发展改革委、科技部、工业和信息化部、民政部、财政部、人力资源和社会保障部、商务部、文化部、国家卫生计生委、国家旅游局等负责）

二、支持新就业形态发展

支持新兴业态发展。以新一代信息和网络技术为支撑，加强技术集成和商业模式创新，推动平台经济、众包经济、分享经济等创新发展。改进新兴业态准入管理，加强事中事后监管。将鼓励创业创新发展的优惠政策面向新兴业态企业开放，符合条件的新兴业态企业均可享受相关财政、信贷等优惠政策。推动政府部门带头购买新兴业态企业产品和服务。（国家发展改革委、工业和信息化部、财政部、商务部、人民银行、工商总局等负责）

三、抓好重点群体就业创业

健全城乡劳动者平等就业制度。农村转移劳动者在城镇常住并处于无业状态的，可在城镇常住地进行失业登记。公共就业服务机构要为其提供均等化公共就业服务和普惠性就业政策，并逐步使外来劳动者与当地户籍人口享有同等的就业扶持政策。对在农村常住并处于无地无业状态的劳动者，有条件的地区可探索为其在农村常住地进行失业登记，并提供相应的就业服务和政策扶持。加大对发展潜力大、吸纳农业转移人口多的县城和重点镇用地计划指标倾斜，大力发展特色县域经济、魅力小镇、乡村旅游和农村服务业，为农村劳动者就地就近转移就业创造空间。促进农民工返乡创业，大力发展农民合作社、种养大户、家庭农场、建筑业小微作业企业、"扶贫车间"等生产经营主体，其中依法办理工商登记注册的可按规定享受小微企业扶持政策，对吸纳贫困家庭劳动力就业并稳定就业1年以上的，地方可酌情给予一定奖补。鼓励金融机构按照商业化可持续发展原则，运用扶贫再贷款优先支持带动建档立卡贫困户就业发展的企业及家庭农场、专业大户、农民合作社等经济主体。适应新生代农民工就业创业特点，推进职业培训对新生代农民工全覆盖，创新培训内容和方式，多渠道、广领域拓宽就业创业渠道，引导新生代农民工到以"互联网＋"为代表的新产业、新业态就业创业。推动农村劳动力有序外出就业，对人力资源服务机构、劳务经纪人等市场主体开展有组织劳务输出的，给予就业创业服务补贴。加大对贫困人口特别是易地扶贫搬迁贫困人口转移就业的支持力度，确保他们搬得出、稳得住、能致富。（人力资源和社会保障部、国家发展改革委、财政部、国土资源部、农业部、人民银行、国家旅游局、国务院扶贫办等按职责分工负责）

各地区、各有关部门要结合实际，进一步细化政策措施，抓好贯彻落实，为保持就业局势稳定、加快推进经济转型升级提供有力保障。

国务院办公厅关于进一步促进旅游投资和消费的若干意见（节选）

国办发〔2015〕62号

旅游业是我国经济社会发展的综合性产业，是国民经济和现代服务业的重要组成部分。通过改革创新促进旅游投资和消费，对于推动现代服务业发展，增加就业和居民收入，提升人民生活品质，具有重要意义。为进一步促进旅游投资和消费，经国务院同意，现提出以下意见。

一、实施旅游基础设施提升计划，改善旅游消费环境

（一）着力改善旅游消费软环境。建立健全旅游产品和服务质量标准，规范旅游经营服务行为，提升宾馆饭店、景点景区、旅行社等管理服务水平。大力整治旅游市场秩序，严厉打击虚假广告、价格欺诈、欺客宰客、超低价格恶性竞争、非法"一日游"等旅游市场顽疾，进一步落实游客不文明行为记录制度。健全旅游投诉处理和服务质量监督机制，完善旅游市场主体退出机制。深化景区门票价格改革，调整完善价格机制，规范价格行为。大力弘扬文明旅游风尚，积极开展旅游志愿者公益服务，提升游客文明旅游素质。

（二）完善城市旅游咨询中心和集散中心。各地要根据实际需要，在3A级以上景区、重点乡村旅游区以及机场、车站、码头等建设旅游咨询中心。鼓励依托城市综合客运枢纽和道路客运站点建设布局合理、功能完善的游客集散中心。2020年前，实现重点旅游景区、旅游城市、旅游线路旅游咨询服务全覆盖。

（三）加强连通景区道路和停车场建设。加大投入，加快推进城市及国道、省道至A级

景区连接道路建设。加强城市与景区之间交通设施建设和运输组织，加快实现从机场、车站、码头到主要景区公路交通无缝对接。加大景区和乡村旅游点停车位建设力度。

（四）加强中西部地区旅游支线机场建设。围绕国家重点旅游线路和集中连片特困地区，支持有条件的地方按实际需求新建或改扩建一批支线机场，增加至主要客源城市航线。充分发挥市场力量，鼓励企业发展低成本航空和国内旅游包机业务。

（五）大力推进旅游厕所建设。鼓励以商建厕、以商养厕、以商管厕，用三年时间全国新建、改建5.7万座旅游厕所，完善上下水设施，实行粪便无害化处理。到2017年实现全国旅游景区、旅游交通沿线、旅游集散地的旅游厕所全部达到数量充足、干净无味、实用免费、管理有效的要求。

二、实施旅游投资促进计划，新辟旅游消费市场

（六）加快自驾车房车营地建设。制定全国自驾车房车营地建设规划和自驾车房车营地建设标准，明确营地住宿登记、安全救援等政策，支持少数民族地区和丝绸之路沿线、长江经济带等重点旅游地区建设自驾车房车营地。到2020年，鼓励引导社会资本建设自驾车房车营地1 000个左右。

（七）推进邮轮旅游产业发展。支持建立国内大型邮轮研发、设计、建造和自主配套体系，鼓励有条件的国内造船企业研发制造大中型邮轮。按照《全国沿海邮轮港口布局规划方案》，进一步优化邮轮港口布局，形成由邮轮母港、始发港、访问港组成的布局合理的邮轮港口体系，有序推进邮轮码头建设。支持符合条件的企业按程序设立保税仓库。到2020年，全国建成10个邮轮始发港。

（八）培育发展游艇旅游大众消费市场。制定游艇旅游发展指导意见，有规划地逐步开放岸线和水域。推动游艇码头泊位等基础设施建设，清理简化游艇审批手续，降低准入门槛和游艇登记、航行旅游、停泊、维护的总体成本，吸引社会资本进入；鼓励发展适合大众消费水平的中小型游艇；鼓励拥有海域、水域资源的地区根据实际情况制定游艇码头建设规划。到2017年，全国建成一批游艇码头和游艇泊位，初步形成互联互通的游艇休闲旅游线路网络，培育形成游艇大众消费市场。

（九）大力发展特色旅游城镇。推动新型城镇化建设与现代旅游产业发展有机结合，到2020年建设一批集观光、休闲、度假、养生、购物等功能于一体的全国特色旅游城镇和特色景观旅游名镇。

（十）大力开发休闲度假旅游产品。鼓励社会资本大力开发温泉、滑雪、滨海、海岛、山地、养生等休闲度假旅游产品。重点依托现有旅游设施和旅游资源，建设一批高水平旅游度假产品和满足多层次多样化休闲度假需求的国民度假地。加快推动环城市休闲度假带建设，鼓励城市发展休闲街区、城市绿道、骑行公园、慢行系统，拓展城市休闲空间。支持重点景区和旅游城市积极发展旅游演艺节目，促进主题公园规范发展。依托铁路网，开发建设铁路沿线旅游产品。

（十一）大力发展旅游装备制造业。把旅游装备纳入相关行业发展规划，制定完善安全

性技术标准体系。鼓励发展邮轮游艇、大型游船、旅游房车、旅游小飞机、景区索道、大型游乐设施等旅游装备制造业。大力培育具有自主品牌的休闲、登山、滑雪、潜水、露营、探险等各类户外用品。支持国内有条件的企业兼并收购国外先进旅游装备制造企业或开展合资合作。鼓励企业开展旅游装备自主创新研发，按规定享受国家鼓励科技创新政策。

（十二）积极发展"互联网+旅游"。积极推动在线旅游平台企业发展壮大，整合上下游及平行企业的资源、要素和技术，形成旅游业新生态圈，推动"互联网+旅游"跨产业融合。支持有条件的旅游企业进行互联网金融探索，打造在线旅游企业第三方支付平台，拓宽移动支付在旅游业的普及应用，推动境外消费退税便捷化。加强与互联网公司、金融企业合作，发行实名制国民旅游卡，落实法定优惠政策，实行特惠商户折扣。放宽在线度假租赁、旅游网络购物、在线旅游租车平台等新业态的准入许可和经营许可制度。到2020年，全国4A级以上景区和智慧乡村旅游试点单位实现免费WiFi、智能导游、电子讲解、在线预订、信息推送等功能全覆盖，在全国打造1万家智慧景区和智慧旅游乡村。

三、实施旅游消费促进计划，培育新的消费热点

（十三）丰富提升特色旅游商品。扎实推进旅游商品的大众创业、万众创新，鼓励市场主体开发富有特色的旅游纪念品，丰富旅游商品类型，增强对游客的吸引力。培育一批旅游商品研发、生产、销售龙头企业，加大对老字号商品、民族旅游商品的宣传推广力度。加快实施中国旅游商品品牌提升工程，推出中国特色旅游商品系列。鼓励优质特色旅游商品进驻主要口岸、机场、码头等旅游购物区和城市大型商场超市，支持在线旅游商品销售。适度增设口岸进境免税店。

（十四）积极发展老年旅游。加快制定实施全国老年旅游发展纲要，规范老年旅游服务，鼓励开发多层次、多样化老年旅游产品。各地要加大对乡村养老旅游项目的支持，大力推动乡村养老旅游发展，鼓励民间资本依法使用农民集体所有的土地举办非营利性乡村养老机构。做好基本医疗保险异地就医医疗费用结算工作。鼓励进一步开发完善适合老年旅游需求的商业保险产品。

（十五）支持研学旅行发展。把研学旅行纳入学生综合素质教育范畴。支持建设一批研学旅行基地，鼓励各地依托自然和文化遗产资源、红色旅游景点景区、大型公共设施、知名院校、科研机构、工矿企业、大型农场开展研学旅行活动。建立健全研学旅行安全保障机制。旅行社和研学旅行场所应在内容设计、导游配备、安全设施与防护等方面结合青少年学生特点，寓教于游。加强国际研学旅行交流，规范和引导中小学生赴境外开展研学旅行活动。

（十六）积极发展中医药健康旅游。推出一批以中医药文化传播为主题，集中医药康复理疗、养生保健、文化体验于一体的中医药健康旅游示范产品。在有条件的地方建设中医药健康旅游产业示范园区，推动中医药产业与旅游市场深度结合，在业态创新、机制改革、集群发展方面先行先试。规范中医药健康旅游市场，加强行业标准制定和质量监督管理。扩大中医药健康旅游海外宣传，推动中医药健康旅游国际交流合作，使传统中医药文化通过旅游走向世界。

[案例分享]

案例1

云南大理鹤庆新华村乡村旅游发展

银都水乡新华村是保持原生态自然村落建成的国家级文化旅游景区，有着优美的自然景观，周围山水错落，地下泉眼储水丰富，青瓦白墙，碧水蓝天。新华村原名为石寨子，位于大理州西北部，云鹤古都以北 7 km处，处在大理至香格里拉的黄金旅游线上，随着丽江机场的第三次扩建及丽江铁路的开通，银都水乡新华村的交通地理区位愈加优越。新华村是一个"小锤敲过一千年"古老村寨，早在唐代南诏国时期，祖辈们已开始从事金银铜等金属手工制品的打造，"鹤川匠人"的美名享誉中外。

新华村自1999年开发建设以来，受到了领导的重视和关怀，先后50多位中央领导莅临视察指导工作，先后获得了"中国民间艺术之乡""中国民俗文化村""云南十大名镇"等荣誉称号。银都水乡新华村以其独特的魅力吸引成千上万的游客前来游览参观，景区拥有中国专业的云南银器博物馆、汇集多民族文化的"石寨子生态手工艺品展示园"、古戏台、仙人硐、以小桥流水点缀的古村落、清水河及草海湿地水上娱乐项目、历史悠久的寸氏庄园、汇集八方游客的三市街、银饰手工艺加工作坊、世界罕见的玉泉人家、凤凰佛教文化区等多个精品景点，银都水乡新华村以其鲜明的生态风景和独特的银器和水文化资源成为云南乃至全国旅游的一个亮点。

案例分析：可以发现，该村在政府的主导作用下，积极发展旅游业，旅游成效显著，不断夯实村镇经济基础，带动了当地农民致富。

案例2

"篱笆园"：巧创农家乐连锁品牌

江苏宜兴市有个很有名气的"篱笆园"，100多个农户抱团，利用自家的住房入股，联合打造农家乐连锁品牌，不仅为当地的农民解决了农产品销售难问题，而且还促进了农民增收、带动了当地旅游资源的开发。在成长与发展过程中，篱笆园"三步走"的品牌打造过程，颇有借鉴和启示意义。

第一步是建起单个农家乐。建设以品农家菜、住农家屋、干农家活为"卖点"的农家乐。第二步是开发农产品。篱笆园成立了宜兴市大地春生态农业专业合作社，把当地农户组织起来，按照统一技术标准、统一质量要求、统一注册商标、统一商品包装、统一组织销售等"五统一"要求，开发旅游商品，丰富营销内容，拓宽收入路径。第三步是连锁拓展度假游。他们采取"裸租、合伙、代管"等多种形式，使存量资产得到有效开发利用，促进了村民资产性收入的增长。

类似的篱笆园驿站已建成了30多座，每到周末或节假日，往往一房难求。笆园驿站管理公司老总黄亚云算了一笔账，以一个10间房间的驿站为例，即使按5成入住率计算，一年的收入也在20万元左右。黄亚云说，在这种模式的带动下，村镇里至少有三分之一原本在外打工的年轻人都回来加入到农家乐的发展队伍中来。2015年，篱笆园全年接待游客20万人次，全年收入1 600万元，今年以来，篱笆园接待游客7万人次，收入1 300万元。

案例分析：以篱笆园为代表的乡村旅游扶贫模式具有很好的借鉴意义。篱笆园不仅旅游产品品质高，且产业链长，为当地居民提供更多的创业机会。另外，篱笆驿站的合作管理模式也值得充分借鉴。

[创新思维]

1. 乡村旅游全域旅游产品体系的构建体现在哪些方面？
2. 乡村旅游扶贫的理论依据有哪些？
3. 乡村旅游创客空间的表现形式有哪些？

[创新实践]

选择一个乡村旅游区，在整体分析当地旅游资源和发展现状的基础上，请思考：

1. 应如何将其发展成为一个有竞争力的全域旅游目的地？
2. 该乡村旅游区的智慧化建设有哪些方面？
3. 如果你是社区居民，你想参与哪方面的乡村旅游运营工作，并写出思路。

模块十
它山之石——乡村旅游开发与经营管理案例解读

模块概述

本模块对国内外乡村旅游开发与经营管理典型案例进行分析，主要包括以下三个方面：一是大陆地区乡村旅游发展现状及开发模式，并通过湖汶，乌镇成功案例阐述大陆乡村旅游开发与经营管理经验；二是台湾地区乡村旅游发展现状及经营模式，并通过一些成功案例阐述台湾地区乡村旅游开发与经营管理经验；三是国外乡村旅游发展经验，及其对我国乡村旅游发展的启示。

学习目标

1. 了解大陆地区乡村旅游发展现状、开发模式及乡村旅游开发与经营管理经验。
2. 了解台湾地区乡村旅游发展现状、开发模式及乡村旅游经营管理经验。
3. 了解国外乡村旅游开发经验并为我国乡村旅游的开发提供借鉴。

中国台湾乡村
旅游发展现状

案例导读

中国台湾飞牛牧场

飞牛牧场位于中国台湾苗栗县通霄镇与三义乡间，是以乳牛养殖为主的休闲农场，为全台湾最具特色的观光牧场，牧场在成立之初默默无闻，后因出借给电视公司拍电视连续剧——《一剪梅》而名声大作。图10-1为中国台湾飞牛牧场。

飞牛牧场面积约50公顷，空间采用美式牧场规划，放眼望去，草原辽阔无际，一派自然豪迈风情；蜿蜒的木围篱、黑白相间的牛悠缓踱步，氛围悠闲清新；空气中的青草香，令人神清气爽。场区有乳牛生态区、巴贝多黑肚绵羊生态区、蝴蝶生态区、可爱动物区、兔宝宝园区等。可爱动物区中有许多迷人的动物，如贝多绵羊、新西兰白兔、台湾黑山羊等，模样相当可爱，游客可以喂它们饲料、牧草，还可以捏制牛奶饼干，彩绘乳牛，体会牧场生活。

牧场外还有水稻田、茶园等自然生态景观。该牧场附近工商活动少，污染程度低，区内空气、水源质量佳，几无噪音之干扰，十分宁静。

图10-1　中国台湾飞牛牧场

[思考] 飞牛牧场最吸引游客的资源是什么？

项目一　大陆地区乡村旅游开发与经营管理经验

学习目标

1. 了解大陆地区乡村旅游发展现状。
2. 了解大陆地区乡村旅游开发的模式。
3. 借鉴典型案例了解大陆乡村旅游开发与经营管理经验。

10.1.1　大陆地区乡村旅游发展现状

前瞻产业研究院发布的《2014—2018年中国休闲农业与乡村旅游市场前瞻与投资战略规划分析报告》数据显示：大陆已建成的 4 万多个旅游景区（点），一半以上分布在广大的农村地区；全国乡村旅游景区（点）每年接待游客超过 5 亿人次，旅游收入超过2 000亿元；"十一"和"春节"两个旅游黄金周，全国城市居民出游选择乡村旅游的约占70%，每个黄金周形成大约1亿人次规模的乡村旅游市场。可见，大陆乡村旅游具有很好的发展前景。主要体现在以下几方面。

1. 规模壮大，结构优化

近年来，大陆依托农、林、渔业的资源优势和各地区乡村风土民宿资源打造多类型的乡村旅游点，吸引越来越多的游客前往观光体验。另外，在乡村旅游规模不断壮大的同时，农村的产业结构也不断发生变化。越来越多的人开始关注乡村的绿色蔬菜、水果等农产品；此外，农田耕作、农产品采摘、磨米、磨面等农事活动也成了乡村旅游特色项目。

2. 乡村旅游与文化旅游不断结合

大陆地区民族众多，各民族有自己特色的民俗活动，如藏族的浴佛节、雪顿节，傣族的泼水节等，这些民俗活动往往具有民族特色及地域特色，能够深深地吸引国内外游客。乡村旅游正逐渐呈现出与这些民俗活动相融合的特色。

3. 基础服务设施逐步完善

随着国家相关政策对乡村旅游建设的扶持，越来越多的资金正注入乡村旅游建设中，目前，大陆乡村旅游接待服务设施普遍具备了一定的规模，旅游交通指示牌、停车场、旅游厕所、游客中心、标识牌等硬件设施正不断完善。

4. 村民文化素质不断提升

随着乡村旅游的不断建设，城市游客涌向乡村，在旅游中感受到了农村的生活风貌，同时也间接地向乡村传播城市文明。乡村旅游从业人员在为城市游客提供服务的过程中，不断开阔自身的视野，文化程度也显著提高。

同时，大陆乡村旅游的发展也面临以下几方面的问题。

（1）缺乏支撑产业，影响力不大。

乡村旅游没有较好的产业支撑，虽然有一些特色蔬菜、水果和种植养殖产业，但影响力不够，而且乡村旅游没有很好地与当地的特色农业或其他产业相结合，没有形成合力。

（2）形式单一，特色不突出。

在服务形式、服务内容上普遍存在着盲目跟风的现象，缺乏自身的特色服务内涵和品牌，基本上是照搬城市休闲会所的模式，没有准确的发展定位，缺乏长远的发展规划。

（3）缺乏管理标准，经营不规范。

从事乡村旅游的经营户绝大部分是本地农户，其投资金额、市场远见、经营思路都受到制约和限制，缺乏统一、规范和科学的经营指导。

（4）环保意识不强，影响可持续发展。

忽视对自然环境的保护。主要表现在污水、垃圾集中处理没有得到根本解决；环卫清洁工人配备不足使得部分垃圾得不到及时清理；乡村清洁能源工程作用需进一步发挥；人类过度的开发对环境破坏严重，影响可持续发展。

10.1.2　乡村旅游度假区模式——以湖㳇乡村旅游开发与经营管理为例

一、湖㳇生态旅游资源及发展历程

1. 生态旅游资源

湖㳇环境优美、风景如画，以充沛的负氧离子而闻名，是名副其实的天然大氧吧。全镇有近10万亩竹林，绿意随山势起伏，依风声翻滚，以"竹的海洋"闻名遐迩。拥有华东第一竹海、道教福地张公洞、范蠡西施隐地陶祖圣境 3 个国家 4 A级风景区，另有溶洞奇观灵谷洞、唐代"陆相山房"玉女山庄、"天下第一祖庭"磐山崇恩寺等景区，旅游资源极为丰富。湖㳇镇人文历史悠久，东坡竹符换水，岳飞金沙寺战兀术，乾隆皇帝磐山寺寻父，张果老洞灵观成仙等神话与历史故事广为流传。

近年来，更以"深氧界"品牌为核心，引导游客回归健康，逐步打造了湖㳇深氧健身公园、湖㳇深氧徒步公园、深氧滑雪场公园、紫海薰衣草庄园等深氧主题公园，日渐成为华东地区深氧旅游胜地。

同时，湖㳇景区已从观光型转变为乡村休闲度假型，打造了以竹海村、㳇西村、张阳村为龙头的生态旅游特色村，并建成了一批竹海类、民宿类、体验类、养生类主题酒店，逐步注入音乐、禅茶、书画、摄影等文化元素，着力打造一流的乡村旅游度假目的地。目前，湖㳇拥有规模酒店3家，主题酒店7家，特色民宿及农家乐280余家，其中国家、省、市星级乡村旅游点及农家乐86家，拥有床位3 600余张。随着竹海宾馆音乐谷、富陶温泉酒店、开元精舍房车体验区、篱笆园深氧墅及一批主题精品民宿的陆续建成，形成了形态各异、主题鲜明的湖㳇旅游特色，使更多的游客来湖㳇有"回归家园"的美好体验。

湖㳇是有名的茶产地，自唐代起湖㳇茶就因其"形美、色鲜、味醇"而成为贡品，更有"天子未尝阳羡茶，百草不敢先开花"的诗句流传千古。来自四面八方的游客在观赏美景的同时，品茗会友、谈古论今、吟诗作画，构成了浓郁的茶文化氛围，更有耐人品味的阳羡茶、金沙泉、紫砂壶构成的饮茶三绝使人回归心灵的平和与宁静。湖㳇特有的自然山水、深厚的文化底蕴，吸引了越来越多来自国内外的游客。图10-2为湖㳇菜园一景。

此外，湖㳇拥有一级水源地——阳羡湖，同时还有30多个原生态湖泊，水资源十分丰富。也蕴蓄了绿色天然的珍贵食材，还有板栗、百合、笋干、乌米饭等风味独特的土特产，深受广大游客的喜爱。而宜兴本土菜系的代表——宜帮菜，更以健康、养生的理念，吸引着一批批游客前来品尝。湖㳇山珍金牌菜以咸肉煨笋、地衣韭菜、野蒜炒蛋等为代表。

图10-2　湖㳇茶园

图10-3　湖㳇拆除落后工业产能

2. 发展历程

由于地处山区，受外界影响较小，湖㳇的原生态资源保存完好。然而历史上受工业发展，尤其是一些高污染、高能耗产业的影响，湖㳇的生态环境一度遭到破坏，区内曾经烟尘滚滚，山体满目疮痍。为改变这一局面，湖㳇倾注全力，耗资上亿元实施了环境整治和生态修复工程。经过努力，目前全区森林覆盖率超过82%；经权威部门测试，湖㳇空气质量超过国际一级标准；水源地保护方面，作为太湖第一源头的竹海水源水质超国家一级标准，湖㳇再一次呈现出青山绿水、鸟语花香的独特生态风景。湖㳇生态环境的改善从以下几方面着手。

（1）淘汰落后产业。按照"工业发展服从于旅游开发"的原则，抬高门槛，精选项目，注重环保优先，讲究科学布点，提升产业发展水平。2008年开始，湖㳇大刀阔斧、合力攻坚，彻底关停轧石企业、石灰窑、化工、水泥机立窑近百家企业，建成了全市首个矿山"禁采区"；2009年底，彻底关停了全区所有24家琉璃瓦生产企业；2010年开始，耗资8 000多万元，收购东岭线、西环线两侧近50家企业的地面资产，拆除破旧厂房、实施景观改造，腾出土地300余亩，为下一步发展拓展了空间；2012年，全面关停区内化工企业，解决一批群众反映强烈的突出环境问题，以明显的整治成效和不断改善的环境质量取信于民、造福于民。图10-3为湖㳇拆除落后工业产能的行动。

（2）恢复青山绿水。健全垃圾集中收运体系，实现环卫工作长效保洁，处处体现旅游区的优美环境；投资5 000多万元，实施了长龙山、狮子山、石山坡、战备公路竹海段的复绿工程，还绿于民；配套建成了五大农业观光示范园，呈现出春茶飘香、

图10-4　深氧健身公园

夏梅甘甜、秋果累累、冬竹葱郁的美景，成为生态旅游的最佳补充。图10-4为湖汶深氧健身公园。

（3）注重环境品质。加大原生态系统区域保护力度，通过封育、改良、重建逐步扩大生态系统，景区所有建设均确立了大视野、高起点、严要求的新思路，适应生态环境保护需要，注重保护好大自然赐予的一草一木、一峰一石、一瀑一潭和生物多样性，让湖汶的景色更秀美、水质更甘甜、空气更清新；投入资金近3亿元，完成了全区行政村村庄环境综合整治工作，部分自然村达到了省三星级康居示范村要求，将所有村庄打造成了"家前有菜园、屋后有竹园、窗边有花园、村中有公园"的世外桃源，大大提升了湖汶的整体环境品质，真正实现了"村村有景区、处处是景点"，打造了"全区域旅游"的整体格局。

二、湖汶全域旅游发展

1. 创新品牌理念

做活"吃、住、行、游、购、娱"旅游六要素，从提供旅游产品的传统模式上升到提供生活方式的崭新理念，提炼出了国内唯一的"深氧界"地域品牌，倡导"回归健康、回归心灵、回归家园"的"3H（Health、Heart、Home）"旅游新生活，一经推出就受到了市场的强烈反响。具体体现在以下几方面。

（1）丰富品牌内涵——回归健康。

① 优化生态环境。湖汶以生态环境保护为原则，在不破坏原生态的基础上进行保护性开发，遵从自然进行景观美化和配套设施建设。在主要道路沿线、民宿周边种植花草提升整体环境，并着力打造了紫海薰衣草庄园，让湖汶形成色彩缤纷的花海。

② 丰富运动内容。打造了深氧健身公园，规划建设深氧徒步公园、深氧滑雪（滑草）公园，建成竹海公园、廿三湾、龙山三条登山道，还引进高端潜水俱乐部、飞碟打靶等，为游客提供优质的健身产品。

（2）丰富品牌内涵——回归心灵。

① 打造茶禅文化。打造茶生活与茶生活空间。金沙泉、阳羡茶和紫砂壶组成饮茶三绝，在繁复的茶道中萃取精华，注入饮茶三绝茶文化，简化出深氧茶艺七式，使茶生活既具有仪式感，又很生活化。深氧界的酒店和民宿里都可以免费品茶，在这里，处处是茶生活空间。

② 打造音乐文化。打造现代音乐谷，通过完善音乐谷平台建设，引进音乐主题民宿——江南艺栈，着力突显音乐元素的魅力文化。不断拓展音乐广场建设，目前已建有竹海公园、开元精舍、篱笆园、花果山等7个音乐广场，不定期开展各类音乐主题活动。近年来，湖汶充分将音乐元素与本地旅游特色相结合，着力打造了"梅好时光"杨梅音乐节，特邀陈楚生、莫西子诗和"中国好歌曲"的学员倾情演绎，受到了市场的强烈反响。

③ 打造影视文化。湖汶的众多景点历来就是诸多电影的取景地，如《三国演义》《笑傲江湖》《鸳鸯蝴蝶剑》等，同时引进了银河印象影视基地，由著名导演杜琪峰投资，预期会有更多影视作品在湖汶诞生，影视文化也将得到进一步丰富。

④打造书画文化。打造了以玉女山庄为代表的书画研究写生基地，"钱绍武书画艺术研究院""中国人民大学艺术学院张大林刻绘艺术高研班写生基地""中央美院姚鸣京教授山水画工作室写生创作基地"等相继落户在玉女山庄。

⑤打造摄影文化。湖㳇环境优美，处处是美景，吸引着众多新人前来取景拍照；同时也以"摄影"为题材，开展了"搜狐大V"摄影活动，以及相关的摄影比赛等。

⑥打造文学文化。开展了"诗意深氧界"文化系列之旅活动，通过撰稿征文、诗歌朗诵等形式，鼓励游客积极参与文学创作，进一步挖掘和弘扬湖㳇的当地文化。

（3）丰富品牌内涵——回归家园。

近年来，湖㳇积极鼓励旅游单位差异化和特色化发展，精心打造了茶禅主题的深氧墅酒店，养生主题的开元精舍酒店，紫砂主题的茶文化园等一批特色主题酒店，并推出了各具特色的主题民宿，让游客能够各取所好回归家园。在注重打造特色的同时，更注重品质的优化，打造了以竹海国际会议中心为首的高星级度假酒店，以高标准的服务品质，高舒适的硬件设施，给游客以家的温馨。

2. 加强科学规划

在发展过程中，湖㳇始终紧扣总体规划大方向，按照宜兴市"一镇四村一区"总体规划部署，全方位、全产业链地规划旅游建设，有效拓展旅游自身发展空间，不断催生新兴业态，打造布局合理、功能齐全的旅游目的地。图10-5为湖㳇旅游发展规划图。

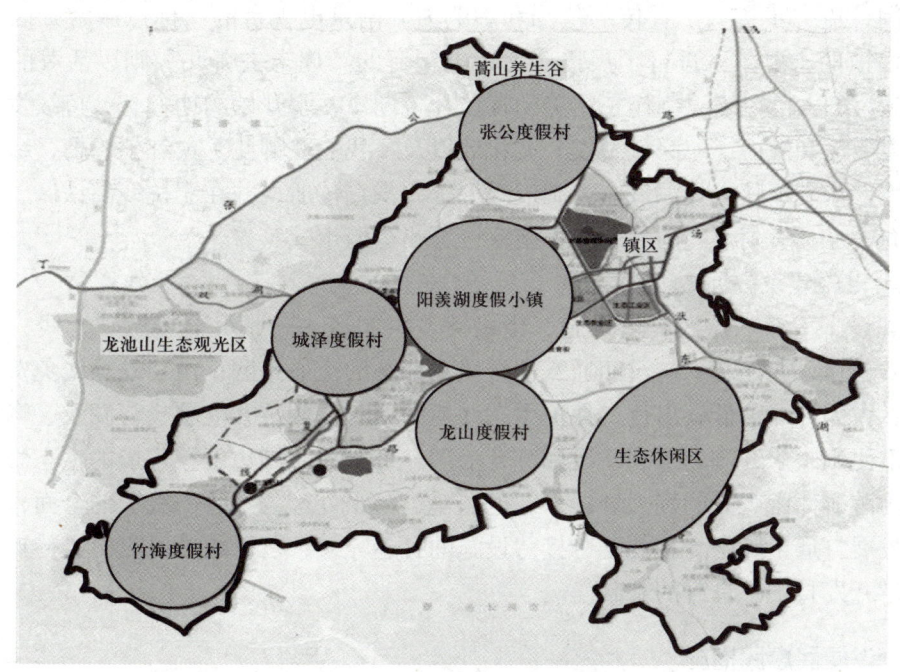

图10-5　湖㳇旅游发展规划图

度假酒店建设方面精心布局，目前有3家大规模酒店：竹海国际会议中心、竹海富陶温泉酒店、竹海开元酒店。7家精品主题酒店：开元精舍、篱笆园深氧墅、中科茶文化生态园等。100多家精品民宿：静心小屋、张先生的家、泠家、竹月原乡等。目前，湖㳇可为游客提供2 300个精品客房、3 600张床位的度假容量，度假旅游的"食宿+"模式全面开启。

按照"3H生活理念"，围绕运动、花海、音乐、美食等度假元素，推进深氧度假小镇欧风商业街、紫海薰衣草庄园、音乐广场、中国银河映像宜兴影视拍摄基地、深氧谷竹上栖居、安徒生童话公园等特色项目。

3. 深氧品牌营销方面

以春、夏、秋、冬四季为主线，精心打造了不同主题的旅游季活动，做到"每季有主题活动，每月有特色活动"。春季——"我们去哪儿"湖㳇文化旅游季暨新茶开采节，夏季——"深氧度假，乐居湖㳇"避暑季暨湖㳇生态杨梅节，秋季——"深氧湖㳇，味满深秋"宜帮菜文化季暨美食大赛……并在活动前举办多场专题新闻发布会进行推介，延续了传统节庆活动的高关注率；此外还有"寻美湖㳇"摄影大赛、张公洞道文化节、竹海风筝节、"爱情光影"婚纱摄影季等活动，吸引着来自四面八方的大量游客。

依托各种载体，多渠道、全方位、广角度地打响了深氧湖㳇的品牌。通过举办"新茶开采节""生态杨梅节""共享青奥，避暑湖㳇"主题旅游推介会、"深氧湖㳇，味满深秋"旅游新闻发布会和"宜帮菜美食大赛"等各类主题节庆活动，持续不断地提升营销热度。与南京电视台、FM101.1、新浪网、无锡电视台等优质媒体深度对接，建立战略合作，聘请旅游发展顾问，进一步扩大了宣传的范围和影响力。南京电视台的《标点旅游》以三期专访形式对湖㳇镇的主要景区进行了展播，无锡电视台的《周末去哪儿》则以活泼的风格向游客介绍了湖㳇的大美风光。制作了精美的宣传片《湖㳇，水开始的地方》、持续发布"深氧湖㳇"官方微信和微博、"深氧湖㳇"文化墙以及《我们去哪儿》《红了杨梅，绿了湖㳇》《深氧湖㳇，味满深秋》《深氧蓝，湖㳇暖》等四季宣传册，并在宁杭线高铁区、生活区进行宣传推介，"深氧湖㳇"的品牌享誉南京、苏州等城市。

4. 配套设施建设方面

湖㳇建设了一流的旅游配套设施，由最美乡村大道——张灵慕旅游观光线、玉女潭大道、新汤省公路，构建起了湖㳇四通八达且风光如画的交通路网；内、外环线免费旅游直通车的开通，在倡导绿色低碳出行、保护生态环境的同时，使游客能够畅行湖㳇、畅玩湖㳇；阳羡湖、㳇西涧、永红涧的水利建设和综合治理，着重提升周边区域环境的生态修复和绿化提升，成为游客休闲观光的好去处；水、电、气、污水处理"三管一线"的全面入地，为全区域旅游发展打通了脉络。相关配套接待设施的日趋完善，已形成新的旅游接待点，更为下一步的旅游开发打下了良好的基础。

三、湖㳇便民惠民措施

湖㳇旅游产业的快速发展，带动了上下游产业链的连锁反应，实现了一二三产业的融合发展。同时，发展旅游产业为社会提供了更多的就业机会，百姓纷纷返乡创业，越来越多的群众受益于旅游业的发展。

　　湖汶坚持惠民政策不变、力度不减，年均民生支出近3 000万元。提高城乡居民基础养老金、城乡低保保障标准。启动"一老一少"工程，投入500万元，利用闲置资源成立老年服务中心，打造集"学习、活动、用餐"于一体的老年服务中心，内设乒乓室、康复室等免费活动室18个，并开设养生、书画、电脑、舞蹈等培训班10多个，为全镇老年人提供学习、活动、就餐等服务，中心已成为全省老年事业服务的新亮点。同时，加大投资规划建设功能齐全的老年服务中心活动馆（如图10-6）。中心的成功经验被国家级媒体《人民政协报》报道，得到了国家老龄办、省民政厅领导的高度评价，社会影响力显著提升。

　　湖汶小学与中学顺利合并，新的九年一贯制湖汶实验学校展现新姿，新建湖汶人文馆、校赋、茶圣亭、彩绘墙等景观。引进外教进课堂，提升青少年英语口语水平；定期举办社会大课堂，邀请社会各界精英开展讲座交流；利用专项资金奖励优秀教师，教学质量明显提高。

图10-6　湖汶老年服务中心

10.1.3　古镇乡村旅游发展模式——以乌镇乡村旅游开发与经营管理为例

　　乌镇位于浙江省嘉兴桐乡市，是典型的江南地区汉族水乡古镇，也是江南六大古镇中最具代表性的一个，素有"鱼米之乡，丝绸之府"的美称。乌镇拥有1300多年的悠久历史，茅盾、沈约、鲁迅等名人大家都曾生活于此。在建筑风貌和布局结构上，乌镇的风格不仅具有典型的江南水乡的特点，而且还保留了晚清和民国时期的特色，可谓聚古今文化于一身。

　　近年来，乌镇和旅游企业采用由政府主导的先规划后发展的模式，分别对乌镇的茅盾故居、昭明书院、修真观戏台以及传统街道和商铺等进行了修复和修建，使乌镇景区更为系统化和整体化。目前乌镇主要由东栅和西栅两个景区构成，涵盖了20多处景点、百余所宾馆酒店和4 000余个停车位的6座停车场。现如今，乌镇每年接待的游客数量已达到600多万，成为享誉海内外的国家5A级旅游景区。乌镇的旅游发展之道主要有以下几方面。

一、乌镇戏剧节的成功植入

历经三年的发展，乌镇国际戏剧节已经成为当今中国极负盛名的戏剧节，广泛的国际交流也让乌镇戏剧节成为国际戏剧领域里常被提及的中国戏剧节。

1. 戏剧节品牌化发展注重从"文化"中寻找亮点

旅游目的地的文化与自然资源，在一定程度上决定了区域旅游核心竞争力的强弱。如果旅游资源充足，但文化内涵不够，或文化资源丰富，但旅游资源缺乏，则可通过产业融合来创新资源，让文化产业的创意通过旅游得以展现，或让旅游产业的魅力借助文化得以传播。

比如，乌镇的自然旅游资源与周庄、同里等周边水乡比较而言，单独从小镇的环境上来看，有相似之处。然而，乌镇戏剧节的成功植入，将这座千年名镇的历史文化资源与极具时尚元素的戏剧"混搭"在一起，看似毫无关联的两件事，却因为文化形态的融入，来访的游客可以在各个演出场所做多元化选择。这里的每处每景都有一段故事，都在向众人展示着小镇的古朴与现代、时尚与魅力，也正是因为这里浓浓的"文化"气息，使人们流连忘返。

2. 坚持做大品牌市场，走差异化市场定位之路

近些年，节庆旅游活动越来越多，但能够形成长效机制的"品牌"主题节庆活动却不多。多数投资方注重快速回笼资金，为了炒作人气，经常是"主题年年换、内容年年改、效果却不见"。

乌镇戏剧节将客源目标市场定位于"文化受众群体"。利用文化群体的媒介平台和宣传渠道，做差异化市场运营。将戏剧节与旅游产业融合发展，可以说，这是一个长期的发展计划。通过戏剧节培育乌镇的文化品牌，最终让品牌家喻户晓。2003年，黄磊自导自演的电视剧《似水年华》在乌镇取景拍摄，让乌镇声名远扬。这使乌镇旅游设计师陈向宏感受到了戏剧文化传播所带来的巨大商机。陈向宏基于对旅游和文化行业的精准判断，提出"一样的古镇，不一样的乌镇"的口号，走差异化发展道路，使得乌镇从单体的观光旅游目的地，发展成为文化休闲旅游胜地。图10-7为乌镇戏剧节的剧场，图10-8为乌镇一景。

图10-7　乌镇戏剧节剧场

图10-8　乌镇一景

3. 节庆活动策划团队是戏剧节品牌创建的保障

旅游节庆活动运营在某种程度上，其发展受到的最大局限即是"人"的问题。众多实例表明，优秀的节庆活动策划团队，从文化内涵功能定位到品牌推广、管理决策、发展战略、市场营销等方面都有大显身手之处。然而，优秀成功的团队必须要有强而有力的"精兵强将"为支撑和保障。乌镇戏剧节的成功打造，首先是因为陈向宏先生，从战略角度出发，走"旅游+行业"融合发展之路，将戏剧文化引入小镇，做起"文化"文章，实现了360°华丽变身，使乌镇从单纯的旅游目的地，变身为文化气息浓厚、儒雅而脱俗的魅力小镇。而赖声川先生，这位著名的戏剧家担任乌镇戏剧节的艺术总监，确保了这里每一场演出与国际接轨，使品质得到了保障。艺术顾问孟京辉、总监制黄磊，更为小镇戏剧节稳健发展和不断前进奠定了基础。

4. 丰富多彩的演出，是戏剧节旅游品牌建设的核心

对于来到乌镇的游客，可以近距离观赏到来自世界各地戏剧表演团体的精彩演出，而且有着高品质的演出环境，这无疑是戏剧节成功的核心因素。从第一届的广而告之，到第二届的慕名而来，发展到第三届纷至沓来。戏剧节品牌化运营已形成了良性循环。2015年第三届乌镇戏剧节堪称中国当代剧坛最高规格的戏剧盛宴，不仅邀请到法国、瑞士、德国、波兰、俄罗斯等国家的剧团参演，更有来自意大利都灵、立陶宛国家大剧院的精彩演出，这次共上演了20台顶尖剧目共73场演出。来自中国国家话剧院的《两只狗的生活意见》创作团队，自2007年首演以来，已经演出超过1 500场，累计观众达到100万人次，被誉为"中国当代先锋喜剧扛鼎之作"。该剧在第三届戏剧节上连续上演8场，为游客能欣赏到国内顶极创作团队的作品提供了难得的机会。与此同时，"戏剧小课堂""小镇对话""古镇嘉年华"等环节使这里的演出异彩纷呈。

5. 形式多样的营销手段为戏剧节品牌化发展提供了保障

通过旅游节庆活动来营销旅游目的地，形成品牌效应，不仅能够提升旅游竞争力，更能够带动相关产业共同发展。乌镇戏剧节在三年培育的过程中，就做到了品牌化发展。戏剧节已成为当地极具代表性的旅游节庆活动，直接促进了地方旅游业的发展，培养了地方旅游从业人员的营销意识和服务意识，提升了当地的美誉度和知名度。乌镇戏剧节这一"品牌"的打造，其带来的效应是难以估量的。

具体来看，乌镇推出"看戏剧免园区门票"的优惠政策，让更多的游客知道戏剧文化，并感受小镇的风情。在"互联网+"时代到来的今天，乌镇基本实现了无线网络的全覆盖，游客可以通过网络购票平台和二维码自助取票。为了方便观众，小镇每隔百米就有一个咨询点，为观众提供戏剧节的剧目表、地图和购票服务信息，使得观众十分快捷地开启其戏剧节之旅。由于戏剧节自身强大的吸引力，国内外媒体自发前往宣传报道，乌镇戏剧节"一房一票"难求、场场爆棚的现象屡见不

图10-9　乌镇戏剧节海报

图10-10 世界互联网大会的标志

鲜。图10-9乌镇戏剧节海报。

乌镇戏剧节这一成功节庆品牌活动的延续所带来的辐射和影响，远远超过了旅游本身。其对当地旅游业的发展、经济的提升、招商引资、提高小镇美誉度和知名度、增强旅游目的地竞争力、保持可持续发展起到了极大的促进作用。所以，节庆活动的成功打造，在发展旅游业、打造彰显城市个性、促进城市文化与相关产业融合等方面，发挥着不可替代的独特作用。

二、与互联网的成功融合

2014年，世界互联网大会永久落户乌镇，为千年古镇掀开了崭新的发展篇章。世界互联网大会不仅让乌镇成为我国与世界互联、互通的窗口，对其提出了再上新台阶的战略发展要求，更是为其注入了互联网的基因，带来了互联网时代全新生产生活方式变革的发展要求与发展机遇。图10-10为世界互联网大会的标志。

在成为世界互联网大会的永久会址、并成功举办两届世界互联网大会之后，乌镇互联网产业的发展如火如荼，"智慧"成为这个千年小镇的主题词。2016年11月16日举办的第三届世界互联网大会，乌镇互联网国际会展中心落成，该中心以外立面的260万片江南小青瓦与5.1万根寓意互联网的交错钢索为建筑主材料，将古老的江南水乡风情与现代网络完美融合在一起，象征着乌镇与互联网结缘；26条万兆级光缆接入镇区，乌镇管家、5G车联网等一批智慧项目接连落地，智慧安防、智慧旅游、智慧养老、智慧医疗纷纷涌现。走在乌镇街道上，沿路遍布着重创空间、创客小镇、凤岐茶社，活力四射的创客生态圈已然成形，互联网信息时代带来的炫酷科技范儿与乌镇小桥流水、粉墙黛瓦的娴静风格相映成趣。与互联网的融合体现在以下几方面。

1. 线上和线下融合发展

比如，乌镇开启了"乌镇智慧养老2+2新模式"，实现了居家和社区养老、医疗服务的全覆盖，在全国养老行业开创了医养深度融合的"互联网+"新模式。

"乌镇智慧养老2+2新模式"主要指通过线上云平台（乌镇智慧养老综合服务平台、远程医疗服务平台）和线下服务资源（居家养老服务照料中心、社区卫生服务站），以健康档案为核心、利用自动检测终端、健康管理APP、物联网智能居家设备，对老年人进行持续健康状况跟踪，并录入个人电子健康档案。最终建立集预防保健、全科医疗、康复治疗、健康教育、计划免疫指导为主的连续性、综合性、低成本、高效率、可复制、易推广的医养服务模式。平台负责人说，通过线上云平台为老年人提供健康评估、慢病管理、健康数据动态监测等服务，乌镇医院和微医提供网络医院预约挂号、网上会诊、专家讲座等服务；线下居家养老服务中心提供健康档案建立、康复理疗、上门照护等服务，卫生服务站提供预防保健、全科医疗、开方拿药等服务，实现医保对接和线上+线下全覆盖、全过程的医养结合。

2. "互联网+"背景下乌镇生产生活方式的变化

互联网所带来的社会生产方式变革，不仅对乌镇的旅游业等传统产业提出了创新、融合和开放共享等发展的要求，还为乌镇培育互联网产业、创新创业等新兴产业提供了难得的发展机遇。

（1）传统旅游业面临提档升级要求。近年来乌镇旅游产业发展迅速，已经成为当地的支柱产业，但旅游业发展的单一化问题极为突出，旅游吸引力几乎依赖于东栅西栅两大景区，旅游收入过度依赖景区门票，旅游产品仍为与周边大量江南水乡古镇具有很强同质性的景区型水乡观光度假游。而在互联网信息时代，互联网正全面改变着旅游业和旅游生态圈：旅游者的需求日益多元化，旅游要素的内涵不断拓展，旅游的商业模式不断创新。面对这些全新的变化趋势，乌镇旅游发展的单一化问题亟待破解，从而促进旅游业发展方式的整体升级。

（2）互联网新兴产业迎来发展机遇。世界经济论坛、汉诺威工业博览会等造就了达沃斯、汉诺威等著名的国际会议会展小镇，而借助世界互联网大会这一国际高端会议的直接带动效应，乌镇的互联网会议会展及其配套延伸产业与功能获得快速发展。

互联网时代的创新创业生态系统超越了传统地理空间的约束，展现出广阔的前景。而乌镇作为长三角城镇密集区的小城镇，与上海、杭州等大城市之间的联系便捷，同时，拥有优美的环境、良好的互联网基础设施和低成本的创业场所，具备承载创新创业功能的必备条件。乌镇的独特文化和良好生态为人们获得创新创业灵感提供了绝佳环境，大量的游客为创新产品提供了重要的目标市场，世界互联网大会更是为创新创业主体搭建了了解行业前沿和发展趋势的国际平台。2015年8月浙江省人民政府批复设立乌镇互联网创新发展试验区，乌镇迈出了互联网创新创业的先行先试步伐。未来互联网时代的发展将为乌镇依托自身优势拓展互联网创新创业功能提供更多机遇。

（3）乌镇人群结构的变化。在互联网改变人们的生产生活方式的时代背景下，乌镇新兴功能的培育将满足各类人群全新的生活居住、旅游休闲和创新创业需求的融合共生发展要求。互联网时代的乌镇通过紧抓互联网发展契机，营造良好的创新创业环境，积极拓展互联网产业及功能，吸引了诸多创新创业者、企业管理人员和技术研发人员等外来中青年高素质人群的入驻。同时，随着旅游功能的提升及深度体验型旅游产品的拓展，更多的游客将会延长在乌镇停留的时间。

在此背景下，因旅游业带动的游客群体和因创新创业及互联网产业带动的创客群体成为信息时代乌镇人群的重要组成部分。同时，受新兴功能吸引的外来高素质人群将使乌镇人口的年龄结构、知识结构等得到优化；新兴功能的植入还将提升乌镇的经济与城镇活力，吸引本地中青年人口的回流，改善乌镇人口的老龄化和农村人口衰退的问题。可见，互联网等新兴产业将引发乌镇本地人群和外来人群结构的变化，形成"城镇居民+乡村居民+游客+创客（外来高素质人群）"的新人群结构。

（4）追求融合共生的理念。在乌镇，水乡文化、宗教文化、红色旅游文化和书院文化等多元文化并存，商人、文学家、科技人才、市民和雇工等多元人群共居，彰显着融合与包容的文化精神内涵。而互联网则通过推进人与人之间的互联互通，"让相隔万里的人们不再老死不相往来""将世界变成了鸡犬之声相闻的地球村"，重构了一个以人为核心的开放融合的生态系统。可见，融合共生和以人为本的价值核心是乌镇在互联网时代永恒的追求。

同步案例

三千"管家"扮靓乌镇迎远客

"一个上午我们已经清理了300多户人家的小广告。"望着整洁清爽的沿街风景，乌镇虹桥村64岁的"乌镇管家"田文荣说。目前像他这样义务加入"乌镇管家"的居民已有3 000人。他们中不仅有来自乌镇各村、社区的热心退休老人，也有来自各行各业的普通群众，店铺老板、出租车司机都是"乌镇管家"中的一员。"乌镇管家"的参与者利用自己人熟、地熟、情况熟的优势，随时随地收集发现的各类社会信息，邻里纠纷、安全隐患、卫

图10-11　乌镇管家

生、交通都在他们的观察范围内。一旦发现问题，他们便通过"乌镇民情"微信公众平台、"乌镇管家"热线等各种渠道上报给村委会、乌镇社会治理综合指挥室等。乌镇镇党委副书记杨雪慷说，今年以来，"乌镇管家"已陆续报送各类信息2万余条，及时处置率高达99.5%以上。图10-11为乌镇管家的形象示意。

发动原住民参与乡村旅游的建设和管理，是促进乡村旅游目的地发展的重要环节也是有效途径。

项目二　台湾地区乡村旅游开发与经营管理经验

学习目标

1. 了解台湾地区乡村旅游的发展现状。
2. 了解台湾地区乡村旅游的经营模式。

10.2.1　台湾地区乡村旅游发展现状

台湾地区的乡村旅游以农业为基础，辅以人力资源与专业管理，经由农民组织的自主营运，缔造农业升级与发展的美好前景。由休闲农业经营者自发性组成的"台湾休闲农业发展协会"（成立于1998年）扮演起产业升级的先锋者与辅导者，以结盟方式推动台湾农业旅游的发展。协会成立20年，在政府、休闲农业、旅游产业与相关组织间担任沟通的桥梁角色；负责整合产业资源，辅导产业发展、开发人力资源与整合市场营销，协助业者交流休闲农业的经营经验。当前台湾地区的乡村旅游有如下特点。

（1）经营管理面向专业化。台湾休闲农业发展协会将"自然资源"（FARM）视为休闲农业经营的要素，包括：F（生产）、A（山）、R（人情味）、M（水源），以农业文化的"品味"、农场服务的"品质"、永续经营的"品牌"作为法则，推动休闲农业经营的"三品运动"。以农业生产为资源基础，经由加工与制造程序，再导入知识化与服务化的旅游业，形成乡村旅游休闲产业。

（2）产业发展建立品牌化。品牌是市场开发的关键要素之一，台湾乡村旅游的第一个品牌是"田妈妈"农村美食餐厅，2003年由农家妇女采用团队经营方式开创的品牌，田妈妈餐厅利用当地食材与低油、低糖、低盐、高纤维的健康观念，开发田园美食、传统点心与农产加工品等餐品；近年推出"产地餐桌"与"部落厨房"等创意料理，均广受市场的好评。此外，台湾的休闲农业区内整合了多家休闲农业的经营者，以乡村地区作为发展核心，串连成台湾地区乡村旅游的点线面，成功塑造乡村旅游地的品牌。

（3）服务品质追求优质化。以"休闲农场服务认证"来引导农场提升品质与建立品牌，服务认证包括体验服务管理与餐饮服务管理，目前已有37家农场通过"服务认证"，除了协助农场朝向"永续经营"之路发展，也为游客提供了高品质的农场。

（4）游憩活动设计体验化。游客参与的活动已导向体验化、知识化、趣味化的创意设计，包括：农耕体

农事体验　　　　　　　　采果之乐

图10-12　台湾乡村旅游的游憩体验

验、童玩制作DIY、动植物生态解说，以及多元类型的农事生产活动。例如：农场采果、一日农夫、园艺体验、农事换工体验。这些体验活动使游客乐在其中并感受舒适、愉悦的乡村生活。图10-12为台湾乡村旅游的游憩体验。

（5）市场拓展延伸国际化。初期以东南亚华人为目标，提供团体套装游程，后来陆续开发马来西亚与新加坡市场；借着国际推广与满足个性化需求，又拓展至日本等自由行市场；接待自由行游客比例由2008年的15%左右，逐年提升至2016年的38%，团客比例则下降至60%左右。相较于开发初期，游客数增长47倍。

（6）科研管理重视创新化。农场业者在当地政府的扶植之下，整合产官学各界的辅导机制，采用专业的科研管理，导入创新思维的管理模式。例如产品创新与服务创新、技术创新与路径创新，创造成功的休闲农业经营体；又如：飞牛牧场、香格里拉休闲农场、卓也小屋等。为了吸引更多的游客，依据市场调查结果，极力推广季节型的"水果旅行"，将品质优良、种类多样的台湾水果，作为有趣的旅游主题来吸引游客旅游意愿并实现采果乐趣。图10-13和图10-14都是这种创新模式的体现。

图10-13　深受游客喜爱的乡野住宿

图10-14　新农游——四季水果旅行

（7）人力资源发展年轻化。由于乡村人口的老化，农事活动逐渐面临人力短缺，专业人才不足，所以必须培养未来的农业人才。2010年推行的"农村再生"活动，强调落实乡村产业和文化的建设，吸引年轻人才返乡，开启了一股"青农"浪潮。例如，2011年的"大专生洄游农村"，目的是启发青年留农意愿；2013年的"百大青农"，邀请农业专家或杰出农民协力培训，每年辅导100位青年参与农业生产。返乡青年传承了农业人才的接力任务，也将创新理念导入农产品加值、商品开发、拓展通路等方面。

中国台湾乡村旅游发展历经40余年，虽然成绩斐然，但也面临潜在的发展问题，有以下几方面。

（1）法令规定阻碍农游发展。台湾乡村多以农业为主要产业，在传统农业发展制度下，农地利用、农业建筑及设施、经营管理法规均以农业产销为目的，法令并不直接适用于休闲农业的发展。例如，农地不允许兴建公厕或停车场等游憩设施，旅游设施缺乏的问题在乡村地区层出不穷。

（2）管理观念欠缺，转型发展受限。休闲农场多数由观光农园或生产型农场转型而来，从业人员大多为农民出身，不易掌握市场脉动与了解游客需求；在为游客提供服务时，难免欠缺服务技能和经验，阻碍了乡村旅游的发展。

（3）农游主题与市场定位不明确。例如，资源包装欠缺独特性或市场定位不清，使游客不易辨识农游品牌。加上服务系统不易取得专利权，导致同业之间互相模仿；部分农场的特色难以展现，造成区域内的激烈竞争。

（4）服务品质良莠不齐。从生产型农业转向服务型农业，相应的旅游环境与服务系统均需符合服务业的规格，从业人员也需要翻转观念与提升技能，从家庭农场经营提升为专业化经营；然而，受限于地理区位、交通条件、投入资金、专业人力资源等因素，导致乡村旅游在服务品质上良莠不齐。

近年来随着乡村旅游的快速发展，一些潜在的问题已逐渐获得改善。例如，考虑到休闲农业的经营困境，台湾休闲农业发展协会积极协调修订法规；2010年成立科研"专家顾问团"，辅导农场的经营管理，包括：诊断服务品质、设计创新的体验活动、开发特色的健康美食、发展绿色经济等；2012年成立"休闲农业学院"，举办职能培训、开发农游服务人力与提升农场经营专业能力。协会与农政单位合作推行"休闲农场服务品质认证"制度，协助业者盘点农场资源特色，提供旅游市场的消费资讯，改善服务管理水平，逐渐推动休闲农业进入正轨。该协会为了开创农游的新市场，对内采取农游供给优质化策略，引导农场创造出差异化的经营优势；对外扩大农游的需求量，积极拓展海外市场。

10.2.2　宜兰县休闲农业旅游开发与经营管理

一、宜兰县的农业旅游资源现况与分析

宜兰县位于台湾省的东北方，县内共有12个乡镇；土地面积约2 143km²，耕地面积27 000多hm²，大都是粘板岩的冲积土壤；宜兰县东西宽度约63km，南北长度约74km。南、北、西均临高耸的雪山山脉和中央山脉，兰阳溪穿流两山之间，向东注入太平洋，形成三角状的兰阳冲积平原。宜兰县境内地势高度由西向东逐渐缓降，从山地、河谷、冲积平原延伸为低湿地带、沼泽、沙丘及海岸。

宜兰县以好山好水好风光著称，太平山区的原始森林涵养千年神木、雪山山脉蕴含优质水源，平原上流淌着兰阳溪流，绿油油的水稻与农舍景观衬托其中，外海的龟山岛是平原的

守护神，也守护着生活其中的人民。县内的农业资源丰沛且种类多元，农林渔牧各类资源兼具，主要农作物包括：稻米、柑橘、茶树、文旦柚、水梨、葱蒜等。当地政府为带动产业转型升级，整合农业资源、文化和观光的营销策略，每年春天举均举办"绿色博览会"，截至2016年已累计超过540万人次观光，2012年获得国际宜居城市大会的社会经济类金质奖殊荣，是台湾地区推广乡村旅游的先河。表10-1为宜兰县休闲农业区的资源概况与发展特色。

表10-1　宜兰县休闲农业区的资源概况与发展特色

休闲农业区名称		农业资源类型	休闲服务内容	特色农场／发展定位
冬山乡	中山休闲农业区	素馨茶与文旦柚	茶农体验、柚精油伴手礼主题（柚、茶、绿色、低碳）游程	香格里拉休闲农场、三富休闲农场、东风有机休闲农场，定位：国际有机休闲养生村
	珍珠休闲农业区	稻米、竹围聚落稻草艺术	特色民宿、风筝文化、草编DIY、乡土小吃	发展生态与休闲农业社区
	大进休闲农业区	四季果园、有机茶、绿竹笋、蜜饯、酒	采果、牛车体验、有机茶农事体验、乡土美食DIY	三泰有机休闲农场
	梅花湖休闲农业区	有机桑葚、有机洛神花、香茅草	特色民宿、主题体验馆、养生餐饮、套装游程	梅花湖休闲农场
员山乡	大湖底休闲农业区	韭菜与红凤菜专区双连埤莼菜凤梨、阳桃	采果、农事体验、主题体验馆、乡野风味餐	上好茂谷柑果园，定位：发展湖光山色，可以养生的休闲农业区
	枕头山休闲农业区	桃子、李子、芭乐、金枣、药用植物	套装游程、采果体验、养生药膳餐、生态体验	橘之乡蜜饯观光工厂、大安药草园
	横山头休闲农业区	花卉、水草、香鱼	水草生态体验、养殖渔业体验、套装游程、香鱼风味餐	八甲休闲渔场、胜洋水草休闲农场、花泉休闲农场、蜂采馆

休闲农业区名称		农业资源类型	休闲服务内容	特色农场／发展定位
头城镇	新港澳休闲农业区	海洋渔业、生态赏鲸、牵罟文化、蔬果三宝（咸水芭乐、柑橘与桂竹笋）	套装游程、风味餐、农事体验、竹艺制作体验	头城休闲农场、北关休闲农场
壮围乡	新南休闲农业区	春葱、夏瓜、秋鸟、冬蒜、南瓜、哈密瓜等瓜果	哈密瓜节、南瓜主题馆、风味餐、美食DIY	旺山休闲农场
礁溪乡	时潮休闲农业区	养殖渔业、湿地、温泉米、温泉番茄	手工艺DIY、竹筏生态赏鸟体验	定位：现代农业与自然生态和谐共存，共创高效、休闲、永续的农业发展
罗东镇	罗东溪休闲农业区	莲花、莲藕、莲子、花卉	采莲体验、DIY风味餐、特色民宿	定位：发展浪漫幸福的休闲农业区
五结乡	冬山河休闲农业区	水稻、鸭子、湿地	生态体验、乡野民宿、自行车游河、鸭母船、鸭香节、民俗活动	定位：打造美丽的冬山河流域
三星乡	天送埤休闲农业区	葱蒜、水稻、水梨、茶叶（上将茶）、银柳	葱油饼DIY、葱蒜节、银柳节、稻田音乐会、文物馆、文化巡礼	天山农场
大同乡	玉兰休闲农业区	茶叶（玉兰茶）	茶餐、茶香节、擂茶DIY、麻糬DIY、泰雅文化体验	玉兰茶园 定位：打造农村新风貌
南澳乡	大南澳休闲农业区	有机稻米、有机蔬菜、段木香菇、咖啡	打工换宿、牧师米、插秧节、咖啡节、花海地景	南澳农场 定位：发展"有机农业"与建立"有机生活"

二、宜兰县的农业旅游发展与现况

宜兰县的农业旅游发展始于20世纪80年代的观光果园，农民开放自家果园为游客提供采果体验；随后，受休闲风气兴盛的影响，农民纷纷转型发展"休闲农业"产业。在转型的过程中，除了配套"社区总体营造""农村再生"等计划，也由乡镇农会与农民自组团体（如产业／社区发展协会）协助辅导发展"休闲农业"。农业旅游的各种类型逐渐在县内遍地开花，例如：乡村民宿、乡村餐饮、乡村体验活动及特色伴手礼等。从产业生命周期的角度来看，宜兰县的农业旅游已趋于产业发展的成熟期。

基于宜兰县农业转型已达全面化的程度，近期的休闲农业发展逐渐定位在"健康／有机""低碳／绿色""永续农业"等主题。如县内的南澳乡推动有机农作专区并有良好成绩，特色农产品包括有机稻米、蔬菜、瓜果等；为顺应新农业趋势与拓展地方的产业商机，将农业资源转向"永续发展"，坚持自然、友善、有机农法耕作，吸引许多理念相近的青农与外来移民加入推动永续农业。

农业旅游的未来发展方向将朝向"区域化、特色化及主题化"发展，一方面，整合区域内农林渔牧业的旅游资源，其次，以区域为单位，创新"特色农游"的核心产品，再次，经由"创意主题"来包装与提升农游体验。最后，农业旅游要能结合价值创新与创造差异化，才能彰显其经济与社会效益，再与异业结盟合作以便开拓多元通路，均能重新塑造休闲农业的发展优势与竞争力。

 **同步案例**

中山休闲农业区

宜兰县冬山乡"中山休闲农业区"位于冬山河上游，新寮溪与旧寮溪贯穿其中，成为冬山河的发源地。本区面积达806hm²，以种植素馨茶与文旦柚为主。随着乡村旅游的发展，逐渐转型为兼顾生产、生活、生态与提供茶园体验的旅游服务区。为顺利推动产业发展成立了农民组织——中山休闲农业区发展协会，区内75%的农家参与协会运作与发展乡村旅游。此外，设置专责的旅游服务窗口（游客服务中心），为游客导览服务。

近年来，为了竖立中山休闲农业区的品牌形象，将该农业区定位为发展国际有机休闲养生村。在农业区成立"有机农作"推广班，有机认证农场共21家，面积近20hm²。将乡村旅游创新为休闲、低碳、环保的绿色旅游，例如，将电动车纳入游程体验，提供低碳餐饮，成立环境友善的小农市集，展现农业的可持续发展方向。本区也是台湾地区的第一个休闲农业示范区，在2014与2016年的评鉴中连续获颁最高荣誉的休闲农业区"优等奖"。

本区获奖原因在于：农业资源特色与营运目标明确，除了延续经营传统乡村农业资源外，高度重视低碳、养生与绿色意识；负责营运的组织机构能依专业分工来落实管理效能。区内的休闲农业资源包括：香格里拉、三富与东风有机等3家休闲农场，2家田妈妈餐厅（菇锅美食体验馆和一佳村养生餐厅）与6家乡村餐厅、12个农业活动体验点，以及12家以"中山休闲农业区"作为共同品牌的民宿；配合季节推出的绿色游程吸引众多游客，并取得了良好的销售业绩。关于游客服务方面，采取了游憩景观绿化美化、定期维修导览地图与道路指标等措施，也为游客投保安全意外保险，进一步提升了游客的满意度。

菇锅美食体验馆

　　宜兰的"菇锅美食体验馆"——其实是由老旧谷仓改造后化身的田妈妈餐厅，以体验经济的服务模式推广乡村体验，将"体验宜兰、本地食材、食农精神、自然美味"作为经营理念，将农地的优质食材直送餐桌，如以有机食材入菜的养身锅、独特的五色米汉堡等。对绿色生活秉持"无毒、友善、永续"的乐活精神，运用当地产业特色发展乡村体验，设计食材旅行活动或本地产业DIY活动，介绍学童认识传统农业文化与食品安全知识，如创意便当盒、爆米花、菌菇生态瓶、彩色饭团等，成为优质休闲农业的教育场所。图10-15为菇锅美食体验馆特色一览。

体验场所

农业知识解说

健康蔬食锅

五色饭团

图10-15　菇锅美食体验馆特色一览

10.2.3　飞牛牧场开发与经营管理

一、飞牛牧场农业旅游资源及发展历程

1. 飞牛牧场介绍

飞牛牧场是中国台湾地区知名的观光牧场，以畜养牛只与生产鲜奶为主业，故以"牛"

作为农场主题。位于苗栗县通宵镇的飞牛牧场依山面海，有着独特的地理环境：绿意如茵的山坡辅以欧式风格的牧场建筑，游憩设施的设计兼顾环境保护与景观美学的要求，以自然资源的稀有性与人为景观的价值性构成一座原野型的牧场。图10-16为飞牛牧场的不同场景。

"农业能力"是飞牛牧场主人的创业精神也是牧场所塑造的品牌个性，营造乐活悠闲且有异国情调的景致，向游客展示台湾酪农历史与乳牛业的生产流程，构成异于其他农场资源的"专属性"，并作为营销主题，向游客宣传农场的"休闲氛围"与"亲子同乐"的形象，激发游客的旅游动机。

一飞冲天的牧场意象　　　　　　　　　　　宽广的牧野景观

图10-16　飞牛牧场

2. 飞牛牧场农业旅游的现况与发展

成立于1995年的飞牛牧场，是传统生产业转型服务业的典范。以"自然、健康、欢乐"为经营宗旨，定位为生产、生活、生态"三生合一"的休闲体验农场，设置"乳牛""蝴蝶""可爱动物""水域""自然农园""丛林"六大主题区。与宜兰县香格里拉休闲农场、台南市大坑休闲农场、南投县台一生态休闲农场合称为"台湾F4"。该农场颇具经营规模与知名度，为游客享受牧场生活及观光提供舒适体验。

农场提供的餐饮服务、加工品、伴手礼均以"牛"为主题，如特色牛奶锅、牛乳相关制品等（如图10-17）。研发生态套装旅游（一日游与半日游），体验内容包括：霜淇淋、牛奶点心DIY、彩绘肥牛，为游客提供"体验化"的游憩服务。例如：提供山林绿野的木屋住宿与牧场原野露营。

3. 飞牛牧场的经营模式

飞牛牧场实现了"每个人都需要一座牧场"的梦想，经营特色包括：丰富的生态景观资源、主题明确且多元化的农产品，以及经营者积极投入休闲农业的开创精神。据侯嘉政与吴明哲（2006）的研究，飞牛牧场运用"由内而外"的策略规划建构出核心竞争力，发挥农业资源的价值性、稀有性与无法模仿的经营能力，运用竞争优势去适应市场变化（如图10-18）。分析如下。

牛乳加工品	多元的伴手礼
创意餐饮	牧场之乐

图10-17 飞牛牧场特色产品

（1）资源提升。飞牛牧场将传统牧场资源提升为具有价值性与稀有性的休憩资源，比如，实施了牧场景观意象营造、异国建筑风格与美化环保工程。

（2）资源转换。牧场秉持生产、生活、生态一体化的理念，转换资源，提升服务体验，例如，以解说及活动引导游客与农业资源互动，以餐饮与住宿让游客体验牧场生活，这些转换成独特体验与服务的资源，产生了重要的旅游价值。

（3）资源创意。开发一系列具有附加价值的创意商品，例如，研发牛乳相关的加工制品、纪念品、体验活动与生活用品，创造游客二次消费的机会。

（4）资源投资。持续投资旅游服务业，向"绿色休闲农业"发展，创造社会的认同与经济效益，使牧场能够永续经营。

上述模式让飞牛牧场在休闲农

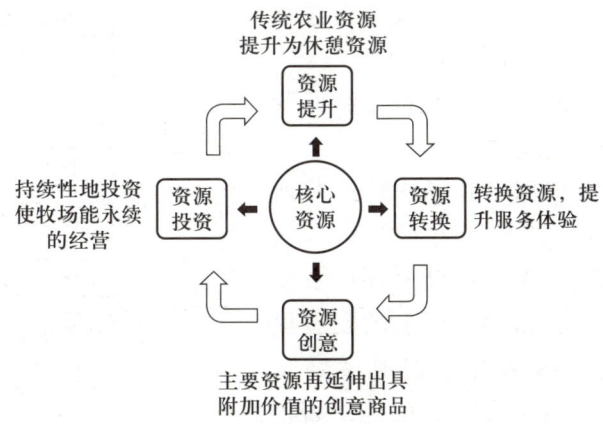

图10-18 飞牛牧场的循环营运模式

业中具有发展优势，除了保留乳牛饲养及生产加工业，也善用优势资源来获取不易被竞争者模仿的特色，成功发展了休闲服务业。牧产未来的发展仍是立足于农业资源，进一步妥善开发运用；其次，培养旅游市场的敏感度，整合市场环境与消费资讯，配合永续性的经营理念，提供符合市场需求的产品与服务。

二、飞牛牧场创新管理模式的建构与评估

1. 建构农场永续经营的指标与模式

休闲农业永续经营的条件主要包括：生产效率、经济活力、环境相容性与社会接受度等要素。中国台湾学者曹胜雄等人（2016）整合了企业管理与农业观光发展的相关理论，建构了一套农业永续经营的评估模式，此模式由永续观光评估的人文与生态两大系统组成。具体包括农业区发展观光的10项要素，以及4项旅游企业永续绩效评估的维度，将农场（经营者、员工与资源）、环境、当地居民与游客等利益关系都纳入永续性的评估体系中。提出创新管理的"农场永续经营评估模式"，则包括：社会、经济、环境、资源与管理等5大项目，共计39个指标，作为农场永续经营诊断的参考，如图10-19。

2. 飞牛牧场的永续经营评估与绩效

根据"农场永续经营评估模式"，飞牛牧场以自我观察与经营诊断来评价农场本身在永续经营上的发展程度，归纳出"表现良好"或"待提升"的项目，如表10-2所示。

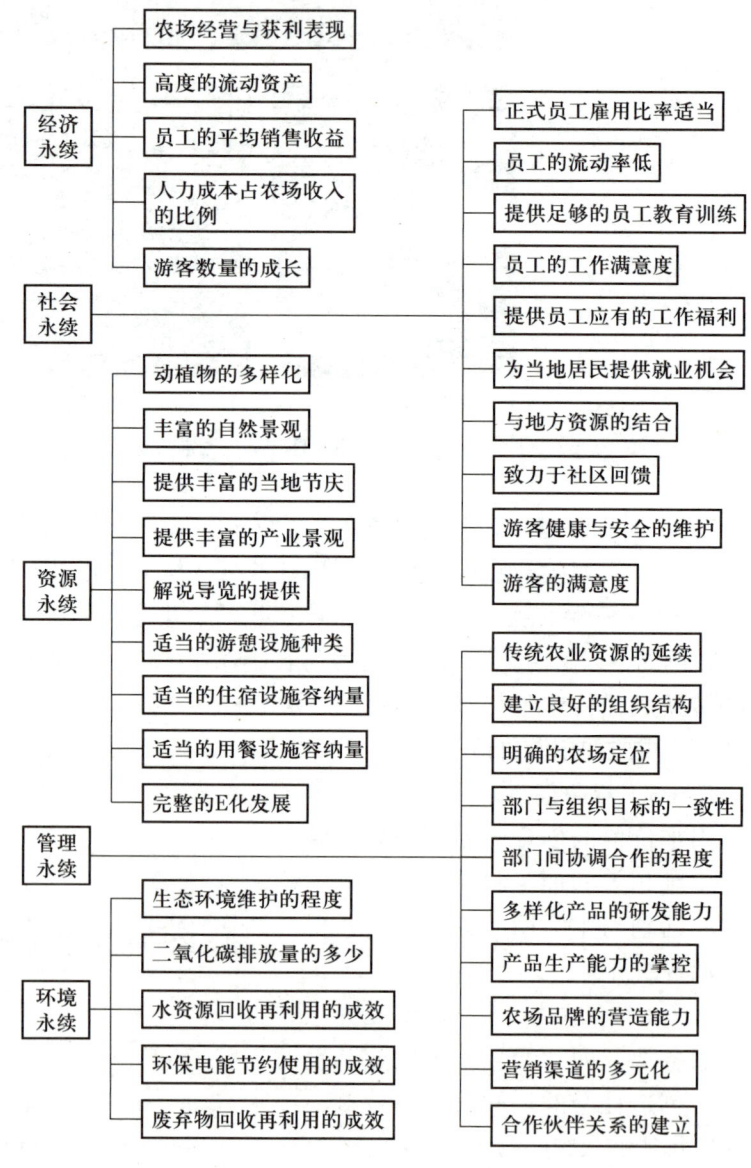

图10-19　农场永续经营的评估模式

表10-2　飞牛牧场永续经营的自我诊断与评量结果

向面／指标		良好	待提升	向面／指标		良好	待提升
经济永续	农场经营与获利表现		◎	社会永续	正职员工雇用比率	◎	
	资产流动周转率		◎		员工的流动率	◎	
	员工的平均销售收益		◎		员工教育训练时数		◎
	人力成本占农场收入的比例	◎			员工的工作满意度	◎	
	游客数量的成长	◎			员工之工作福利		◎
资源永续	动植物的多样化	◎			提供当地居民就业机会	◎	
	丰富的自然景观	◎			与地方资源的结合	◎	
	丰富的当地节庆	◎			致力于社区回馈	◎	
	丰富的产业景观	◎			游客健康与安全的维护	◎	
	解说导览之提供	◎			游客的满意度	◎	
	游憩设施种类		◎	管理永续	传统农业资源的延续	◎	
	住宿设施容纳量		◎		良好的组织结构	◎	
	用餐设施容纳量	◎			明确的农场定位	◎	
	E化发展	◎			部门与组织目标的一致		◎
环境永续	生态环境维护的程度	◎			部门间协调合作的程度	◎	
	二氧化碳排放量的污染程度	◎			多样化产品的研发能力	◎	
	水资源回收再利用	◎			产品生产能力的掌控	◎	
	环保电能节约使用	◎			农场品牌的营造能力		◎
	废弃物回收再利用	◎			行销通路的多元化		◎
					合作伙伴关系之建立	◎	

　　飞牛牧场自评"社会永续"的绩效良好，包括：具有适当的正职员工比率与较低的员工变动比率等指标；为地方创造就业机会，并向当地农民采购产品，提倡低碳餐饮；还为游客投保旅游意外保险与商品责任险。"经济永续"的绩效良好表现在：人力成本占农场收入比例低（25%），以及游客数量成长稳定（年平均增长率约3%）。"环境永续"的各项指标都有亮点，例如，采用电动车以降低空污染，运用节能省电装置，垃圾分类与回收再利用；"资源永续"与"管理永续"呈现良好的经营绩效，有助于牧场创造不可取代的竞争优势。曹胜雄依据上述自评结果提出创新管理的建议。

　　（1）社会永续。针对特定员工提供专业成长的技能训练与培育职业生涯发展，以便降低员工流动率；健全员工福利制度与依专长分派职务，以提高工作效率。

　　（2）经济永续。经营项目朝向多元化发展，以增加经营能力与收益，进而再转投资于旅游服务设施，以维持营运的竞争力。

（3）环境永续。环境发展保持地方特色，注重污染治理。

（4）资源永续。增建游憩与住宿设施，淘汰老旧的游客服务设施，以维持现有服务品质的水准。

（5）管理永续。致力于产品的生产与创新研发，新开发商品需要与牧场的经营属性相符合。其次，建议农场管理采用分层式的组织结构，设定合适的财务目标来健全经营发展，并持续营造牧场的品牌意象。

飞牛牧场永续发展的现状与优化趋势，值得许多生态型乡村旅游目的地学习借鉴。

项目三　国外乡村旅游开发与经营管理经验

学习目标

1. 了解国外典型国家乡村旅游发展的经验。
2. 了解国外乡村旅游开发对我国乡村旅游发展的启示。

10.3.1　国外乡村旅游发展经营概况

乡村旅游起源于19世纪中叶的欧洲。工业化与城市化进程的加快及其带来的负面影响，导致城市居民向往宁静的田园生活和美好的乡间环境，乡村旅游应运而生。西方国家开展乡村旅游的历史达百年以上。在欧美一些发达国家，乡村旅游已具相当规模，并走上了规范发展的轨道。如爱尔兰、法国、西班牙、德国、美国等，政府把乡村旅游作为经济增长、扩大就业、避免农村人口向城市过度流动的重要手段，在资金、政策上给予大力支持。许多国家和地区在乡村旅游发展的资源保护、产品开发、管理体系等方面，走出了一条成功之路。一些国家的成功经验举例如下。

一、法国

1. "农户+企业+协会+政府"的发展模式

法国乡村旅游的发展模式是"农户+企业+协会+政府"。农户是乡村旅游经营的主体，他们在经营农业的同时利用农业资源开发乡村旅游产品。企业是乡村旅游供给体系的重要组成部分，它们是联系农户与游客之间的桥梁，也是重要的旅游服务供给者。协会在政府的政策指导下制定乡村旅游的行业规范和质量标准，推动行业自律；另一方面，协会作为联系政府与农户的桥梁，为农户提供咨询培训、网络信息平台、营销服务等。法国涉及乡村旅游的协会有法国农业与渔业协会、全国农民联合会工会、农业商会、全国农民联合会、国际旅游推广协会等。法国政府从宏观政策层面扶持乡村旅游发展。法国农会于1998年设立了农业及旅游接待服务处，作为推广农业旅游的中央机构。它联合其他有关社会团体，建立了名为"欢迎莅临农场"的组织网络，还出版了专门的宣传和指导手册，大力促销法国的农业旅游。1955年法国政府启动了"农村家庭式接待服务微型企业"计划，由政府对经营乡村旅游的农户提供资金资助。政府实施社区为主导的乡村旅游开发模式。政府从政策引导的角度保证乡村旅游经营主体以本地的农户、居民为主，以提高当地居民的收入。

2. 多元化、体验性、原真性的乡村旅游产品

法国在乡村旅游产品开发方面十分重视产品的多元化、体验性和原真性。针对不同游客的需求，法国乡村旅游企业创新开发多元化的产品体系。如休闲农场系列包括农场客栈、农产品市场、点心农场、骑马农场、教学农场、探索农场、狩猎农场、暂住农场、露营农场、家庭农场、教育农场、自然保护区、家庭农园等产品形式。住宿设施系列包括乡村别墅、乡村酒店城堡驿站、露营地、途中驿站、青年旅馆、家庭旅馆等产品形式。体验性的娱乐项目是法国乡村旅游的重要特色。例如，农场设有美食品尝、烹饪培训、农产品采摘、园艺培训、动植物观赏等项目；游客通过参观农村的葡萄园和酿酒作坊，参与酿造葡萄酒的全过程，了解酿酒工艺、葡萄酒历史、文化等；参观法国的古城堡，学习法国的历史文化、宗教文化、建筑文化、艺术文化等。原真的乡土特色是法国乡村旅游产品重要的特点之一。法国农场销售的主要农产品必须是农场生产的新鲜食品，其生产加工程序必须在农场内部进行；为了体现乡村的美食特色，必须使用本地的烹调方法。观光农庄的外观必须与当地的建筑风格保持一致，餐具必须用粗陶、瓷器或其他具有代表性的材质制造。

3. 多主体参与的乡村旅游目的地营销

法国乡村旅游企业大多都是小型企业，由于企业规模小，无法独立开展大规模的营销活动。因此，政府专职部门牵头协调多方力量，例如行业协会、会展企业、媒体、社会组织等，实施多主体参与的乡村旅游目的地营销，以宣传法国乡村旅游的整体形象。法国有政府性的旅游部门，例如，有OT（旅游办公室）、SI（旅游联合会）、CRT（大区旅游委员会）、CDT（省旅游委员会）等负责协调乡村旅游营销工作。政府部门一方面花费巨额资金用于电视、广播、报纸、杂志、户外广告及主题营销活动等进行乡村市场推广，每年用于乡村旅游的专项促销经费约600万欧元；另一方面，通过举办节庆活动、会展活动进行营销，每年组织乡村旅游博览会，通过节庆营销的方式提高乡村旅游地的知名度。

二、美国

1. 依托优惠政策扶持乡村旅游

美国各级政府出台了一系列的产业扶持政策，极大地刺激了乡村旅游业的发展。美国政

府先后出台了一系列法律法规，为保障乡村旅游发展提供了完备的法律框架。美国各州还制定税收立法，允许市镇地方政府对旅游经营业征收旅游奉献税、旅馆客房税等，以筹资建立乡村旅游服务机构。美国政府对乡村旅游给予资金的大力支持，向从事乡村旅游的个人和团体提供优惠贷款和补贴；美国农业部设有多项基金，以资助乡村旅游项目。一些非营利的行业组织，如国家乡村旅游基金（NRTF）、各地的农业协会等，专门为乡村旅游经营者提供项目咨询与指导、资金募集、宣传推广等服务。

2. 依托特色资源开发主题产品

目前，美国乡村旅游已经形成农业观光、森林旅游、农场度假、民俗旅游、家庭旅馆等多样化的产品体系。主要有依托农业资源或农牧场产品开发的农产品购物、农作物采摘、农业体验、农业教育、乡村休闲等旅游项目，最著名的是根据凡·高的名画《向日葵》创作的8万多m²的"庄稼画"。依托节事活动开发的南瓜节、草莓节、樱桃节、大蒜节、汉堡节等乡村节庆旅游。依托自然资源开发的汽车营地、鸟类观赏、自然探险等旅游项目。依托历史文化资源开发的废弃农庄、厂矿、采伐场、内战遗址、名人住址等乡村历史遗迹旅游项目。

3. 依托节庆营销塑造旅游形象

美国的农业节庆营销是以节庆活动为载体，将田园风光、农业作物、乡土风情、农耕文化等融入系列节庆活动中，吸引媒体、社会公众和目标市场的兴趣与关注，以提高乡村的知名度、美誉度。旧金山半月湾南瓜艺术节，北卡罗来纳州、田纳西州的草莓节，加州吉洛伊的大蒜节，威斯康星州的西摩汉堡节等是美国农业节庆旅游的典型。每年一些地方政府、农民协会或农场还会举办各种主题节庆活动，如农业博览会、赛马、乡村游行等，以展现乡村的田园景色和民俗风情。农业节庆不仅吸引了大量的游客，推动了乡村的农业、旅游、会展、贸易、广告等行业的发展，而且提高了地方的知名度和美誉度，塑造了品牌形象，有效地拓展了乡村旅游市场。美国在选择节庆营销媒介方面除了花费大量资金用于电视、广播、报纸、橱窗等传统宣传媒介之外，同时十分重视互联网等高科技营销手段的运用，节庆网站成为美国向全世界宣传节庆活动的重要窗口。旅游者可以通过访问政府或企业开办的节庆网站了解节庆活动的举办时间、地点、活动安排等情况，同时可以了解当地的旅游接待设施情况并获得相关旅游建议。

三、日本

1. 政府扶持乡村旅游发展

日本政府在乡村旅游发展中起着主导作用。日本旅游主管部门通过政府计划、金融支持、国际合作等措施，促进乡村旅游的快速发展。中央政府主要承担技术支持、公共设施完善、财政支持以及国际合作等责任，地方政府则主要负责制定地方乡村旅游规划、对外宣传促销、旅游教育与培训等。同时，日本出台了一系列的法律、法规、政策，对乡村旅游进行宏观调控和规范管理。例如《旅行业法》《农业基本法》《市民农园事务促进法》《农山渔村旅宿型休闲活动促进法》《山村振兴法》《农山渔村余暇法》《温泉法》《森林法》《旅馆业法》等，为日本乡村旅游健康发展奠定了法律基础。

2. 创新多功能乡村旅游产品

20世纪七八十年代，日本乡村旅游由最初的农业观光园逐渐发展为休闲农场、度假农园、农业观光公园等。进入20世纪90年代，在市场需求的推动下，日本乡村旅游逐渐发展成为具有观光、休闲、度假、教育、体验等多功能的旅游产品。日本乡村旅游产品主要有观光农园、农业公园、农家乐、教育农园等产品类型。观光农园主要有位于东京郊外松户、市川与多摩川沿岸的梨园，汤河原、伊东、稻取、西伊豆的蜜柑园，山梨县的葡萄园，长野县的苹果园，岩水县小井农场等。农业公园主要有江永崎农业公园、松阪农业公园、静冈县的葡萄公园等，其通过与田园景观、农业生产、农村生态环境等有机结合，开发各种不同类型的农业体验项目，为游客提供观光、品尝、体验、健身、教育、购物等多种服务。农家乐主要有北海道的"农业综合休养地"、冈山县的农业主题公园"荷兰村"、熊本县的"老年农村公寓"等，让游客体验乡村民俗和乡土风情。

四、西班牙

西班牙从20世纪60年代开始大力发展乡村旅游，政府出资修建乡村旅游社区，为度假游客提供服务，目前乡村旅游已经是西班牙的主要旅游形式之一。西班牙是欧洲乡村旅游的发源地和世界上著名的旅游大国，最早将废弃的城堡改造后开展旅游活动，主要有房屋出租型、别墅出租型、山地度假型、乡村观光型等，开展徒步、骑马、滑翔、登山、漂流等多种休闲活动，85%的乡村旅游者周末驾车前往距市区100~150km以内的农场休闲度假。具体经验做法：①注重主客交流和生活方式的体验，在农舍内游客可与农场主共同生活，参与体验性较强；②经营形式灵活多样，在农场范围内，游客可以把整个的农场租下，远离农场主人，自行料理生活上的事务，也可以在农场范围内搭帐篷露营或者利用旅行车旅行；③重视文化的复兴和传统习俗的渗透，保持乡村旅游独特魅力，开拓国际市场。

五、意大利

意大利在1865年就成立了"农业与旅游协会"，专门介绍城市居民到农村去体验乡村野趣，开展骑马、钓鱼、采摘、品尝新鲜食物、欣赏田园风光等乡村旅游活动。2002年，意大利大约有1.15万家专门从事"绿色农业旅游"的经营单位，当年夏天就接待了120万人次的本国旅游者和20万人次的外国旅游者。目前意大利专供"绿色旅游"者饮食起居的农庄已有约6 500间。意大利的乡村旅游主要类型有农场度假、农场观光、乡村户外运动、乡村美食旅游等。手工制作、乡村节日之旅、乡村美食、骑马等都是很受欢迎的项目。具体经验做法：①根据资源特色，推出专题旅游线路；②成立旅游协会和行业互助组织；③农业部门对乡村旅游进行资助，形成合力；④把政府的干预机制与市场经济整合起来发展乡村旅游。

同步案例

新加坡农业科技园——"花园城市"的都市农业

新加坡全国可耕地面积仅5 900km²，占国土面积的9.5%，科技农业成为新加坡农业发展的最重要途径。20世纪80年代起，新加坡将高科技农业与旅游相结合，兴建了农业科技公园。公园内应用最新科技成果将各种设施造型艺术化，合理安排作物种植，精心布局娱乐场所。现今，新加坡的农业科技园已成为集农产品生产、销售、观赏于一体的综合性农业公园，园区展示国内外先进农业科技成果，每年吸引近600万旅游者。农业科技园的基本建设由国家投资，然后通过招标方式租给商人或公司经营，租期为10年。目前，新加坡建有6个农业科技园，每个园内都有不同性质的作业，如养鸡场、胡姬花园（出口多品种胡姬花）、渔场（出口观赏鱼）、牛羊场、豆芽农场和菜园等，每个小农场平均占地2 000m²左右。

日本水上町——"农村公园"与"工匠之乡"

农业是水上町最主要的传统产业，但海拔在400~800m之间，周围环绕着1 000~2 000m的山峦，集约型农业无法在这里开展，而日本社会日益加剧的老龄化和少子化更使当地的农业陷入后继无人的窘境。目前主要是一些50岁至60岁的老人从事传统农业，水上町面临农村人口减少，农业亟待转型的发展困境。将农业与观光紧密结合的水上町在传统农业萎缩的情况下走出了一条自主发展的新路，主打体验式旅游的"工匠之乡"，先后获得了日本国土厅的"舒适型农村竞赛优秀奖"、建设省评选的"手工艺制作优秀奖"等各项表彰。

水上町发展重点与特色有如下几方面。

1. "农村公园构想"：大农业即大公园

1990年，水上町当地政府提出了"农村公园构想"，把整个水上町看成广域的公园，将当地观光资源最大化，将农业与旅游休闲融为一体。成了农村环境改善中心、农林渔业体验实习馆、农产品加工所、畜产业综合设施、两个村营温泉中心、一个讲述民间传说和展示传统戏剧的演出设施，让水上町走上了"规划发展拉动旅游，旅游促进进一步发展"的良性道路。

2. 民俗产业培育：传统手工艺制作

建立了形式多样的胡桃雕刻彩绘、草编、木织（用树皮织布等）、陶艺等20多个传统手工艺作坊，形成了"人偶之家""面具之家""竹编之家""茶壶之家""陶艺之家"等特色手工艺品牌之家。

3. 特色资源旅游产品：温泉养生度假游

水上町立足于日本温泉沐浴文化，从养生、健康这一理念出发，把温泉的养生功能与休闲功能进行了完美的结合，建成了村营温泉中心。根据游客的需求，村营温泉中心设置了各种主题温泉，游客可根据自己的喜好对温泉进行选择。通过温泉沐浴和接受御式服务，有效拉动了旅游消费，游人的旅游体验也得到极大提升，形成了良好的口碑，增强了水上町的旅游吸引力。

法国普罗旺斯

法国南部地中海沿岸的普罗旺斯不仅是法国最美丽的乡村度假胜地，更吸引了来自世界各地的度假人群。薰衣草几乎是普罗旺斯的代名词，当地充足灿烂的阳光最适合薰衣草的生长。游客不仅可以欣赏花海，还带动了一系列薰衣草产品的销售。除了游览，其特色美食——橄榄油、葡萄酒、松露也是享誉世界。还有持续不断的旅游节庆活动，如薰衣草节、柠檬节，以其浓厚的节日氛围和艺术氛围，不断吸引来自全球的度假游客。

10.3.2 国外乡村旅游发展的启示

一、资源保护

世界旅游组织（WTO）旅游可持续发展部项目主任费利浦·里迈斯特先生在首届国际乡村旅游论坛上指出：发展乡村旅游要保护河流、山脉、树木，并让它们一直干干净净，绿油油的，富有传统色彩；要保护独特的建筑，并让它们依旧是古雅的模样；要保护独特的音乐、歌谣或舞蹈，并让它们古香古色；要保护独特的耕作方法，并教给他人；要保护传统的文化信仰，并熏陶他人。

乡村环境、乡村文化、乡村景观、乡村民俗、乡村意境、乡村生活方式都是乡村旅游的核心吸引力，同时也受到现代文明的强烈冲击，面临着退化、变异、消失的危险，要保持乡村旅游的可持续发展，资源的保护是重中之重。具体有以下几方面。

1. 寻求传统文化的复兴

在西方许多国家的乡村旅游发展计划中，乡村旅游不仅是种经济发展和振兴的手段，更是种文化传承和保护的途径。例如塞浦路斯成立了专门的机构，进行了音乐、传统手工艺、绘画、建筑风格等的抢救、整理和恢复。自1991年以来，大约50个村庄被选入乡村旅游的发展计划，CTO（塞浦路斯旅游协会）研究了当地一些传统建筑风格，并且资助设计和完成了一些项目，包括：恢复村落广场、恢复环境的自然特征、保护传统建筑等。

西班牙在鼓励社会文化复兴和提升以使传统社会文化成为旅游产品一部分方面，也作了很大的努力，启动了一些对当地社区的教育培训和文化恢复计划，例如农业部收集和整理了传统的食谱，教育部门和旅游部门合作发展了民间歌舞、传统手工艺、音乐。

2. 划出乡村旅游缓冲区

国外在乡村生态旅游开发中注意生态保护和保持自然的原真性，强调生态旅游容量在旅游接待中的控制作用。沃尔伍德（2001）利用GIS缓冲区分析技术，对英格兰和南威尔士的自然风景独特区、海岸传统文化区、国家公园等三类风景区与休闲农场进行了空间分析，在相应的区域和范围划出乡村旅游活动的密集区和缓冲区，注意生态环境容量的监测和评估，建立反应迅速、运行高效的预警机制，在农场接待和自然旅游区注意生态底线和容量的协调。

3. 兼顾城乡发展的和谐

西班牙最初将古城堡改造后对外出租。意大利、德国的城堡和古建筑也是一种重要的文化体验旅游产品，西欧国家古建筑、历史遗迹点和城市新区大多分离，城乡建设讲究外部建筑风格的贴近和人居环境的和谐，形成整体风貌区。这样，古建筑集中区和广大的乡村地区，不但保存有旅游、文化、科教、修学的多种价值，而且功能互补，相生相融，使乡村成为多样化文化传承的载体，传递了与城市完全不同的乡村意境，保持乡村旅游的独特魅力。

二、产品开发

国外乡村旅游的主要产品类型有以下几种。

1. 观光型乡村旅游

观光型乡村旅游指以优美的乡村绿色景观和田园风光及独特的农业生产过程作为旅游吸引物，吸引城市居民前往参观、参与、购物和游玩。它主要有两种形式：传统型和科技型。

传统型乡村观光旅游，主要以不为都市人所熟悉的农业生产过程作为卖点，特别是特色农产品生产过程。观光型乡村旅游产品要想具有长久的生命力，必须突出特色，需要充分利用当地独特的旅游资源优势以塑造特色产品。例如，澳大利亚将当地的葡萄酒产业优势与旅游业有机结合，开发出葡萄酒旅游，允许旅游者游览参观葡萄园、酿酒厂和产酒地区等景点，并且还可以参加包括制酒、品酒、赏酒、健身、美食、购物等一系列娱乐活动。村庄旅游是法国人喜爱的一种旅游休闲方式，每年有数百万游客到远离城市的偏远村庄，住进条件简陋的农舍，让家长带孩子参观农庄，看牛羊、看挤奶、观看制作奶酪和酿酒过程，游客还可以品尝这些美味。

科技型乡村观光旅游，主要是利用现代高科技手段建立小型的农、林、牧生产基地，既可以生产农副产品，又给旅游者提供了游览的场所。新加坡将高科技农业与旅游相结合，兴建了十个农业科技公园。公园内各种设施造型艺术化，合理安排作物种植，精心布局娱乐场所。公园内养鱼池由配有循环处理系统的"水道"组成；菜园由造型新颖的栽培池组成，里面种上各种蔬菜，由计算机控制养分；田间林荫大道的两边也种上了各种瓜果。美国则建立了多处供观光的基因农场，用基因方法培植马铃薯、薯茄，在发展农业的同时也在向游客普及基因科学知识。

2. 休闲型乡村旅游

休闲型乡村旅游以乡村旅游资源为载体，以形式多样的参与性旅游活动为主要内容，以满足游客休闲娱乐、身心健康、自我发展等需求的旅游类型。休闲型乡村旅游与观光型乡村旅游的最大区别在于它主要满足旅游者的健康、娱乐、放松、享受等高层次需求，因此在产品特色上更加突出休闲度假主题，服务内容以康体、休闲、娱乐为主，产品表现形式更加强调创新、互动以及知识性。它主要包括三种类型：休闲娱乐型、康体疗养型、自我发展型。

（1）休闲娱乐型。国外在开发乡村旅游时积极开发娱乐性强、互动参与性大、表现形式新颖的休闲娱乐项目以满足游客多层次需求。日本各地的农场用富有诗情画意的田园风光和各种具有特色的服务设施开发"务农"旅游。旅游者可以自由参观园内的农作物，亲自参与劳务活动，现场采摘农作物并做成美味的佳肴；在沿海地区参加捕捞虹鳟鱼和海带的采集及加工等活动，给人以全新的劳动体验。

（2）康体疗养型。随着旅游者越来越关注旅游产品的医疗保健功能，国外许多乡村旅游目的地针对性地强化了其产品的医疗保健功能，开发诸如体检、按摩、理疗等与健康相关的乡村度假项目。这不仅能够满足游客的健康需求，而且能为其带来不菲的利润回报。例如古巴的医疗旅游、日本的温泉旅游、法国的森林旅游、西班牙的海滨旅游等都以旅游服务项目的医疗保健功能而闻名。

（3）自我发展型。自我发展型乡村旅游是乡村度假地为旅游者提供一个轻松舒适的学习环境，通过团队合作交流、自主探索学习等方式而不是请专业人士做教练，让游客在没有任何压力的情况下学习新知识、熟练新技能，既享受了轻松的休闲，又学习到了知识。美国的农场、牧场旅游不仅能使游客欣赏美丽的田园风光、体验乡村生活的乐趣，而且在专人授课的农场学校能够学到很多农业知识。这种兼有娱乐和教育培训意义的参与式的乡村旅游形式深受旅游者欢迎，成为乡村旅游的发展趋势。

3. 文化型乡村旅游

乡村文化旅游是以乡村民俗、乡村民族风情以及传统民族文化为主题，将乡村旅游与文化旅游紧密结合的旅游类型。它有助于深度挖掘乡村旅游产品的文化内涵，满足旅游者文化旅游需求，提升产品档次。匈牙利是乡村文化旅游的典范，其开发的乡村文化旅游产品使游人在领略匈牙利田园风光的同时在乡村野店、山歌牧笛、乡间野味中感受到丰富多彩的民俗风情，欣赏充满情趣的文化艺术以及体味着几千年历史淀积下来的民族文化。西班牙开发的满足游客多种文化需求的文化旅游线路很多就是乡村旅游产品的重要组成部分，如城堡游、葡萄酒之旅、美食之旅等。如表10-3所示。

表10-3 文化型乡村旅游项目

类型	具体项目
旅行	徒步、越野、登山、骑马（驴）、大篷车、自驾车（摩托车拖车）、长距离自行车（滑雪）、宿营等
水上活动	垂钓、游泳、泛舟、漂流（乘筏独木舟或皮艇）、冲浪、快艇、航行等
空中运动	轻型飞机、滑翔、热气球等
体育运动	洞穴探险、攀岩、定向、网球、高尔夫、高山滑雪、狩猎等
文化活动	考古、访问历史文化遗址、民俗文化节日、学习民间传承、手工艺、欣赏乡村民谣、参加乡村音乐会、寻找美食来源、品尝地方风味、参观工农业和手工业企业、博物馆和民间艺术工作室、英语教学培训、园艺培训、厨艺培训、舞蹈培训等

续表

类型	具体项目
健身活动	健身训练、温泉疗养等
休闲活动	乡间度假、观鸟、观察野生动植物、写生、摄影、赏景、教堂祷告、酒吧休闲等
务农活动	播种、收割、放牧、挤奶、捕捞、果园采摘、酿酒、农产品加工等
主题性农业活动	葡萄酒节、苹果节、草莓节、田野节、农夫生活之旅等
商务活动	自制玩具、饲养宠物、放风筝等
特别活动	乡村体育竞技、农产品展

三、管理体系

1. 基于质量体验的管理跟踪

凡是在开发乡村旅游方面有成功经验的国家，均制定了专门的乡村旅游质量标准，并且在产品和市场管理等方面都比较成熟。

1998年爱尔兰发行了农场旅游目录。爱尔兰农场假日协会主席强调农场旅游在爱尔兰的历史上有深厚的社会根基，农场的体验可以提供了解爱尔兰农业、珍贵的传统和乡村宁静生活的机会，还提供了体验美丽风景、洁净健康环境、美味农场饭菜的机会，所以主客关系、接待设施的质量和游客对农场产品的质量体验都很重要，建立质量体验的管理跟踪系统，及时反馈信息，调整服务方向和内容是一种有效的手段。

2. 政府主体性引导下的管理机制

各国政府在乡村旅游引导、规范、推广等方面起着主导作用。政府可以组织并巩固联系网络，支持贫困地区开发旅游。旅游地管理机构、非政府组织等可以改善经营单位与游客的关系，支持合适的产品开发与营销。意大利有一个针对农业旅游的综合性法则，但是各个地区也有独自的附加条款，包括建筑标准、是否可以重建、农场上的新建筑规模等。例如在托斯卡那地区不准在农场上建新建筑物，农业旅游必须在古老和保存完好的建筑中进行，但是内部的管理和保护标准是现代的。建立农业旅游的官方分级管理系统，公布服务标准，实现价格的统一，加强准入制度的建设，农场主要想出售饭菜和手工艺品，必须有相关的许可证书。乡村旅游发展到一定阶段，政府主体性引导下的机制，有利于市场秩序的规范和资源的优化配置。

四、多元旅游营销

乡村旅游目的地应创新多元化营销方式，以广泛开拓旅游市场。一是运用传统营销方式提高乡村旅游目的地的市场知名度。乡村旅游目的地应在主要客源地的电视广播、旅游杂志、宣传册、海报、户外广告等传统营销媒介上开展旅游宣传，以高密度、全方位、多层次的营销宣传扩大乡村旅游的市场影响力。二是创新网络营销、微博营销、手机营销、影视营销等新型营销方式。尤其应加强乡村旅游网站建设。地方旅游局、旅游协会应创建具有较大知名度和影响力的乡村旅游网站。网站不仅要有丰富的乡村旅游资源、旅游产品、旅游线路、旅游企业介绍，而且还要有即时信息查询、预订、互动交流等功能。在知名网站上建立乡村旅游网站的链接，提升网站的点击率，扩大宣传覆盖面。三是创新节庆营销。乡村旅游目的地通过深度挖掘自然资源、传统文化、乡风民俗等文化内涵，策划特色主题节庆营销活动，展示乡村旅游地的品牌形象。

 **同步案例**

韩国城邑民俗村

城邑民俗村位于汉拿山麓，有许多文化遗产，很好地保留了古代村庄的原貌，民居、乡校、古代官公署、石神像、碾子、城址、碑石等有形文化遗产及民歌、民俗游戏、乡土食品、民间工艺、济州方言等无形文化遗产。村子中间几百年树龄的榉树、朴树已被列为自然保护对象。这里的原住民每年会收到一份政府的补贴，让他们继续住在这里，保留民俗村的特色。在保存完好的村落中体验最原汁原味的济州民俗风，如摸摸石头爷爷，摸石头爷爷各个地方的不同寓意：要桃花运——头顶，要兴旺发达——肚子，要想生儿子——鼻子，要想生女儿——嘴巴，要想双胞胎——双眼，要健康——肩膀。

[知识拓展]

一、国外乡村旅游类型举例

（1）美国：观光农场、度假农场、家庭旅馆。
（2）英国：田园牌——农家乐，复古牌——古堡、古镇，生态牌——生态农业。
（3）法国：农场客栈、农产品市场、点心农场、骑马农场、教学农场、探索农场、狩猎农场、露营农场。
（4）西班牙：房屋出租型、别墅出租型、山地度假型、乡村观光型。
（5）意大利：农场度假、农场观光、乡村户外运动、乡村美食旅游。
（6）日本：观光农园、市民农园、农业公园、休闲农场。

二、英国乡村旅游的特征

1. 消费特征

英国各个乡村根据自身资源特色，因地制宜，举办各种乡村集市或游艺会等休闲活动。很多乡村集市举办各类赛事和展演，也有适合小孩玩乐的游乐设施，北部乡村的娱乐休闲活动往往和山地运动结合，以此来带动乡村旅游。

英国的乡村旅游在住宿饮食上非常便利，英国B&B小旅馆随处可见，特别是在乡村，另外饭店或客房旅馆也较多。B&B小旅馆由当地人自己经营，交通便捷且收费相对低廉，已成为英国的一大特色。

英国乡村经常借助乡村展会等推出一些颇具特色的商品满足游客的消费需求。这些商品有农场自产的农产品和农副产品，也有手工编织的手工艺品和纪念品。多数游客偏好直接购买乡村现场加工的产品，旅游商品的销售收入是英国乡村旅游收入的主要来源之一。

2. 经营特征

英国各景点经营面积大小有差异，20至200英亩不等，但游客活动空间不大，每个景点雇佣员工很少。除了一些文物古迹和博物馆外，其他旅游景点投资不多，每个景点年接待游客人数普遍少于5万，年收入一般不超过22万英镑。英国乡村旅游能够提供选择的旅游项目和主题很多，即使规模小，也可消化众多的市场需求。

英国的乡村旅游目标市场明确，多本土化运营。游客对乡村旅游景点的选择性不强，只要有相应的人文风情就可满足休闲放松的需要，故无须跨区旅游。英国乡村旅游者绝大多数都是本地区2至3小时车程之内的城市居民，外地游客较少，外国人更少。游客中又以家庭和学生游客为主，以家庭形式的游客约占40%。

3. 品牌特征

2012年的伦敦奥运会，英国选定"农家乐"作为开幕式的主旋律，营造的田园风彰显了英国的特色，也是英国的灵魂——乡村文化。英国大城市只是上流社会的临时聚集地或定期会晤所，在英国人的脑海深处，他们的灵魂在乡村。除了一些重要的大都市和工业中心外，整个英国始终保持着一派田园景象。英国目前成为欧洲唯一一个人口从城市到农村"逆向流动"的国家。进入21世纪以来，迁入英格兰乡村地区的人数比从乡村迁出的多出35.2万，人们对田园生活的极度渴望促使英国乡村旅游大打田园牌。

随着农业发展目标的变化，英国现代农业技术的内涵也不断变化。在1975年的国际生物农业会议上，英国就肯定了有机农业生产的优势，广泛地接受和发展有机农业。目前，英国把现代农业发展同乡村旅游开发相结合来保护农场环境及农村生态环境。英国的乡村旅游追求生态和经济上的良性循环，通过协调农业发展与环境之间、资源利用与保护之间的矛盾，来协同推进生态农业和乡村旅游的发展。

4. 机构特征

英国的政府机构从发展战略层面对乡村旅游进行政策扶持，制定法律法规，不断完善乡村公共基础设施建设，给予必要的资金支持，制定相应的评价、监督、检查和评估标准，以促进英国生态农业的开展和乡村旅游的可持续发展。20世纪90年代英国针对农村环境不断恶化等一系列突出问题，成立了环境、食品和农村事务部。其他重要的地方环保管理机构还有英格兰及威尔士环境署、苏格兰环境保护署和北爱尔兰环境和遗产服务局。

上述政府环保机构根据不同的环境问题和监管对象制定和执行相应的管理政策，对包括农业、乡村等涉及的土地、水、空气和土壤环境问题进行管理。

同时，英国政府十分注重加强乡村旅游行业自律和服务水平的提高，积极促进乡村旅游行业协会的发展。英国乡村旅游的供给模式可以归结为"乡村旅游经营者+旅游行业协会+政府"，旅游行业协会在英国乡村旅游中发挥着积极作用。

[案例分享]
案例1

韩国的周末农场型休闲农业

韩国发展休闲农业的经典形式为"周末农场"和"观光农园"，以江原道旌善郡大酱村为例。大酱村首先抓住游客好奇心，由和尚与大提琴家共同经营，利用当地原生材料采用韩国传统手艺制作养生食品的方式制造大酱，既符合现代人的养生学，还可以让游客亲临原初生活状态下的大酱村，同时还传承了传统手工艺文化，可谓是一举多得。此外，经营者还特别准备了以三千个大酱缸为背景的大提琴演奏会、绿茶冥想体验、赤脚漫步树林等体验活动，丰富了游客体验内容，延长了停留时间，还有独具特色的美味拌饭。

案例分析：以"奇"为突破口，和尚与大提琴家共同经营是创意的奇特，配合这样的理念，举办三千个大酱缸为背景的大提琴演奏会，是实践的奇特，再者，将韩国泡菜、大酱拌饭为核心招牌突出乡土气息是乡村旅游发展的灵魂。

案例2

亚洲发达国家生态交流型乡村旅游

相对于欧美，休闲农业起步较晚的亚洲发达国家发展速度极其迅速。以体验农村生活为主题的电视节目、杂志和报纸的人气非常旺盛，生态交流型的乡村旅游为亚洲地区主要模式。以日本的大王山葵农场为例：大葵山农场创立于1917年，不仅是日本最大规模的山葵园，也是安昙野最知名的观光景点，每年吸引约120万人次来访。该农场以黑泽明导演的电影《梦》的拍摄地点而闻名日本全国，这种以农场为依托，以媒体传播为宣传手段也是乡村旅游发展的方向之一。

案例分析：通过影视作品来促进休闲农业地发展是非常行之有效的宣传手段，在条件允许的情况下，可以通过这样的方式来宣传乡村旅游目的地。

[创新思维]
1. 思考国外乡村旅游发展与我国乡村旅游发展之间的区别和联系。
2. 分析台湾乡村旅游发展中存在的问题。

[创新实践]

选择你所感兴趣的国内外不同类型的知名乡村旅游区，通过查阅相关资料，归纳分析国内外乡村旅游发展存在的共同点及区别。

附录1：《湖㳇镇龙山自然村旅游发展概念规划》节选

设计单位：上海同大规划建筑设计有限公司

一、规划背景

为积极推动宜兴市城乡统筹进程，大力发展宜兴市的美好乡村建设，切实繁荣农村经济和促进乡村旅游的发展。龙山村依托阳羡湖景区的发展优势，以宜兴市美好乡村建设为契机，探索乡村旅游与景区服务功能融合的新农村建设创新之路。在结合《龙山村旅游发展与村庄环境整治规划》的基础上，从空间形态、旅游、景观等方面进行规划设计。附图1-1为龙山村一景。

附图1-1　龙山村一景

二、规划理念与技术路线

1. 规划原则

作为湖㳇镇生态保育系统的重要组成部分，龙山村的发展受到多种因素的制约。此规划应秉持以下发展原则。

（1）道路交通研究

前瞻性原则。建立龙山村区域交通网络，理顺内部道路骨架，改善龙山村交通状况。通过交通改造，针对现状产业发展特色，类比相应成功案例，提出龙山村发展设想的多种可能性。

（2）整体景观形象研究

整体性原则。利用现状景观资源，构建龙山村整体景观系统。利用多种设计手段形成和谐的、整体的开放空间及服务系统，对乡村建设活动进行系统引导和管理，协调各功能场所的利益和关系，形成乡村文化和景观的整体意识。严格控制自然山林、水源用地、农田用地，形成和谐的生态体系。

（3）生态资源及环境保护

生态优先原则。以促进生态优化为设计前提，缓解经济高速发展中逐渐增大的人文与自然的矛盾，促进可持续发展。

（4）落实配套设施用地

可操作性原则。落实公共和市政配套设施用地，完善龙山村市政管网的规划和建设。因地制宜、适时适地、实事求是，提出具有针对性和可操作性的项目安排和管理控制的引导。

2. 技术路线

（1）现状调研和分析

通过实地踏勘、访谈、文献检索等方式对龙山村经济和产业布局、人口、土地综合利用、环境评价与保护等进行深入的调查和分析。

（2）发展模式对比分析

借鉴国内外成功的新农村建设经验，对龙山农村产业发展模式进行分析研究，提出区域发展模式调整建议。

（3）发展策略调整

根据全新的发展理念和发展目标，调整龙山村发展策略。

三、发展现状分析

1. 区位与交通

龙山村位于宜兴市西南部，紧靠竹海风景区，南与浙江省长兴交界，北依阳羡湖旅游度假中心，西接溪谷山色特色旅游区，位于宜南生态廊道内，对外交通联系便捷，20min可直达宜兴主城；汤省公路、近张灵慕线两条旅游线穿村而过；北接杭宜高速、西接104国道，可快速到达宁杭高速。

2. 地形地貌

龙山村丘陵与平原交错，整体地势西南低、东北高。西南及东北依天台山余脉，地形变化比较复杂，域内水资源丰富。附图1-2为龙山村的自然环境示意。

3. 气候

龙山村属于亚热带季风气候区，交通便捷，地理位置优越。全年雨量充沛，气候温和湿润，四季分明，无霜期长。十分有利于植物的周年种植和均衡生产。

附图1-2　龙山村自然环境

4. 交通现状

龙山村现状交通主要依靠东西方向的汤省公路解决，龙山村内部道路微循环较差。

5. 建设现状

龙山村水资源较为丰富，涧溪从南向北贯通整个规划区域。村内村庄多沿河建设，沿村河道岸线基本完成硬化处理，地方特色明显。

6. 山林景观资源

龙山村拥有丰富的森林资源，连绵起伏的山体形成整个规划区域绿色的生态背景，而且存有部分古树名木。

四、规划框架

1. 规划功能结构

利用龙山村良好的自然环境，充分考虑规划建设绿地、水系、交通等，南部功能区围绕山林、竹林、茶林，集中安排公共活动设施及特色休闲旅游设施，结合周边用地，形成龙山村"一轴两翼双区"的规划功能结构。如附图1-3所示。

一轴：景观游行道综合发展轴，贯穿龙山村的南北方向，向北连汤省公路，向南直接登山公园，是龙山村近期对外连接的最便捷通道。发展轴将龙山旅游服务核心区有机串联在一起，构成龙山村最为核心的公共服务轴。

两翼：两翼为沿现状旅行道的农家乐餐饮服务区，规划强调有限制的发展，建设农家乐、特色住宅等设施，以维护这两个区域良好的自然及人文环境。

双区：由自然要素分隔及现状村落分布格局形成的两个功能区，包括：自行车公园功能区、登山公园功能区。

2. 中心体系

两个中心：北侧围绕游行道布局公共服务设施，形成北部聚居区的服务中心，为发展特色餐饮及配套设施奠定良好基础；南部结合自行车公园及登山公园，打造旅游服务中心及公共服务中心，可同时服务外来游客及本地居民。

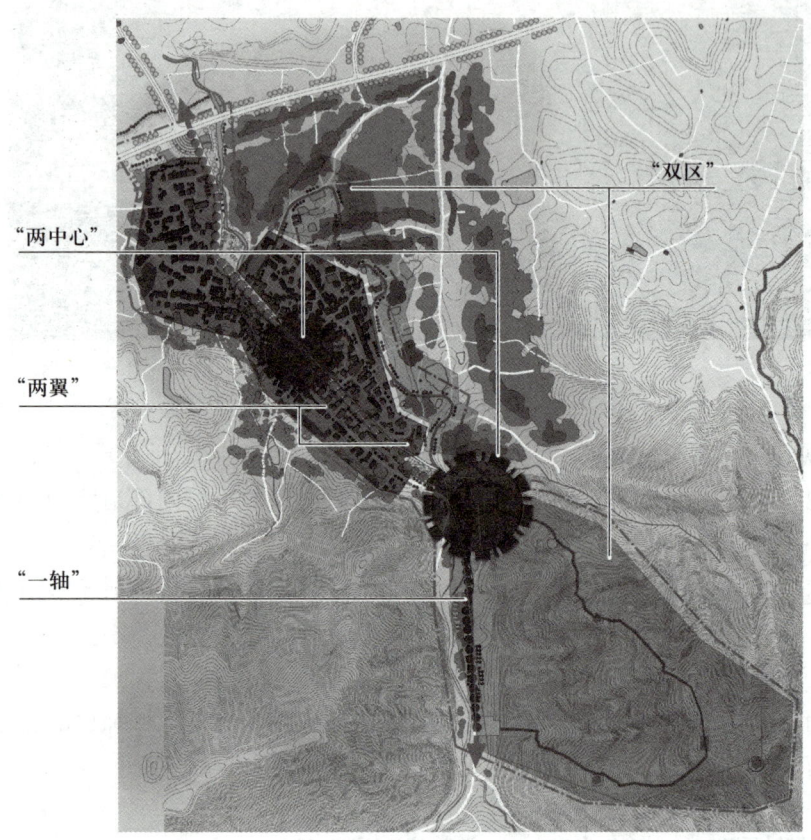

附图1-3　一轴两翼双区示意

五、交通系统规划

结合龙山村的产业发展尤其是休闲旅游业的发展要求，方案设计了多类型的特色交通线路，以丰富到访人群的交通体验。

1. 郊野公园山行道

在靠近村落聚居点及休闲旅游设施的地区，选择部分植被较好的山体引入登山步道，建设登山公园，不但为游客和当地居民提供新的活动场所，更可提供登高观景点，将龙山村迷人的田园风光尽收眼底。

2. 竹乡小径

对靠近景区及休闲设施的竹林用辅助道路进行景观梳理，并增设休憩小亭等活动设施，把参观竹林、茶林种植也纳入整体旅游项目设计之中，对于竹乡小径可以提供步行、自行车等多种体验方式。

3. 夜间游览线路

利用主要道路，组织夜间游览线路，沿洞溪进行景观梳理并建造多个亮化节点，形成龙山特色夜间游行。

六、景观规划

1. 目标与原则

利用龙山村良好的自然资源，实现"生态、村、人"的和谐统一，提升新农村建设标准，景观规划的原则如下。

（1）通过多种景观设计手段，塑造鲜明的"龙山"形象。

（2）整体性和独创性相结合，结合村内不同区域现状的自然要素特征，强化内部区域的可识别性。

（3）充分重视开放空间和道路作为空间构图骨架的作用，注重道路和开放空间的界面设计。

（4）人工环境与生态环境相结合，充分保护自然生态环境。

2. 总体控制

（1）规划依托龙山村良好的环境背景，加强与自然生态用地、绿地、水系的沟通与联系，致力于生态龙山的构造。

（2）精心经营龙山自行车公园，严格控制新增区域的临道路建筑界面长度，以保护自然山水的视觉通达性，与农田、公园、水域等开敞空间共同构成绿色生态乡村的自然准基面。

（3）以横贯村区的道路为主体构架的视觉通廊，是形成龙山村总体意象的主要途径。

（4）以环龙山自行车公园、登山步道入口配套区及村落入口区域为主要景观节点。

（5）以农田、山川、洞溪等空旷地段与乡村建设所展示的景观界面，作为休闲旅游区、文化旅游区的标志性建筑和景观。

七、夜游线路规划专篇

1. 照明目的

照明设计的目标是完整地保留江南乡村的格局，通过营造自然和谐的光线，将建筑和景观的错落层次表现出来，使得夜色中的龙山村散发出质朴、幽静的气息。不动声地展现江南民居的风味，同时满足游人夜间游览的需要，完整地保留江南水乡的格局，规划的重点在于光的动线的引导。附图1–4为龙山村夜间照明景观示意。

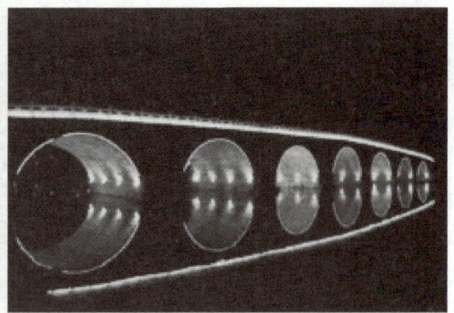

附图1-4　龙山村夜间照明景观示意

2. 照明规划的理念、方法以及解决方案

道路入口景观点。既是龙山村对外的第一印象又是整个夜游线的起点，可从景观与亮化两方面同时考虑。设计了两种方案。

第一方案以体现中式古典特色的粉墙黛瓦的片墙和灯笼为元素。通过片墙的虚实对比，是整个门楼层次分明，灯笼的色彩使得入口门楼凸显出来。如附图1-5所示。

附图1-5　方案一示意

第二方案以体现龙山特色的龙柱为景观要素，配合绿化景观及体现中国文化气息的灯笼，打造景观亮点。龙柱为了与其他地区的龙柱区分，可不采用石材，而换用其他材质，如：玻璃、木材、钢等。如附图1-6所示。

龙柱形式

节庆时可挂灯笼作为亮化

夜景效果

附图1-6　方案二示意

附录2：《归来兮有机庄园旅游开发规划书（2017—2021）》节选

设计单位：江苏紫金旅游规划设计研究院

一、战略准备

南京市高淳区归来兮有机庄园旅游开发规划范围包括归来兮有机庄园内以"归来溪"为主干线周边的生产园区、果蔬采摘园、湖泊、竹林及"永庆古寺——永庆庵"的风景轴线，面积约4000亩。本规划所涉及的区域范围称之为归来兮有机庄园。

围绕"归来兮"核心品牌，以农带旅，以旅促农，带动高淳区农业产业和旅游产业整体升级，最终形成集有机农业生产、加工、销售和高端旅游观光、休闲、度假、养生、养老功能为一体的中国休闲农业与乡村旅游示范基地。

二、战略选择

本规划对归来兮有机庄园旅游资源进行了全面调查，获得大量的第一手调研资料。根据国家质量监督检验检疫总局颁布的《旅游资源分类、调查与评价》（GB/T18972—2003）标准，对归来兮有机庄园旅游资源进行分类统计。如附表2-1所示。

附表2-1　归来兮有机庄园旅游资源系统一览表

资源系统			代表性景观
大类	亚类	基本类型	
自然旅游资源	A地文景观	AA综合自然旅游地	荆山、稻田、荷塘
	B水域风光	BA河段	众多观光游憩河段
		BB天然沼泽与池沼	仙塘水库、庄园内部众多大小不一的水塘
	C生物景观	CA树木	竹海、朴树和榉树等
		CB草原与林地	庄园内部的草地以及林地
		CC花卉地	矢车菊等
		CD野生动物栖息地	白鹭、稻田鸭、草鸡等

续表

资源系统			代表性景观
大类	亚类	基本类型	
人文旅游资源	E遗址遗迹	EB社会经济文化活动遗址遗迹	永庆庵
	F建筑与设施	FC景观建筑与附属型建筑	永庆庵
	G旅游商品	HC民间习俗	归来兮有机庄园蔬菜种植体验等
	H人文活动	GA地方旅游商品	有机蔬菜、有机大米、有机水果、稻田鸭等
			竹编织品、竹工艺品等

规划区有良好的自然生态环境和丰富的观光有机农业资源，悠久而又珍贵的人文资源以及庄园主人难得的崇尚自然、敬天爱人的理念，使庄园具有区别于其他庄园得天独厚的旅游资源。整个规划区自然旅游资源丰度高，密度大，品质优良，聚合度好，虽然人文历史文化资源较少，但整个有机庄园具有独特的文化理念传承，因此极具旅游开发价值。不断发展的优越的地理区位与便捷的交通，使归来兮有机庄园具备了优良的旅游产业基础，具有良好的发展前景。

通过对庄园内部以及周边相关资源与旅游景点的调查分析可见，归来兮有机庄园旅游资源的发展要把握两个基础，即庄园内部丰富的有机农业资源基础和良好的乡村旅游环境。实施资源三大建设工程，即修建基础设施，建设以庄园内部主轴线为主体的休闲绿道，在整个庄园内部形成一条天然的、与自然环境和谐并存的绿色旅游通道，在旅游通道沿途不仅可以欣赏庄园的风景，同时也可参与多种农事体验活动；开展旅游综合体建设，在资源的开发和建设中引入旅游综合体的理念和运营模式，更高效率地提高资源利用率和庄园旅游开发的速度；实施资源管理工程，成立庄园统一的管理委员会，对资源实行统一的管理，提高资源的开发质量。打造五大旅游产品，即打造以美丽乡村资源为主体的乡村旅游产品、以有机农业资源为基础的农业旅游产品、以宗教文化旅游资源为基础的宗教养生旅游产品、以生态环境资源为基础的生态旅游产品和以资源总体特征为基础的休闲度假旅游产品。

三、战略实施

归来兮有机庄园位于距离南京90km的高淳"国际慢城"荆山竹海景区。该庄园内无工业污染，山清水秀，宛若世外桃源，成为乡村田园生活的良好载体。

庄园秉承敬天爱人的理念，保护环境，关爱健康，以种植有机作物为中心，为游客打造美好的精神家园。在这里，青松翠竹，桃红柳绿，四季果香，还有炊烟袅袅，田园牧歌，在这里既可以欣赏原野的自然美景，悠享原乡的田园闲居，也可以慢下身心，远离喧嚣，找寻那份内心的宁静，所有一切都和谐共存。

规划立足于地域内景色优美的乡村环境，依托特色的有机农业文化，深入发掘归来兮有机庄园旅游发展核心要素，展示当地乡村旅游异于常处的雅致别趣。

1. 亲水无忧台（附图2-1）

项目描述：该项目选址归来兮庄园水库附近，于山间丛林之中，辟一幽静之所，在临水空地建设大的木质亲水平台，游客可以在此赏景发呆，沉淀心灵，启迪人生智慧。

项目选址：洗心养性区水库。

项目规划要点：

（1）选取粗狂古朴的木头，临水搭建无忧台；

（2）配置一些稻草编制成的高低错落的蒲团，供游客临水而坐。

2. 竹林精舍（附图2-2）

项目描述：竹林精舍是佛教史上第一座供佛教徒专用的园林式建筑物，它也是后来佛教寺院的前身，规划依托归来兮酒店周边良好的竹林资源，选择地形平整和较开阔的区域打造户外主题佛教园林式休闲场所，将休闲文化与佛教文化有机融合，打造归来兮酒店高端户外主题休闲项目。

项目选址：洗心养性区靠近竹林处酒店。

项目规划要点：

（1）整理地形，打造中式"茂林修竹，小桥流水"佛教园林和日式"枯山水"佛教园林；

（2）设置精品主题景观小品、佛本生故事雕塑、坐禅台等休闲设施；

（3）结合竹文化，营造竹林禅意，打造以竹为主题的特色景观、特色餐饮、特色休憩设施；

（4）依托周边永庆庵的佛教文化资源，开展佛学心理讲座、诵经、行脚、瑜伽等活动。

附图2-1　亲水无忧台

附图2-2　竹林精舍

四、归来兮有机庄园营销计划

第一阶段：进行形象推广和概念营销，吸引市场注意力

本阶段主要做好庄园形象推广，充分利用网站、电视台等媒体对景区进行宣传推广，并利用这些媒体对景区的关注，推介景区概念，树立其在公众心目中的形象，为产品的销售奠定良好基础。力争在较短期间内迅速占领一级市场，并扩大在二级市场中的知名度。

第二阶段：全方位营销，迅速占领市场

本阶段要进行全方位营销，将报纸、网络、杂志、电视等多种市场传播方式进行整合，制作全方位的传播效果，搭建几大沟通平台（媒体、网络、景区品牌服务系统）实现顾客与经销商的信息交换，开通网络分销、旅行社销售渠道、电视与报纸广告的散客直销渠道实现团队、散客的销售渠道畅通。采用广告、公关、促销等市场活动进行全方位营销，迅速占领二级市场，并加大外围市场的宣传力度。

第三阶段：品牌营销，产品更新

这一阶段着重于产品策略的调整，在品牌建设和产品的更新上下功夫，形成核心竞争力，实行名牌战略。根据市场需求，整合品牌核心价值，适时推陈出新，丰富产品体系，形成完善的品牌服务体系和系列品牌产品，延伸品牌产品链，使品牌不断扩张，以此来抓住游客的注意力。

附录3：《河北三河国家农业科技园区农业休闲观光基地改造提升规划》节选

设计单位：江苏省城镇与乡村规划设计院

一、基本概况

本项目位于河北省三河市西侧，1999年4月经河北省科学技术委员会批准建立为省级农业科技园区，2001年9月经国家科技部等六部委批准为国家级农业科技园区（试点），2010年1月正式成立国家级农业科技园区，农业科技园区核心区主要以农业科技成果的示范、推广和产业孵化为主线。附图3-1为项目范围示意。

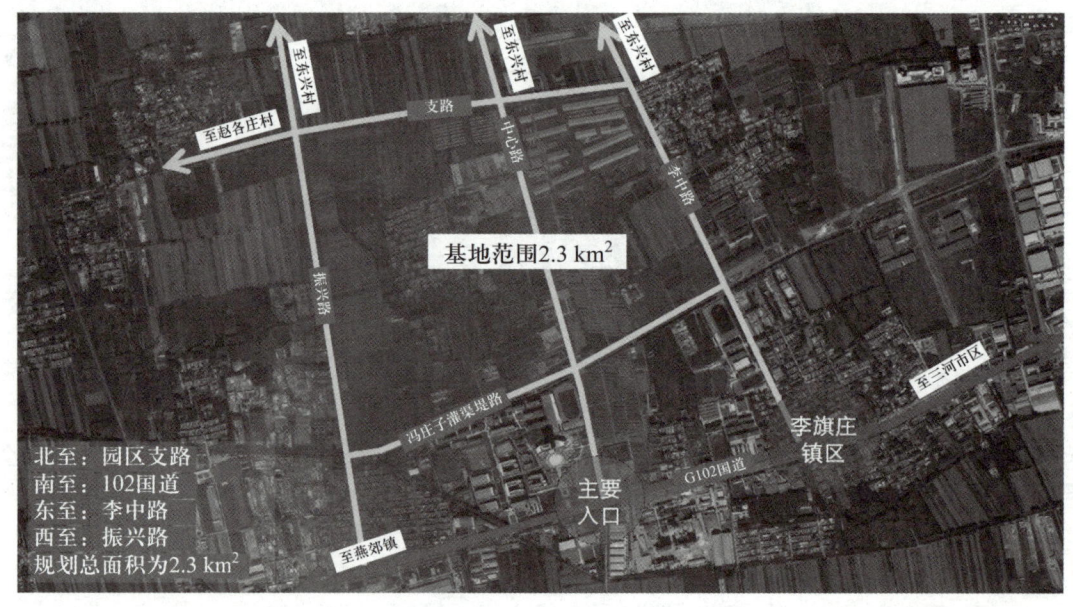

附图3-1 项目范围示意

目前园区的功能设施建设、道路系统、景观系统、绿化系统等设计主要是从科研实验和生产示范的角度考虑，强调科研实验和生产示范的高效性与实用性。而随着社会经济的发展，在新时期农业科技园区旅游业务开展的过程中，也对园区提出了新的设计要求。主要从景观功能、游览效果、人性化服务、兴趣的调动、旅游线路等角度，将其打造为农业休闲观光基地，因此其相关规划的编制尤为重要。

二、特点特色

1. 设计思路以改造可实施性为基本原则，多手法融合处理劣势环境

现状基础可改造的空间有限，园区与企业之间的界限模糊，如何在不干扰企业正常生产的基础上最大化景观特色，是本次规划的一大难点。改造的可实施性亦是本次规划的先决条件，如何将基地劣势环境改造并美化提升，这给项目组提出了很大的挑战。规划提出在现有基础上，进行"通路、活水、美化资源、完善基础设施"等方面的改造，并针对现在未被开发的公共绿地进行功能植入，意在激活现有产业空间活力。

附图3-2　节点布局图

2. 重视景观功能和空间品质提升

三河农业园区在过去的几十年产业发展缓慢，基础环境品质较低，更无宜人的景观空间可言，园区道路路网中断头路较多使得园区内部交通混乱，规划在现有路网的基础上，完善道路成环成网。在水系渠道的驳岸空间，本次设计打开了可视范围的绿色廊道，使人可以亲近水岸；相关产业内部及外部的杂乱绿地在设计中成为难得的宝地，景观改造通过结合周围的产业类型、特色对节点进行打造，运用抽象的艺术手法将提取的元素赋予景观中，无论是绿地，还是小品设施，甚至是铺装图案都将产业特色融入赏心悦目的环境中。对空间品质的提升本次方案深入的推敲了小空间的精致化，从尺度、材料特征、色彩、植物层次进行多方位思考，旨在对接后期建设的可实施性并进行改造提升。附图3-2为节点布局图。

3. 农业与科技的融合

本规划最具特色之处是把农业与科技在景观设计中融合一体，根据园区特色产业，设计提取玫瑰、牡丹、奶牛、果林等元素进行创造性地提炼，分别表现在景观节点中，利用最新

的科技设备，给游客展现各种产业的特点，在寓教于乐中达到户外空间与各产业园内部的合理对接，同时游线设计上也对驿站进行了智能化的思考，并着重强调游园路的生态性设计。附图3-3为节点意象图。

浪漫悠园节点

智慧牧场节点

智慧牧场节点

林地迷宫节点

附图3-3　节点意象图

附录4：《南京市高淳区桠溪镇蓝溪村石墙围村庄规划》节选

设计单位：江苏省城镇与乡村规划设计院

一、背景概况

石墙围位于高淳区桠溪镇西北角，距桠溪镇区约1.5km，早期村庄以石屋或石墙围合院落的方式防止野兽侵袭，故名曰石墙围。目前村内大部分建筑已新建较高的院墙，仅少数一层房屋保留石墙围合的方式。村庄处丘陵地区，道路骨架及房屋朝向顺应地形有一定的起伏，总体呈现"东北高、西南低"之势。产业以村民外出务工、水稻和茶叶种植为主。位于村庄西北方向约400m的亚博园（影视基地）将成为集影视拍摄、影视文化展示为主的影视主题旅游区。该影视基地主体为一幢古典风格的豪华别墅，面积5 000m²，占地15亩，是电影《危险关系》的拍摄地。目前已有部分游客、摄影爱好者及影楼等单位慕名而来，具备一定人气。

二、思路内容

以村庄建设、环境整治和本村独有特色的打造为出发点，通过周边整合、影视村发展分析、村庄特色研究等手法，定位规划目标，塑造村庄特色，提升村庄环境，最终落实到整治方案中。同时利用慢城景区及影视基地客源优势，塑造、提升村庄自身特色，与周边知名景点大山村差别化发展，根据影视城的发展情况，结合村庄实际，逐步完善村内影视配套资源。具体思路：人群，本村人口回流、外来人口务工、旅游人口休闲；产业，利用现状资源及契机，形成新的产业及收入来源，提高村民经济水平；空间，挖掘、研究村庄空间特色，塑造满足影视使用需求的空间。

三、特点特色

创新特色一：引导利用空置房屋，激活整个村庄成为慢城景区的全新旅游景点之一。在村庄规划基本内容基础上，综合分析村庄在桠溪慢城景区中的地位，以建设影视村为主题，创新旅游功能策划；以不干扰村民日常生活为原则，激活村庄旅游功能。对村庄内老旧厂房以及19户长期闲置的住宅，经与当地行政主管部门协商，以村民自愿为原则，将其纳入规划中民宅产业分区中的整体租赁区，引导村民将空置房屋由集体或企业组织经营、村民入股、对外租赁、统一管理。可为影视相关的主题提供服务，如：个性化主题庭院（取景）、农家客栈、剧组住宿等。目前已经8家农家客栈开张启动，石墙围村已经成为慢城景区的一处独立旅游景点。附图4-1为石墙围村特色线路和主要景点示意。

创新特色二：将电影艺术技巧和中国传统园林造景手法相结合，挖掘村庄特色线路及节点。本规划将电影蒙太奇的艺术思维方式与中国传统园林造景手法相结合，用蒙太奇的手法挖掘村庄最具特色的片段及分镜头，用中国传统园林中的造景手法，如障景、抑景、透景、框景等挖掘塑造节点形象。通过二者共有的空间序列变化和移步换景的线路来分析、组接和编排特色线路及空间。在规划中，手法的运用与村庄现有条件相结合，尊重现有资源，凸显村庄乡土特色，打造局部空间的乡土意境美。

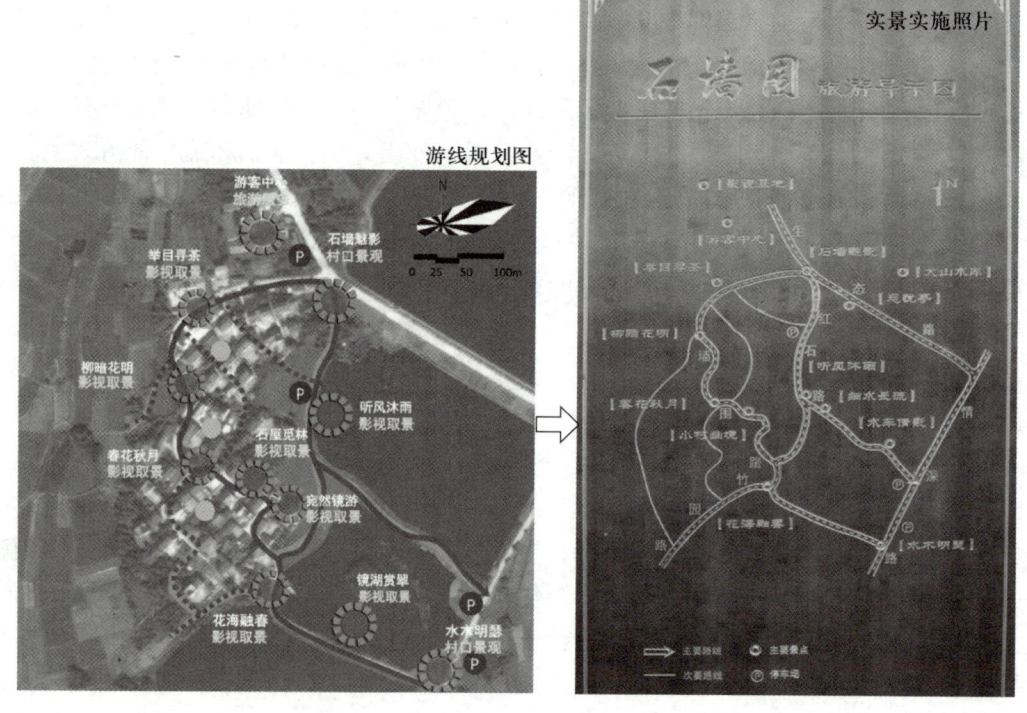

附图4-1　石墙围村特色线路和主要景点

创新特色三：采用感知村庄意境的实景写生方法设计村庄。以人视三维实景空间为工作底图，采用实景感知意境的"写生"方法，创新采用"实地写生手绘方案+节点实地测量+电脑平面量化+后期手绘效果图"的路径，探索了一种适宜于江南丘陵地区小规模、小尺度村庄规划调研编制的新方法，将三维空间量化，针对村庄重要节点，在传统二维CAD地形图基础上增加现场测绘量化的竖向及纵向空间（如：建筑、树木、围墙），节点方案的展示路径用图表示，利于村民理解与实施，最终有效指导村庄建设。

创新特色四：成果简要通俗，现场指导深入。规划在满足相关规范要求的基础上，摆脱传统八股文本写法，文字表述简洁，图文并茂。对重要节点要编制详细的规划方案，对其他内容仅做原则性要求，增加了规划弹性，并深入现场进行指导，实施效果与设计图纸吻合度较高。

四、实施成效

在规划的有效指导下，石墙围自然村以"影视村"为目标，依托地理优势、历史渊源和文化特色，新建水口亭、古水车、休闲茶楼等，新发展农家乐20家、农家客栈8家，塑造提升自身特色。根据影视城的发展情况，村里计划逐步完善村内影视配套设施。今后，石墙围村将整体作为影视接待区，承担餐饮、住宿、影视接待等功能，与其他村庄差别化发展。

石墙围村首家开业的农家乐，可容100人就餐、20人住宿。"十一"长假七天，石墙围村爆棚的人气让村民尝到了甜头。让原本一直在苏州、无锡打工的村民回乡创业。

石墙围村作为高淳区首个打出"影视旅游牌"的村庄，不仅给游客增添了新鲜的旅游体验，也提高了乡村旅游的文化含量，扩大了知名度和美誉度，已然成为国际慢城内又一个独树一帜的旅游乡村。附图4-2为现状和实施效果对比示意。

水木明瑟(主村口)

现状照片

实施效果

石屋觅林

现状照片

花海融春

现状照片

春花秋月

现状照片

实施效果

实施效果

实施效果

附图4-2　现状和实施效果对比

参 考 文 献

[1] 游洁敏."美丽乡村"建设下的浙江省乡村旅游资源开发研究[D].杭州：浙江农林大学，2013.

[2] 王玉霞.不同类型旅游景区经营与管理[J].经营管理，2006，477：68-69.

[3] 许娟，王芳.基于利益相关者理论的旅游景区管理体制优化[J].产业与科技论坛，2010，9（8）：53-56.

[4] 李山，王铮.旅游地品牌化中的旅游形象与旅游口号[J].人文地理，2006，21（2）：5-11.

[5] 张文莲.旅游景区的经营管理[J].经营管理，2006，12：60-61.

[6] 吴欢欢，王造兰.南宁市乡村生态环境保护研究[J].中共南宁市委党校学报，2015，2：57-61.

[7] 李爱兰.山东省乡村旅游资源调查与生态旅游规划研究[J].中国农业资源与区划，2016，37（1）：213-217.

[8] 胡粉宁，丁华，郭威.陕西省乡村旅游资源评价与优势探析[J].安徽农业科学，2011，39（17）：10537-10538.

[9] 黄震方，袁林旺等.生态旅游资源定量评价指标体系与评价方法——以江苏海滨为例[J].生态学报，2008，28（4）：1655-1662.

[10] 张健华，陈秋华.试论乡村旅游中的游客体验[J].商业研究，2008，369：174-177.

[11] 张洁，李同昇.西安市乡村旅游资源调查与规划开发研究[J].安徽农业科学，2011，39（1）：357-360.

[12] 卢旭华.乡村环保"公地悲剧"及解决之道[J].中共乌鲁木齐市委党校学报，2015，2：36-40.

[13] 李源.乡村旅游发展规划理论与实践初步研究[D].重庆：重庆师范大学，2014.

[14] 陈梅.乡村旅游规划核心内容研究[D].苏州：苏州科技学院，2008.

[15] 唐德荣.乡村旅游行为研究-基于重庆城市游客的实证[D].重庆：四川农业大学，2010.

[16] 蒙睿，周鸿，徐坚.乡村旅游生态环境的系统观分析[J].云南师范大学学报，2005，37（4）：136-140.

[17] 曹忠鹏.乡村旅游游客忠诚类型划分及其对顾客关系管理的启示[J].旅游资源，2008，24（12）：1130-1133.

[18] 马伦姣.乡村旅游与农村生态环境互动协调发展[J].合作经济与科技，2010，403：18-20.

[19] 卢杨.乡村旅游运营机制研究[D].沈阳：东北财经大学，2005.

[20] 陈志永，吴亚平，李天翼.乡村旅游资源开发的阶段性深化与产权困境分析–以贵州天龙屯堡为例[J].热带地理，2012，32（2）：201-209.

[21] 黄震方，祝晔等.休闲旅游资源的内涵、分类与评价——以江苏省常州市为例[J].地理研究，2011，30（9）：1543-1553.

[22] 王爱忠，娄兴彬.重庆乡村旅游资源类型特征及空间结构研究[J].重庆文理学院学报（自然科学版），2010，29（3）：68-71.

[23] 丁鸿.江苏省乡村旅游发展模式探讨[J].江苏农业科学，2009.

[24] 李德明，程久苗.乡村旅游与农村经济互动持续发展模式与对策探析[J].人文地理，2005.

[25] 李冠英，汤全明，张建新.景区依托型的乡村旅游开发模式探讨——以溧阳乡村旅游为例[J].江西农业学报，2011.

[26] 陈旭霞.乡村旅游资源两种经营模式比较研究——兼论金湖县乡村旅游资源经营模式的选择[D].南京农业大学硕士论文，2006.

[27] 贾艳芬.基于旅游地声明周期理论的乡村旅游可持续发展研究——以石家庄市为例[D].河北师范大学硕士论文，2016.

[28] 段兆雯.乡村旅游发展动力系统研究——以西安市为例[D].西北农林科技大学硕士论文，2012.

[29] 李云.苏州市乡村旅游市场营销策略研究[D].苏州大学硕士论文，2009.

[30] 张秋芳.苏州地区乡村休闲旅游产品及发展模式探讨[J].产业经济，2014.

[31] 侯嘉政，吴明哲.休闲农场经营策略与竞争优势分析——以飞牛牧场为例[J].产业管理评论，2006.

[32] 曹胜雄.永续经营管理创新——飞牛牧场之个案研究[J].休闲农业产业评论，2017.

[33] 高惠剑.乌镇旅游业发展战略研究[D].浙江大学硕士论文，2015.

[34] 李娌."乌镇戏剧节"与旅游节庆活动品牌化发展[J].戏剧文学，2015.

[35] 董晓莉，汪淳，卢庆强.互联网时代乌镇生产生活方式变革的规划应对策略[J].专题研究，2016.

[36] 王玉莹.浙江乌镇旅游开发与发展策略[J].产业经济，2015.

[37] 南亭.中国乌镇：与互联网结缘的千年水乡[J].商业地理，2016.

[38] 刘中楠.我国乡村旅游的发展现状及对策研究[J].市场研究，2015.

[39] 周霄.我国乡村旅游发展的现状、特征与趋势研究[J].武汉工业学院学报，2012.

[40] 刘轲.中国乡村旅游的发展现状及对策[J].旅游管理研究，2016.

[41] 黄朝铭.中国乡村旅游发展问题探析[J].公共管理，2014.

[42] 张利华.对镇江乡村旅游资源开发的思考[J].安徽农业科学，2010.

[43] 丁鸿.江苏省乡村旅游发展模式探讨[J].江苏农业科学，2009.

[44] 蔡碧凡，夏盛民，俞益武.乡村旅游开发与管理[M].北京：中国林业出版社，2007.

免费教学支持说明

为帮助广大院校教师不断提升教学质量和水平，我们将向采用本教材的教师免费提供教学课件。

为尊重课件作者的知识产权，确保本资源仅为教学所用，请填写如下证明，盖章后发送至本书责任编辑（拍照或扫描后传真、邮寄、发邮件、发QQ等均可），我们收到后将立即免费赠送本书配套教学课件。

证　　明

兹证明 _____ 学院 _____ 系／院第 _____ 学年（□上/□下学期）开设的 _____ 课程，采用高教社的 _____/_____（书名/作者）为教材。

任课教师为 _____，职称：_____，授课年限：____年，学生 _____ 个班，共 _____ 人。

电话（手机）：_____ E-mail：_____

地址：_____ 邮编：_____

系/院主任：_____（签字）

（系/院办公室章）

年　　月　　日

责任编辑：张卫

高等教育出版社

地　　址：北京朝阳区惠新东街4号富盛大厦1座19层

邮　　编：100029

联系电话：010-58582742　　传真：010-58556017

　E-mail：zhangwei6@hep.com.cn　　QQ：285674764

教师使用教材意见反馈表

　　高等教育出版社 高等职业教育出版事业部 综合分社以"铸传世精品、育天下英才"为目标。为不断锤炼精品，我们期待您使用教材的宝贵意见和建议。您可以填写本教材使用意见反馈表，并发送至本书责任编辑。

- -

一、您的基本情况

您现正使用的教材：_____ / _____ （书名/作者）

姓名：_____，职称：_____，授课年限：___年，班级：___个，学生数：____人

您的电话（手机）：_____　　E-mail: _____

地址：_____　　邮编：_____

二、问题反馈（请举例说明，如不够可以另附页）

1. 教材中是否有格式、文字、科学等方面的错误？（□是/□否_____
_____）

2. 教材的编排设计是否科学合理？（□是/□否_____
_____）

3. 教材的内容与课程的理念及要求是否相符合？（□是/□否_____
_____）

4. 教材内容是否体现产教融合，贴近最新的应用实际？（□是/□否_____
_____）

5. 教材配套的教学和学习资源制作水平和质量如何？是否够用？（□是/□否_____
_____）

6. 教材的表达方式和呈现方式等是否有不合适的地方？（□是/□否_____
_____）

7. 您在使用教材时遇到的最大问题是什么？您是怎样解决的？
_____

8. 与同类教材相比，您有何建议与意见？您觉得在哪些方面还可以有所创新？
_____
_____